陈培群 ◎著

让学生
更智慧地
学习

——小学数学
"真问题"
教学探索

上海教育出版社
SHANGHAI EDUCATIONAL
PUBLISHING HOUSE

图书在版编目（CIP）数据

让学生更智慧地学习：小学数学"真问题"教学探
索 / 陈培群著. — 上海：上海教育出版社，2023.9（2023.10重印）
（小学数学教师·新探索）
ISBN 978-7-5720-2269-2

Ⅰ.①让… Ⅱ.①陈… Ⅲ.①小学数学课－教学研究
Ⅳ.①G623.502

中国国家版本馆CIP数据核字(2023)第167897号

责任编辑　王雅凤
封面设计　王　捷

小学数学教师·新探索
Rang Xuesheng Geng Zhihui de Xuexi Xiaoxue Shuxue Zhen Wenti Jiaoxue Tansuo
让学生更智慧地学习——小学数学"真问题"教学探索
陈培群　著

出版发行　上海教育出版社有限公司
官　　网　www.seph.com.cn
地　　址　上海市闵行区号景路159弄C座
邮　　编　201101
印　　刷　上海颛辉印刷厂有限公司
开　　本　700×1000　1/16　印张23　插页1
字　　数　352千字
版　　次　2023年9月第1版
印　　次　2023年10月第2次印刷
书　　号　ISBN 978-7-5720-2269-2/G·2017
定　　价　68.00 元

如发现质量问题，读者可向本社调换　电话：021-64373213

序　一

陈培群老师带领教师团队经过二十几年的探索，聚焦小学数学"真问题"教学，取得了重要的研究成果。本书介绍了这一研究的基本理念、内容和相关案例。通读本书后，我觉得"真问题"教学研究具有以下几个鲜明特色。

第一，明确问题导向，凸显研究的实践价值。

"真问题"教学研究对当前小学数学教学改革具有很强的现实意义。可能有老师要问，难道数学问题还有假的吗？确实如此。在一定程度上，数学教学中存在"假问题"现象。课堂上并不缺少问题，但问题的质量往往不尽如人意。例如，在问题形式上，教师散点式提问，学生被动应答，表面上热热闹闹，实际上学生并没有深入进行数学思考；在内容设计上，问题往往缺乏思考性，学生没有探索的空间，问题无法起到引领课堂教学和学生学习的作用；在情境选择上，题材单一乏味，不利于激发儿童的兴趣；在教学过程中，教师容易忽视发挥数学问题在学生思考过程中的引领作用。这些现象严重制约了小学数学课堂学习质量的提升。对此，陈培群老师及其团队开展了"真问题"教学研究，在实验区域有力地改变了以上种种教学状况。

"真问题"教学研究把真问题的设计作为教学的切入口，教师精心设计数学问题，着力提升课堂中学生的问题空间，用真问题引领学生的数学学习过程，改变小学数学学与教的方式，切实把数学教学作为学生提出问题、分析问题、解决问题的过程。"真问题"教学让学生在多样化思考中实现数学的再创造，促进学生核心素养的全面发展。

如何在小学数学课堂中实施"真问题"教学？对此，陈培群老师及其团队作了深入探索：界定了真问题的基本特征，构建了课堂中问题空间的基本要素和实践路径，介绍了如何通过"真问题"教学帮助学生经历主动探究的学习过程。

第二，坚守学生立场，形成"真问题"教学的基本特色。

难能可贵的是，陈老师在研究过程中始终如一地坚守学生立场。如何设计真问题是研究的关键。陈老师从学生立场出发，动态界定了真问题这一核心概念，并从学生的角度出发设计真问题。真问题是针对学生而言的，一个数学问题是不是真问题，主要在于在学习过程中是否能够引起学生的真实思考，是否能让学生真实经历数学学习。例如，20以内数的进位加法问题，在一年级初学时需要通过探究的方式来帮助学生建构算法，以获得答案。这时，对学生来说，20以内数的进位加法问题是真问题。而在后续学习100以内数的加法时，需要学生熟练掌握20以内数的进位加法并直接提取答案，此时20以内数的进位加法问题就不是真问题了。

在"真问题"教学研究中，陈老师提出了学生的问题空间这一概念。问题空间是从学生出发而界定的概念，一个本来对学生来说有问题空间的数学问题，如果教师通过告知解题方法的方式进行教学，那么真问题就变成"假问题"了。因此，实施"真问题"教学的关键在于教师要树立正确的教学观念，从学生学习的角度思考教学过程。

团队研究的重点在于如何设计真问题，这也是本书的精彩之处。真问题设计的关键在于学生立场与数学本质。也就是说，问题提出符合学生认知，引发学生主动思考和探究的需求；同时，问题突出数学本质，即抓住数学内容的本质特点，引导学生进行数学思考。

第三，探求课堂创新，促进学与教方式的变革。

在数学课堂中，问题解决的学习过程具有重要价值。学生在问题解决中识别问题，探寻自己的问题空间，并运用已有知识、方法和经验解决问题，不断发展自己的数学核心素养。"真问题"教学将学习内容问题化、情境化、活动化，引导学生通过解决问题的活动，获得对数学知识的进一步理解。研究真问题的目的旨在用真问题引领课堂教学，以真问题促真教学，推动小学数学学与教方式的变革。

"真问题"教学设计有以下重要特点：突出核心素养在学习目标中的导向作用；提倡以真问题引领课堂教学，突出数学学习的研究和探索过程；重视问题情境的创设，既要关注真实的情境，也要具有适当的挑战性。另外，在兼顾全体学生的同时，也要关注学生的个性差异。教师在课堂教学中的主导作用非常重要。面对学生丰富的思考资源，教学不能仅仅停留在就题论题的层面，而是要通过合适的引导将学生的思维不断引向深入，循着学生的学习线索推进教学。

第四，聚焦课堂实践，形成大量典型案例。

陈培群老师及其团队在二十余年的实践中积累了大量的精彩案例，本书分章节介绍了各领域的一些典型案例，且都具有重要价值。从案例中我们可以看到，教学始于真问题，学生通过思考生成各种方案，教师作出判断与回应，在师生、生生的互动中推进教学。"真问题"教学为学生带来了趣味盎然的真学习的过程，形成了一个个真实的课堂教学互动样例。同时，我们也看到了教师非常注重与学生的真实互动，善于生成和捕捉课堂中的动态思考资源，并顺着学生的思考线索促进学生不断探究；善于营造和谐氛围，鼓励学生大胆质疑，通过追问、转问等方式引导学生深入思考。

这些教学案例还体现了"教—学—评"一致性的理念。教师针对学生在解决问题中的表现，改变以往只有对与错的结果性评判，而是从多角度作出过程性评价，并给予针对性建议和指导。通过发挥表现性评价的激励、诊断和改进功能，不仅让每一位学生在自己的发展路径上获得了更好的提升，还促进了教师的教学反思。

第五，促进教师发展，创造数学教研工作的新经验。

"真问题"教学研究始终把促进教师发展作为重要目标。通过"真问题"教学研究，推动区域教研工作，改进教师教学方式，推进小学数学课堂教学转型，让一大批教师在研究中逐渐成长了起来。二十多年来，研究团队以真问题引领教学，开展区域性常态实践研究，践行核心素养导向的课堂教学，提升了上海市闵行区小学数学教学品质，区域学业质量水平明显提升。近十年，闵行区在历届"上海市中青年教师教学评优""上海市中小学优秀作业、试卷案例征集评选"活动中均获得一等奖。通过课题研究，改进了小学数学教师的教学方式，使得教师专业水平得到明显提升。

总之，本书特色鲜明，内容充实，理论与实践紧密结合，具有很强的操作性，对广大数学教师具有一定的参考价值。特别是在学习和落实新课标的当下，"真问题"教学研究更加具有重要的现实价值。这一研究尚在持续推进并完善中，我们期待陈培群老师和她的团队取得新的成果。

2023 年 6 月 1 日

序　二

　　陈培群老师《让学生更智慧地学习——小学数学"真问题"教学探索》一书即将付梓，嘱我写序。我一口答应，同时感叹：这本写了很多年的书，其实早有很多人，等了很多年！

（一）

　　在教学层面，陈老师十多年如一日地思考这两个问题：作为学生，在学习这个内容时，他们的真问题在哪里（真问题是什么）？作为教师，在教学这个内容时，如何帮助学生突破真问题？

　　正是基于这样的思考，陈老师走进了一个充满魅力和风险的"中间地带"。在这个"中间地带"，学生的"学"和教师的"教"始终如拔河般，既分庭抗礼又紧密联系，教师既不能被学生的思维带跑了，也不能用自己的角色权威牵着学生走，而是要在师生行为互成因果逻辑的"学"与"教"的互动中，探知学生的基础与虚实，再智慧地将教学徐徐展开。

　　于是，在追问学生真问题的过程中，以下几方面就成为陈老师及其团队在教学实践中始终强调的内容：单元整体的思维、板块化任务的设计、对学生思维的打开、对生成资源的捕捉、学生差异资源的利用、教学的有机推进、有意义的小结，等等。在陈老师这里，这些从来不是因为课程标准或其他纲领性文件的倡导而去做的，而是早在十多年前，陈老师就这样思考教学了，并在一次次的日常实践中，带着老师们一点点探索。有时，陈老师会亲自示范教学。在与陈老师交往多年后，笔者深知陈老师不是为了"示范"，而是将自己的想法和实践展示出来供老师们探讨。在笔者看来，陈老师带领团队共同研究时，始终秉持着让团队成员离自己"远"一点的想法，即保持一段审视他人教学的距离，从而始终保持自己的"真思考"。

　　于是，在追问学生真问题的过程中，陈老师及其团队一直探寻着适合学生的教学路径。这条路是努力将"数学"与"儿童"、"效率"与"过程"、"群体"与"差异"、"日常"与"创新"、"教学"与"育人"兼顾的路，也是一条"恰好比最好更

1

好"的叩问之路、追寻之路、实践之路。在陈老师这里,学生的真问题成了教学的起点与归宿,也因为聚焦真问题,让静态教学任务的设计和动态教学的落实有了方向:暴露并呈现学生的真问题,让学生解决自己真问题的过程成为他们智慧学习的过程。如此,"学生立场"被确立(这是陈老师十多年或更早就确立而不曾改变的底蕴),教学思考也有了绵延开去的逻辑起点。或许您可能不信,书稿中的不少案例,陈老师"一瞬间"就想通了整个教学路径,并设计出所有教学任务。这背后,其实是一次次对一个个具体的学生真问题的关注,一个个鲜活的案例、一天天真实的教研和教学实践,让陈老师逐渐形成了"见微而知著"的教学思考力、想象力和创造力。

笔者听过陈老师自己执教或指导的很多节课,从未失望过,因为陈老师及其团队的课从未失过水准。也因此,陈老师及其团队的课一直是笔者的心头好——有时,还是秘而不宣的那种。

(二)

"让思考发生,让思维涌动",是陈培群老师的课堂追求。而陈老师对课堂的思考,常常让笔者赞叹:于无声处听惊雷。

进入《小学数学教师》编辑部工作不久,有一次到闵行区一所学校(好像是七宝明强小学)听课。年轻的教师追问学生:"横式和竖式计算方法有什么区别和联系?"学生回答:"它们其实只是形式不同,本质上是相同的,横式上的……就是竖式中的……"

——教师的问法和学生的回答都惊到了笔者!原来,针对多元算法,可以这么问!后来才知道,教师高水平的提问,仅仅是陈老师指导效果的冰山一角。

"量角器上有没有角?""没有角!量角器上找不到两条直线(射线)。""没有角,怎么量角?""有角,我知道角在哪里!"

——这是一堂课课始的一个片断。"量角器上有没有角"这个问题看似简单,却涉及度量的本质与方法论。度量,本质上是先确定一个单位(长度、面积、体积、角度、质量单位等),再去看被测量对象包含几个这样的单位(不足整个单位时,对单位进行细分)。直尺上,有长度单位的累加;测长方形的面积,将长和宽的数据相乘,本质上是计算小正方形的数量;而量角器,其实是由单位角累加产生的。课堂上,学生从"有没有角"的争论到达成"有角"的共识后,教师让学生找40°角;基于学生找到的不同位置的40°角,理解量角器的结构和读量角器的方法。如此,"刻度差"、为什么设计"内圈""外圈"、为什么要对齐中心点,学生都理解了!

以一个问题,激发学生思考的需求,是陈老师的拿手好戏。"3双共6只手套,任意摸出2只,是配成一副还是配不成一副的可能性大?"这个问题,学生觉得自已有经验，但又不敢确定，"被迫"——罗列，验证可能性。有"需求感"的思考与尝试，最后的结果才能让学生有"获得感"。

"385本书籍，10本一捆，平均分给5个班级，每个年级可以分到多少本？"如果是求此题的答案，准确率不会低。但陈老师却是给出了解决问题的竖式，追问：竖式中出现的不同位置的"35"分别代表什么？老师在发书的时候至少要拆多少捆书？

——如此一来，考查的其实是对"竖式记录拆分过程"这一意义的理解。如果教师在教学中只是让学生记住"商、乘、减、比、落"五字诀，再进行操练，那么大部分学生对上述问题肯定是无法作答的。好的问题，可以"照见"教师的教学，是对教师教学的评价依据。这样的问题，陈老师每个学期都会提出，从而让"教学—作业—评价"一致性的有效落实有了可依据的载体。

"一个长方体，按照 A、B、C 三种方式（分别垂直于长方体的三种面进行分割，示意图略）进行分割后，表面积分别增加了 $12cm^2$、$24cm^2$、$16cm^2$。原来这个长方体的表面积是多少？"

——这道五年级区期末调研题，得分率只有63%。做错的孩子多数困于找不到或找错长、宽、高，但问题的根源在于学生能熟练地运用表面积公式，却忘了"表面积"概念本身。此题促使陈老师思考表面积概念、表面积计算、表面积变式等相关一系列单元内容，并就"表面积"单元设计了10多个前后相联系的"单元学习活动"，该案例被收入《小学数学单元教学设计指南》"单元学习活动设计"一章。

......

特别有意思的是，将陈老师十年前甚至更早的课在今天拿出来重新呈现时，大家的评价却是"符合当下新课标的理念"。当然，陈老师令人击节的思考远远不止上述几个案例。幸好，有本书的出版，可以让大家在阅读时细细品味与思考。

（三）

在陈培群老师及其团队的课堂上，每有大任务抛出，陈老师必定要走近学生"巡视"，捕捉学生生成的不同资源，并基于学生的资源和教师的预设思考教学的推进策略。由此，如果以热闹、顺畅等浅表的标准来判断，陈老师及其团队的课并不总能成功。因为其教学设计思维含量足，挑战性大，板块化的结构设计又对学生的倾听、质疑、交流能力提出了较高的要求。正因此，我见过同一个教案却显现出两种截然不同的效果！而把一个教案的"生"与"死"部分交给学生去决定，这正是教学走向宽广的体现。又有多少教师，至今还抓着预设的缰绳不肯轻易放手呢？——预设的缰绳虽需要，但却可能成为师生发展的"绊脚石"。

案例是颠倒了磨课的过程来呈现的，我们看不到的是案例背后教师对学生真问题的讨论，对数学观、学生观、教学观等更本质问题的理解。恰如就具体内容的教学，陈老师总是会思考：如何暴露不同学生的多元思考？如何给不同学生表达其个性思维的机会？如何看见学生的学习经历和情感体验？如何让知识教学实现育人价值？恰恰是对这些问题的思考，才是让教学走向宽广的根源。这也提醒读者，"真问题"三个字的背后，是精细活。

教学之外，陈老师又思考如何设计能外化学生思维、反映学生日常学习经历的好题目、好活动（如前文所述）；思考如何制订支持学生学习诊断与改进的评价指标。而在书稿的文字之外，笔者更知道陈老师一直以推动一线教师的思维转换与课堂转型为己任，这种推动不是空谈理念，而是手把手地指导，一堂课、一堂课又一堂课地长期攻坚。

陈老师的"真问题"教学探索其实不止十年，而是发轫于带着老师们做教研的最初岁月。是先有了对真问题持续不断的关注和实践的"实"，蓦然回首，才发现可以用"真问题"之"名"来概括自己多年的追寻——一个词澄明并沉淀了以往的实践，也照亮了未来的路。陈老师关注的，也不仅仅是学生学习的真问题，还有教学的真问题，教师成长的真问题，教育评价的真问题……

（四）

如果您搜索"陈培群"老师的名字，您会发现网页并不多。这背后是一个巨大的落差：水平与知名度的落差。笔者一直以为，陈老师的思考和实践值得被更多人看见，而陈老师的知名度应该更高一些。多年交往，笔者却知道陈老师对知名度并不在乎——这也是此书早就有血有肉，却迟迟没有出版的原因之一。

想起旧事。多年前，笔者向陈老师约《小学数学教师》杂志的封面人物，陈老师笑着婉拒，好像说了"我就喜欢研究课堂"这样的话。后来，又约，又是笑着婉拒。最后，笔者以"给您团队老师一些机会"为由劝说，陈老师才答应。人淡如菊，思考如火。"真问题"教学，也让陈老师的人生走向宽广。

在陈老师这里，笔者看到了一位教师、一位教研员的念兹在兹与自得其乐，也看到了一位教师、一位教研员的"成人之美"与"守土有责"。陈老师的书，值得被更多人看见，值得被翻开这一页的读者您遇见。

是为序。

陈洪杰

2023 年 8 月 17 日凌晨

目录

上　篇

1

下　篇

第八章 "综合与实践"教学日常研究案例

上　篇

让学生更智慧地学习

——小学数学"真问题"教学探索

| 第一章 |

为何要研究"真问题"教学

"真问题"教学是怎么被提出的呢?"真问题"教学的提出有什么样的时代背景和现实意义?

第一节　未来的呼唤

立足当下,面向未来,教育的重心从"信息—知识"转向"知识—智慧",这就呼唤我们在教育实践探索中,要有朝向"知识—智慧"这一深远目标的价值取向和自觉意识。智慧,要求在面对复杂变化及各种不确定时有独立的思考,在特定情境下能平衡各种因素,对价值、目标、策略等作出灵活选择与判断,智慧地行动以解决问题,主动寻求适合自己发展的空间和途径。作为一门重要的基础学科,小学数学的教学实践要努力引导学生走在面向未来、通达智慧的路上。核心素养的提出,就是提倡智慧教育,不仅要重视结果性的知识,还要重视过程中的智慧,重视对学生学科素养的培养。基于核心素养的小学数学教育要求教师抓住知识本质,创设合适的教学情境,启发学生思考,让学生在掌握知识技能的同时感悟知识本质,积累思维和实践经验,形成和发展核心素养。[①] 这个过程,强调学生的主动思考、内化理解和解决问题的能力,强调要让学生在学习过程中学会学习。

[①] 史宁中.推进基于学科核心素养的教学改革[J].中小学管理,2016(2):19-21.

第二节 现实的需要

一、学科本身的要求

真正的学习，是不断识别问题、分析问题、解决问题的过程。数学家哈尔莫斯（P. Halmos）曾说，"问题是数学的心脏"。解决数学问题，既是数学家的基本活动，也是学校数学教育的基本构成。在小学数学教育中，解题活动不仅需要让学生理解和掌握知识技能、开阔数学视野，还要力求能使学生在主动、深入的数学思考中逐步形成一定程度的独立见解、判断力、能动性和创造精神。

二、儿童天性的诉求

小学生在数学学习中更喜欢怎样的问题？更乐于参与怎样的解题活动？下面是日常教研过程中的几个小场景。

【场景一】与某个三年级学生的课前随机谈话

课前几分钟，我问学生："今天是复习课，你们喜欢上复习课还是新课呢？""当然是新课，新课有趣，因为有新的东西可以学。"更多的学生围拢过来，选择无一例外。"那复习课就没有新的可学？""复习课主要是复习一下原来学过的内容，帮助我们回忆一下，再做做题，看还有没有错的。""那上复习课时，你们希望见到的问题是一看就会的，还是看起来比较新，要想一想的？""新的，可以思考，会很有趣。""如果考试时，也一样吗？""是的。""那最后想不出来，不就不能得分了吗？""这没关系啊，以后不就知道了！"学生回答时不假思索的豁达在我心头却是一次微震。

【场景二】在一次关于学习方式变革、以问题引领的课堂学习探究活动之后，学生写下如下反馈：

"我喜欢这样上课，因为在课上我们可以动手、动脑、和同学们讨论，这样能把他人的观点和自己的观点结合在一起，就会有一个更好的解题方法。"

"我喜欢上这样的课，因为我觉得非常有趣，所有的结果都是我们自己用手和大脑想出来的。"

"当我们通过实验求出不规则物体的体积时，心里有种说不出的喜悦，所以我很喜欢上这样的课。"

"我喜欢这样上课，因为这样上课既精彩又好玩，让不喜爱数学的同学也能觉得数学课十分精彩生动。"

"我喜欢这样上课，因为课堂上老师经常让我们小组讨论问题，培养了我们小组合作的能力，使大家都有机会发表自己的意见。"

"我非常喜欢这样上课，因为这样上课很有趣，给了我们很多动手体会数学的机会，让我们还想上下去。"

【场景三】一堂数学魔术课后，学生们的数学日记：

"上数学魔术课之前，我对数学就两个字——无聊。我的数学不是很差，也不是很好，偶尔考个第一，平时都是中上水平，但对数学有种说不出的无聊感。有时，我甚至感觉数学没有用，学它干吗呢？但是，今天的这堂课让我对数学有了全新的看法。利用数学的规律，我们学会了'读心术'，这让我有一种耳目一新的感觉。一开始，我们觉得老师很厉害，原来这是假的，只不过是利用了1、2、4、8这四个数而已。"

"从今天老师上的这节数学魔术课'读心术'中，我体会到了数学是变幻无穷的。'读心术'并不是真的，而是通过数学的一些知识来读心的，这使我对数学的兴趣又浓了许多。破解'读心术'的秘密真有趣，就像侦探似的，一点点往下推理。能破解'读心术'，这多亏了我的同桌，是他说出1、2、4、8是最特别的四个数。我捕捉到这一重要信息后，就绞尽脑汁地思考，最终破解了老师的'小把戏'。"

"学了这一课，我知道了任何问题都要细心发现、抽丝剥茧后才能找到答案。其实它并不是有魔法，只要知道其中的奥秘就可以做到。"

"这节课让我知道了数学其实并不难，只要画对图，认真琢磨，把心中的疑问提出来就好了。"

【场景四】在一次指向笔算除法竖式算法深度理解的作业调研后，学生写下如下情感体验：

"刚开始做时，我一直在琢磨，但后来就想通了，我的心情也跟着平稳了，这就很妙，快乐无边。"

……

充满好奇，喜欢想问题，渴望探究，乐于面对挑战和困难，通过一番思考周折后，最终解决问题并体验到思维的妙和乐，这些本是儿童的天性。

三、改变现状的需求

那么，日常教学又存在哪些不尽如人意的现状呢？例如，教师小步散点式提问、学生被动应答，使学生缺少解决问题的过程经历，不利于数学活动经验的积累。比较突出的问题有：① 内容组织上，较多着眼于散状知识点和技能操练的简单学习，较少关注知识结构和学科思维的系统学习；② 教学方式上，偏回答问题时的引导告知，轻解决问题中的探究思辨；③ 教学成效上，学生的感知体验不充分，概念理解不深入，思维养成不到位。总体而言，这些都与数学问题（任务）的设计以及教学实施互动过程中生成的提问的质量有关。

● 从课题调研数据来看

区内某校在开展"指向高阶思维能力培养的小学数学单元活动任务设计和实施"的课题时，曾以"提问"类型为切入点，运用美国著名教育家麦卡锡（McCarthy）提出的 4MAT 模式（采用"四何问题"分类法，将提问分为是何类问题、为何类问题、如何类问题以及若何类问题四种类型），针对教研组教师在课题研究中的一组课堂实践，得到如表 1-1 所示的调研数据。

表 1-1 "四何问题"分类法示例和出现占比统计（4 课时）

问题类型	阐述	示例	次数（占比）
是何类（what）	一些表示事实性、常识性、概念性内容的问题	观察这幅图，回忆一下长方形的特征有哪些？	40（45.5%）
为何类（why）	指向原因、目的类的问题	为什么这么多边都不需要知道，就能计算这个图形的周长？	12（13.6%）

（续表）

问题类型	阐述	示例	次数（占比）
如何类（how）	指一些表示方法、途径与状态的问题，用什么方法、手段、途径来解决的问题，处于怎样的状态或情况等的问题	长方形的周长到底应该怎么计算呢？ 说说看，你是怎么计算的？ 沿着长剪去一个正方形，对这样的"凹字形"图形，周长应该怎么计算？跟原来长方形的周长比较，发生了怎样的变化呢？	29（33.0%）
若何类（if）	情境或条件发生变化后的问题，指向对学习内容的举一反三	如果沿着长方形的边剪去不同位置的正方形，周长又是怎样变化的？你能够算出此时图形的周长吗？	7（8.0%）

尽管在课题研究的背景下，课堂活动设计的目的已经有意识地指向培养学生的数学高阶思维能力，但仍然可以发现，实际课堂中教师的提问类型集中在"是何类"问题上，一定程度上反映出课堂中对于能够有效发展学生推断说理、批判性思维、知识迁移等能力的其他类问题的关注不够。

进一步地，我们对这些问题在课堂上的学生响应方式按举手、思考、操作、讨论、游离五种方式进行了观察、统计、分析，发现举手、思考、操作的响应方式较多，但讨论方式较少。可见，课堂中学生大多在独自回应问题，并没有太多机会与同伴交流想法。特别地，学生的游离甚至比讨论更多。也就是说，课堂实际提问推进过程中，学生思维的卷入程度和深刻性都有待改善。

● **从日常教学情况来看**

1. 指向同一知识内容的问题设计单一

教师在设计问题时，缺少对目标具体内涵的分析以及对所对应学习水平的思考，仅关注对知识点的掌握和巩固，指向同一知识内容的问题设计千篇一律，不能灵活变式，从而不能给学生带来更多自主思考和深化理解的空间。

例如，在三年级"分数的初步认识（一）"单元中，教材相关例题和练习如图 1-1 所示。

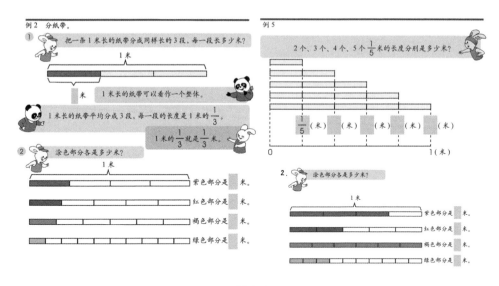

图 1-1

针对以上"分数表示一个数量(长度)"的知识内容,教师的问题设计大多类似这样的填空:一根绳子长 1 米,它的 $\frac{2}{5}$ 是( )米。通常,这样的问题学生只要凭记忆就可以正确填写,教师也就以为学生较好地达成了学习目标。而在质量调研中,我们将题目变化如下:

甲绳用去了 $\frac{2}{5}$,乙绳用去了 $\frac{2}{5}$ 米,如果它们用去的同样长,那么甲绳原来的长度( )。

A. 不确定　　　　B. 跟乙绳一样　　　　C. 是 1 米

以上变式拓展了问题空间,需要学生经历理解题意、逆向思考、推理分析,并排除干扰项作出选择的思维过程。例如,在阅读过程中,解读"甲绳用去了 $\frac{2}{5}$"所得到的信息是"甲绳用去了全长的 $\frac{2}{5}$,只告知了甲绳用去的长度与整根绳长的关系,而具体长度未知"(这是从"率"的角度对分数"部分—整体"关系的理解);解读"乙绳用去了 $\frac{2}{5}$ 米",提取信息并作出推断,得到"乙绳用去的长度是确定的,且与乙绳总长无关"(这是从"量"的角度对分数"部分—整体"关系的理解)。根据"如果它们用去的同样长",与之前的信息产生关联,展开推理:乙绳用去了 $\frac{2}{5}$ 米,可以确定甲绳也用去了 $\frac{2}{5}$ 米,又因为甲绳用去了(全长的) $\frac{2}{5}$,所以甲绳的总长应该是 1 米。于是,可以判断选项 C

是对的，选项 A 是错的。那么，选项 B 呢？由"乙绳用去了 $\frac{2}{5}$ 米"的信息与"乙绳用去的长度是确定的，且与乙绳总长无关"的推断，判断出选项 B 也是错的。这一解题过程富有思维含量，学生理解的对错、思维的深浅都会自然暴露，分别选 A、B、C 以及同时选 A、B 或同时选 B、C 的情况都是可能出现的。某次 5000 份抽样检测的数据统计如下：选正确选项 C 的占 25.3%，未作答的占 2.1%，选 A 的占 42.5%，选 B 的占 30.0%，同时选 A、B 的占 0.02%，同时选 B、C 的占 0.08%。

2. 设计的数学问题（任务）是假问题

有时，教师所提出的数学问题（任务）是一个"问不对答"的假问题。例如，在初学"可能性的大小"时，关于"抛一枚均匀硬币，出现正面的可能性大还是反面的可能性大"的问题，学生大多能基于生活经验得出"出现正面、出现反面的机会均等，可能性是一样的"，甚至有学生会说出"几率都是 $\frac{1}{2}$（或50%）"。教师提出任务：通过试验来验证一下，出现正面（反面）的可能性是不是 $\frac{1}{2}$？学生回答：抛一枚均匀硬币，出现正面或反面的机会均等，所以可能性都是 $\frac{1}{2}$。这已经是有理有据地通过对可能情况的分析而作出的理智判断。此时提出试验要求，试图通过试验数据验证出现正、反面的可能性是否都是 $\frac{1}{2}$，这对学生而言是一个"问不对答"的假问题。何况，这是用频率去估计概率，缺乏大数定律的支撑，也常常使教学陷入困境。

如果要试验，此时提出的问题应该是：按照这一判断，如果要做试验，做1 次，结果是怎样的？做 10 次、30 次呢？将组内成员的试验次数加起来，再将全班每人做的试验次数加起来，又有什么发现呢？这些问题（任务）所构造的问题空间，并不是让学生去验证出现正面或反面的可能性是否是 $\frac{1}{2}$，而是引导学生通过试验数据发现单次试验的随机性，以及大量重复独立试验中结果的规律性，初步感知对事件发生的可能性大小作出判断时，要思考分析其与试验结果之间的关联性。

3. 设计的数学问题（任务）是假探究

在改变教学方式的呼唤下，教师们知道探究学习、合作学习很重要，但很多时候并不清楚其目的是什么。于是，就会出现教学往往停留于表面的情况，且设计的数学问题（任务）对学生而言实则是假探究。

例如，探究平行四边形面积的计算方法时，问题（任务）设计如下：①沿平行四边形的高剪一剪，再拼一拼，可以得到一个什么图形？（学生按要求操作，很快拼得一个长方形）②找一找，长方形的长和宽分别是原来平行四边形的什么呢？③如何计算平行四边形的面积呢？公式怎样写？表面看，学生经历了"动手操作—观察并寻找图形转化前后的联系—得出平行四边形面积计算的一般方法"的公式推导过程，但学生自主参与的空间很小，即存在浅思考、假探究的现象。因为学生在面临一个新问题时，没有机会思考解决问题的方向在哪里，也没有深入交流如何使平行四边形的面积计算这一新问题转化成已学过的长方形面积计算问题。为什么要沿着高剪？只能沿着从顶点出发的高来剪吗？沿着高剪，移拼成的图形为什么一定是长方形？这些对学生而言的真问题都没有得到解决。

又如，探究两位数乘两位数的算法，课上抛出问题（任务）：小组合作，一共能想到哪些算法？然后，以小组为单位进行汇报交流。然而，小组合作的方式使组内部分学生来不及有自己的算法，只能被动接受他人的算法，也极大可能掩盖了一些错误资源。对很多学生来说，他们来不及有自己的想法，或没有机会在析错、纠错的思辨空间中深化认知、提升思维。

再如，有教师在三年级教学两位数乘两位数之后，设计了这样一道阅读理解、合作实验的问题：

小胖和小伙伴一起去参观桥梁工程建筑基地，技术员李叔叔带领他们一起做实验，探究引桥长度的秘密。如图1-2，他们把几个高度相同，但长度不相同的光滑斜面（不考虑摩擦力）当作引桥，将同一个货物箱匀速拉上斜面，测得不同的拉力。李叔叔还告诉小胖，"斜面拉力做功"的值是货物沿斜面所受拉力做的功，单位为焦耳（J）。不管长度如何，做的功都是一个固定的值，即"斜面长度×拉力"。请你帮小胖算一算，它们做的功分别是多少？通过计算，你还有什么发现？有兴趣的话，你也可以和小伙伴们合作制作一些模型，一起来做个小实验哦！

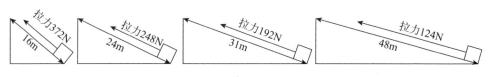

图1-2

该问题（任务）设计的出发点是想通过跨学科知识解决问题，培养学生的综合能力和探究精神。但是，从三年级学生的一般认知水平出发，这一情境是晦涩难懂的，学生很难卷入，那么对学生来讲就失去了可供思考的问题空间。

4. 教师支持过度造成替代学生的思考

有时，最初的问题（任务）有较大的空间引导学生展开真思考、真探究，但在课堂实施的提问推进中，由于教师给予的支持过度而造成替代了学生的思考，反而使提供给学生自主思考探究的问题空间被收缩了。

例如，在五年级学习表面积变化时，有这样一个问题：

如图 1-3，将若干个棱长是 1 厘米的正方体按某一方向拼成一个长方体，图形表面积的变化有什么规律？

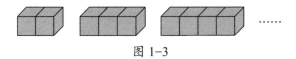

图 1-3

教学时，有教师提供了下列表格给予探究支持：

拼接正方体的个数	2	3	4	5	……	n
有几处接缝						
减少面的个数						
减少的表面积						

学生填表、观察后得到规律：接缝的数量总是比小正方体的个数少 1；减少面的个数是接缝数量的 2 倍；减少的表面积是 2（$n-1$），即小正方体个数减 1 后的 2 倍。

课后，立即对全班学生进行检测：

如图 1-4，将 50 个棱长是 1 厘米的小正方体拼成 5×5×2 的长方体，请在 3 分钟内算一算，表面积减少了多少？

全班只有一名学生顺利完成，方法是用 50 个小正方体的表面积之和减去拼成长方体的表面积，其

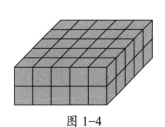

图 1-4

他学生要么不知所措，要么弄错了减少面的个数，还有的直接表示来不及数清减少面的个数。相应地，我们对该教师执教的另一个班的学生（还未上此节课）进行了同样的检测，有一半以上的学生顺利解决了问题。从某种程度上来讲，学习出现了"倒退"的现象。显然，教师提供的表格工具只是支持学生尽快获得教师所设定的结论，而这恰恰替代了学生的主动思考，使其受限于教师所要的既定思路和答案，且过于注重由表格中的"数"得出规律而忽略对"形"的真正关注与思考，导致学生在面对变式问题时策略上的无措和思维上的僵化。对于原来的任务，在课堂实施时，以下思考空间都应该开放给学生：从求表面积减少量来说，可以有"原来的表面积减去现在的表面积""减少的面个数乘每个面的面积"等不同思路；从考量减少的面个数与小正方体个数之间的关系上来说，可以联系之前的"植树模型"来思考问题（减少的面个数是接缝数的 2 倍，而接缝数比小正方体个数少 1），也可以从小正方体的空间位置来思考问题（两端的小正方体都减少 1 个面，中间位置的小正方体都减少 2 个面）。这里，思考解题策略、发展空间观念是更为重要的，而不只是为了获得规律。如此，不替代学生的思考，不强行将学生拉入设定的思路，课堂才可能有丰富的生成、多元的表征、有效的交流，学生也才有可能学会思考问题，思维才能变得灵活。

5. 课堂提问推进中抓不住关键聚焦点

很多时候，一个大问题（任务）提出后，课堂是以学生在此问题空间中所生成的各种思维资源来推进的，这就非常考验教师对教学内容本身的理解和对学生表达内容的了解，否则很容易捕捉不到能将学生的思维引向深入的关键聚焦点。

例如，在四年级探讨同分母分数加法计算时，教师先抛出问题"$\frac{1}{4}+\frac{2}{4}=?$"，让学生先自己思考，并试着解释是怎样得出答案的。反馈时，有一名女生这样说："我画两个一模一样的正方形，都平均分成 4 份，在第一个正方形中涂 1 份，就是 $\frac{1}{4}$，在第二个正方形中涂 2 份，就是 $\frac{2}{4}$，然后把这 2 份移到第一个正方形中，所以 $\frac{1}{4}+\frac{2}{4}=\frac{3}{4}$（图 1-5）。"教师回应："其实，我们可以只画一个正方形。"然后，顺利得出计算法则：同分母分数相加，分母不变，分子相加。但学生真正理解吗？课堂作业间隙，我走近一名男生并追问："你同意刚才那名女生说的吗？""同意。""如果这2份不移过去呢？""那就等于 $\frac{3}{8}$ 了。"男孩的回答背后潜藏着怎样的理解偏差？有代表性吗？对后续学习有怎样的影响？女孩又为什么说要把 2 份移过去呢？言外之

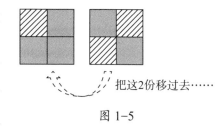

把这2份移过去……

图 1-5

意是什么呢？有多少学生有真实的困惑"为什么 $\frac{1}{4}+\frac{2}{4}\neq\frac{3}{8}$"？又有多少学生能解释清楚其中的缘由？此处，如果有停顿：你能解释为什么 $\frac{1}{4}+\frac{2}{4}\neq\frac{3}{8}$ 吗？那么，问题空间才能再次被打开，也才有可能抓住计算法则背后的关键聚焦点——一个整体、分数单位、单位个数的累加，并通过这些核心概念来引导学生作更深入的思考。

综上所述，基于教学现状，日常教研中我们总在思考和探索：怎样进行问题（任务）设计，使其既能促进学生的认知理解，又能提升其智慧？用什么样的问题（任务）能真正驱动每个学生自主卷入思考并能生成多层次的差异资源？具体实施时，学生会暴露出哪些困惑，或潜藏着哪些认知偏差？对此，教师又该如何捕捉、回应，并通过高质量的提问序列将课堂向纵深推进，让学生能真正深入思考？怎样的问题序列既符合学生认知、遵循学科逻辑，也能真正促进教师反思？

学科本身的要求，儿童天性的诉求，改变现状的需求，让"真问题"教学就这样在实践探索中被提出来了，并在持续的实践研究中不断完善。

┃第二章┃

何为"真问题"教学

"真问题"教学的具体内涵是什么？它的提出有哪些理论基础？它是如何界定的？又有哪些特征和影响因素？在实践中需要考虑哪些基本要素？

第一节　具体内涵

一、理论基础

● 数学课程标准

《义务教育数学课程标准（2022 年版）》（下文简称"课标 2022 年版"）指出，要确立核心素养导向的课程目标。课程目标要体现学生数学基础知识、基本技能、基本思想和基本活动经验（简称"四基"）的获得与发展，以及运用数学知识与方法发现、提出、分析和解决问题的能力（简称"四能"）。倡导数学课程应面向全体学生，适应学生个性发展的需要，激发学生兴趣，引发数学思考，鼓励创造性思维，促进学生在生动活泼的、主动的和富有个性的数学学习过程中逐步形成和发展核心素养，形成正确的情感态度和价值观。

● 建构主义理论

建构主义理论认为，学习是主体和客体之间的交互作用，学习者主动地去接触有关的信息，并利用学习者已有的知识和观点来解释这些信息；学习者以自己的经验和观点来构建客观世界，获得对客观世界的理解并赋予其意义。[①]

● **最近发展区理论**

最近发展区理论是维果茨基提出的儿童教育发展观。他认为，教学应着眼于学生的最近发展区，即儿童独立活动所能达到解决问题的现有水平与通过教学可能获得的发展水平之间的差异，为学生提供具有适当难度的内容，调动学生的积极性，发挥其潜能，超越其最近发展区而达到下一阶段的发展水平[②]。

● **现代信息加工理论**

以纽厄尔（Newell）等为代表的信息加工研究理论认为，解决问题是一种以目标定向的搜寻问题空间的认知过程。问题空间是指问题解决者对所要解决的问题的一切可能认知状态，由任务的初始状态（即任务的给定条件）、目标状态（即任务最终要达到的目标）和中间状态（即任务从初始状态向目标状态转化的若干可能途径及任何可能有效的解决策略）组成[③]。问题空间也称状态空间，即问题解决者在解决问题过程中所能达到的各种不同的可能状态。问题空间是解决问题中的一个重要因素。

二、概念界定

我们所说的"真问题"是指向知识的意义建构，能引发学生真实思辨和讨论，可以促进其认知深化和思维提升的数学问题，既包括在备课时设计的数学问题（任务），也包括在教学中生成的提问序列。"真问题"教学，指在教学中以真问题引领学生的学习，引导学生开展实践、探究、体验、反思、合作、交流等活动的过程，促进学生核心素养发展。

在"真问题"教学中，关于问题应该由教师提出还是由学生提出，我们不作强行分割。站在学生的立场，我们需要关注学情，基于学生的所思、所想、

① 郑毓信，梁贯成.认知科学建构主义与数学教育 [M].上海：上海教育出版社，2002.
② 王文静.维果茨基"最近发展区"理论对我国教学改革的启示 [J].心理学探新，2000（2）：17-20.
③ 张大均.教育心理学 [M].北京：人民教育出版社，2004.

所惑去思考教学、推进教学，但这并不意味着教学只是一味地引导并鼓励学生提问。这是因为数学中的核心概念大多是抽象的，学生凭着好奇心所提出的问题有时无法触及知识本质，如果教师在组织提问环节前没有架构好整体的学习目标和核心问题，容易使学生的提问变得盲目、松散和肤浅。因此，我们要以更有意义、更有效的方式将教师提问和学生提问有机融合，既要引发学生的好奇心和求知欲，也要帮助他们在提问中实现对核心概念的深入思考和深度理解。

三、主要特征

真问题不是提出后立即可以得到答案的问题，一般具备以下主要特征：具有挑战性，有一定的思维含量；能促使学生主动思考，并充分展现学生的差异性资源能自然暴露的弹性空间；蕴含数学思想方法，并能实现思想方法的迁移运用。

一个数学问题是不是真问题，还得站在学生的立场作出判断。首先，是不是真问题与学习时段有关。在某一个学习时段，当一个数学问题从初始状态到目标状态之间已没有中间状态（解题状态），只需直接提取数学事实即可作答，那么这样的问题就不具有问题空间，就不是一个真问题。例如，一年级第一学期学习 20 以内的进位加法时，问题"9+5=？"就是一个真问题，问题空间的初始状态是已知数 9 与数 5，目标状态是求它们的和。这中间，学生解题的可能状态有：① 将 9 个实物与 5 个实物放在一起，由 1 数到 14；② 伸出一只手，逐一数手指，"10、11、12、13、14，等于 14"；③ 如图 2-1，先在 20 数板上摆出 9 个小圆片，再接着第 9 个小圆片摆出 5 个小圆片，从 5 个里面拿出 1 个与 9 个小圆片凑成 10 个，还剩下 4 个小圆片，10 和 4 合起来是 14，即 9+5=9+（1+4）=（9+1）+4=10+4=14；④ 如图 2-2，先在 20 数板的第 1 行和第 2 行分别摆出 9 个小圆片和 5 个小圆片，将第 1 行 9 个小圆片里面的 5 个与第 2 行的 5 个小圆片凑成 10，再加上第 1 行剩下的 4 个小圆片，合起来是 14，即 9+5=（4+5）+5=4+（5+5）=4+10=14。然而，在一年级第二学期学习百以内数的加法，如计算 39+45 时，"9+5=？"已经是需要学生熟练掌握且能直接提取答案的问题了，因此在这一学习时段，"9+5=？"就不是真问题了。

图 2-1

图 2-2

其次，是不是真问题也取决于教师的教学方式。一个本身具有问题空间的数学问题，如果教师只是单纯地告知方法、公式等解题模式，而学生只需简单套用模式就可获得答案，那么本该有的问题空间就因教师不恰当的教学方式而不复存在了，问题也就不再是真问题了。如图 2-3，用 $1cm^3$ 的小正方体积木搭出一个棱长是 3cm 的大正方体，并将它的表面涂色，那么三面涂色、两面涂色、一面涂色、没有涂色的小正方体分别有几个？这是一道具有挑战性的数学问题，有空间想象和策略选择的各种思考状态空间。然而，如果教师直接告知在 $n>2$ 的情况下，由 $(n \times n \times n)$ 个小正方

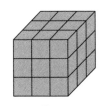
图 2-3

体搭成的大正方体表面涂色后，三面涂色的小正方体有 8 个，两面涂色的有 $12(n-2)$ 个，一面涂色的有 $6(n-2)^2$ 个，没有涂色的有 $(n-2)^3$ 个，此时学生只需将 $n=3$ 代入即可获得正确答案。在这样的教学方式下，问题空间也就不复存在了，就不是我们所说的真问题。

最后，是不是真问题也常常因人而异。学生之间必然存在着个体差异，同一问题在同样的教学方式下，对有些学生来说能形成问题空间，而对另外一些已经知道既定方法和答案的学生来说，因问题不具有挑战性而未能形成问题空间。

所以，"真问题"教学的关键是要面向全体学生构建一个合适的问题空间，以吸引每位学生主动参与、积极思考，充分展现学生个性化的真实思考和多层次的差异性资源，在互动中实现素养的落地。

四、影响因素

是不是真问题，取决于是否具有合适的问题空间。问题空间的形成是受学科、教师、学生三因素共同影响的。问题空间的大小由问题本身所蕴含的数学思维含量的多少，教师对问题理解程度的深浅，以及学生在应对问题时数学思维水平的高低三者联动决定的（图 2-4）。所以说，"真问题"教学中的问

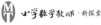
题,就是需要具有合适问题空间的好问题。那么,好问题哪里来? 来自教师对自身日常教学行为价值取向的追问与反思,来自对知识背后的学科结构和学科思维的考量与把握,来自对全体学生真实思维过程的捕捉与解读。

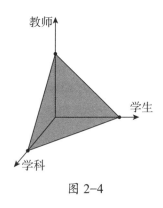

图 2-4

第二节　基本要素

研究真问题,即研究问题空间,旨在让学生能真正进入主动思考、丰富表达的状态。同时,研究真问题,也是为了把学科层面的数学问题重塑成教学形态,"见题"更要"见人",以落实数学学科育人价值。学生在思考真问题时,是知识技能、思维能力、表达交往、情感态度多元素融入的学习过程,所以,"以学科育人为导向的问题空间构建"的基本要素包含:(1)知识、技能:理解概念内涵,形成知识结构,掌握基本技能;(2)思维、能力:锤炼和发展数学思维和能力,体悟和掌握数学思想方法;(3)表达、交往:善于表征想法,乐于倾听与交流,能够整合观点、内化理解;(4)情感、态度:对未知的好奇和探究,对错误的坦然和改正,感受分享和学习的美好,形成理性精神和科学态度。例如,关于五年级"长方体的表面积"起始课的"真问题"教学如下。

【问题(任务)一】什么是长方体的表面积?

如图 2-5,分别按 A、B、C 三种方式将一个大长方体切割成两个小长方体,切割后表面积分别增加了 12cm²、24cm²、16cm²。原来这个长方体的表面积是多少?

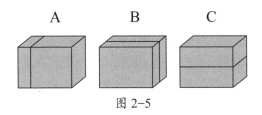

图 2-5

【课堂提问序列】

师：你们有哪些疑问？

生：什么是表面积？

生：奇怪，切开应该减少，怎么会是增加呢？

生：为什么都是切一次，但增加的表面积不一样呢？

师：很好，大家都提出了自己的疑问。虽然现在一时还解答不了这道题，但主动思考、提出疑问是解决问题的重要一步。下面，请同桌两人合作，借助长方体学具并联系以前学过的知识，仔细分析问题情境中的各项信息，尝试解决问题。

学生借助学具，边比划边思考、交流。七八分钟后，教师组织学生汇报，汇报时要求讲清操作顺序，有条理地进行说理。

【问题（任务）二】怎样计算长方体的表面积？

师：我们已经知道了长方体的表面积是六个面的面积之和，如果任意给你一个长方体，为了计算长方体的表面积，你会收集哪些数据？又该怎样计算呢？

要求：① 请举例说明，只列式不计算；② 同桌分享自己举的例子，并在互评中纠错、改错。

【课堂提问序列】

师：（出示学生作品）观察这些例子，有的用文字来记录，有的画简图来示意，你们发现这些表示有什么共同之处吗？

生：都是收集长、宽、高的数据。

师：有了长、宽、高的数据后，进一步可以怎么计算长方体的表面积呢？谁愿意分享自己出错、纠错的过程？

生：我一开始用"长 × 宽 × 高"来求，后来同桌告诉我，我与之前学过的求长方体的体积混淆了，算表面积就是算长方体上下、前后、左右六个面的面积之和。

生：长方体表面积 =2×（长 × 宽 + 长 × 高 + 宽 × 高），用字母表示就是 $S=2(ab+ah+bh)$。

师：（出示学生作品）刚才举例时，老师看到有同学举了这样两个例子（一个是长、宽、高都不相等的长方体，另一个是长和宽相等的长方体），你们来评价一下。

生：他想得更全面，还想到了一种特殊情况，也就是相对的两个面是正方形，那么剩下四个面的形状就相同，所以在计算表面积时就可以用"长 × 宽 × 2+ 长 × 高 ×4"，这样比较简便。

师：这位同学在举例时有分类的意识，这给了你们什么启示？进一步会联想到什么图形？

生：还可以是六个面的形状都相同，就变成了正方体。正方体表面积求起来更简单，只要用"一个面的面积 ×6"就可以了，也就是"棱长 × 棱长 ×6"。

师：（呈现列举棱长为 6 厘米的正方体的学生作品）这位同学求表面积时列的算式是 6×6×6，对吗？想一想，这个算式还可以求出什么？

生：对的！6×6 求的是一个面的面积，再乘 6 就是六个面的总面积，也就是正方体的表面积。6×6×6 还可以求出这个正方体的体积。

师：同一个算式，既可以求正方体的表面积，也可以求正方体的体积。是不是可以说，这个正方体的表面积和体积相等？同桌讨论一下。

生：不可以。因为表面积和体积表示的是不同的量。

生：虽然它们的计算结果相同，但单位不同，表面积的单位是平方厘米，体积的单位则是立方厘米。

师：很好！你们能否看着这个正方体想象一下，216 平方厘米、216 立方厘米在图上分别是怎么表现的？你能结合算式作解释说明吗？

学生比划、表达，教师借助课件同步跟进（图 2-6）。

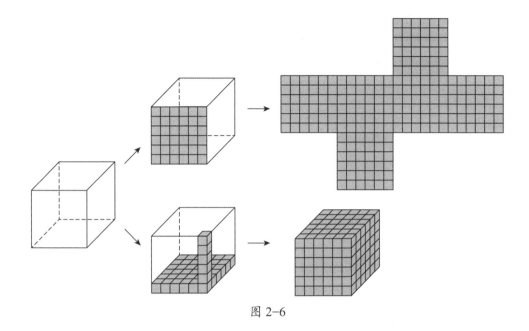

图 2-6

生：求表面积的 6×6×6 中，其中一个"6"表示六个面，另外的两个"6"表示棱长 6 厘米；而求体积的 6×6×6 中，每个"6"都表示棱长 6 厘米。

生：如果棱长的数据不是 6，比如 7，那么求体积就变成了 7×7×7，求表面积就是 6×7×7。

师：正方体的棱长是可以变化的，而正方体有六个面是确定的。因此，正方体表面积的计算公式是 $S=6×a×a$，简写为 $S=6a^2$。

这节课的知识内容包括长方体的表面积概念和长方体表面积的计算方法。课堂中的问题（任务）设计和提问序列力求为学生持续创设适度的问题空间，引发学生积极、主动地思考，开展有意义的数学讨论，从而帮助学生实现长方体表面积概念及表面积计算方法的自主建构。

下面，对本课中的真问题作具体分析。课始，问题（任务）一以"表面积变化"的情境引入，这一问题一般在表面积计算教学后才会呈现给学生，而本课将其作为引出表面积概念的起始问题（任务），意在让学生在深入思考的基础上解决问题，从而自然地将注意力集中在长方体表面积的构成而不是算法上。在富有挑战性的问题解决过程中，学生主动地提出疑问、解读信息、关联信息，进而作出推理和判断，自主建构得到"长方体的表面积即六个面的面积

之和"。

　　紧接着抛出问题（任务）二，让学生在自主举例中研究长方体表面积的计算方法。后续的提问序列充分展示了学生的所思所想，整个过程充满思辨性，包括基于概念的推理、多元表征的理解、举例的分类意识、数形结合的解释、相关概念的辨析、计算方法的提炼。同时，学生在互评互助、纠错改错中，分享、交流自己的方法并倾听他人的方法，不仅积累了活动经验，还滋养了智慧。

┃ 第三章 ┃

"真问题"教学的整体设计

我们绘制得到"真问题"教学的整体设计框架，如图 3-1 所示。

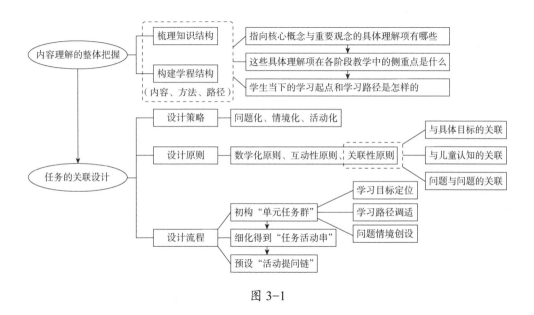

图 3-1

"真问题"教学如何设计？需要怎样的设计基础？有哪些设计策略和设计原则？一般的设计流程是怎样的？本章将对这些问题作出简要说明。

第一节 内容理解的整体把握

"真问题"教学指向知识的意义建构,追求发展和深化学生的理解并将学习结果进行有效迁移。通过简单记忆而获得的知识往往是表面的、零散的、无序的,很难实现学习的迁移,在问题解决方面更多表现为直接寻求合适的公式或套用现成的模式。只有当学习者理解基本概念和原理时,才有可能在新的情境中运用所学知识解决问题,也更有可能围绕核心概念和重要观点展开思考,深入理解问题,进而探寻得到问题的结果。

我们探索"真问题"教学,认为教学的核心要务就是促进学生对所学知识的真正理解。那么,什么是"真正的理解"?根据认知结构的观点,一个数学概念、原理、法则,如果学习者在心理上能组织起适当的、有效的认知结构,并使之成为个人内部知识网络的一部分,那么才说明是理解了。[1] 这就需要我们在进行教学设计时,要整体理解教学内容,具体体现在对知识、学程和方法三方面的结构性认识和对整体的有机处理上,这既是"真问题"教学设计中教师针对相关教学内容架构整体学习目标的重要环节,也是整体设计核心问题(任务)的重要基础。

一、梳理知识结构

数学的概念、原理和规律是有内在联系的,这种知识内在的本质联系就构成了相应的知识结构,即数学内容及其组织形态。学习内容本身的知识结构会直接影响每名学生的认知结构,因此在进行"真问题"教学设计时,教师首先要依据教材的编排将相关教学内容的脉络、关联进行梳理,从而整体把握知识结构。例如,针对上海版《数学》三年级第一学期"用一位数除"单元的教学内容,我们梳理得到小学阶段除法内容的知识结构(图3-2)。

---

[1] 李士锜,吴颖康.数学教学心理学[M].上海:华东师范大学出版社,2011.

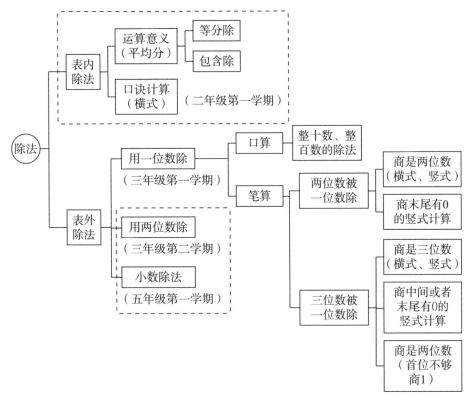

图 3-2

首先，通过初读教材，理清除法内容在教材编排中的脉络，明晰显性的表层结构：三年级第一学期从表内除法扩展到表外，学习除数是一位数的除法，先学"整十数、整百数的除法"的口算，再依次学习"两位数被一位数除"和"三位数被一位数除"。在"两位数被一位数除"的笔算学习中，用横式表达计算过程和用竖式记录计算过程先后出现在同一个例题（情境）中，这是学生第一次接触竖式；接着学习"商末尾有 0 的除法"的竖式计算。学习"三位数被一位数除"的笔算除法时，同样也是将横式计算和竖式计算融合在一个例题（情境）中；接着探讨商中间或者末尾有 0 的除法竖式该如何书写；最后教学首位不够商 1 时，最高位商在十位上的竖式计算。与上述内容相关的除法学习，还有二年级已经学过的"表内除法"，以及之后要学习的"除数是两位数的除法""小数除法"。

明晰教材知识的显性表层结构是整体把握教学内容的基础阶段,仅停留于此,则是远远不够的。

二、构建学程结构

知识结构本身所蕴含的核心概念及其内在逻辑结构会直接影响学生的认知结构,而学生的认知结构又影响他们在解决问题过程中对题意的理解以及策略的使用。这就需要我们进一步从学生认知的角度去深入解读知识表层结构下所隐含的深层意蕴,分析具体的理解项究竟有哪些,它们之间又有怎样的关联,挖掘隐性的深层结构。并且,结合学生的认知起点和认知阶段特征,考虑如何将这些理解项有所覆盖又有所侧重地在教学长程推进中做到有序落实,整体构建促进学生真正理解并能有效迁移的学程结构。

仍以三年级第一学期"用一位数除"的算理理解和算法掌握教学为例,基于上述对教材中除法内容的编排及知识结构的初步梳理,进一步对其作出全面分析和深入思考。

● 指向核心概念与重要观念的具体理解项有哪些

我们基于对知识内容的整体解读,将具体理解项确定为以下几项。

1. 数的结构组成

从十进位值概念理解数的组成结构,能敏锐感知每一数位上的计数单位,并能基于十进关系理解不同组成方式之间的转换。

2. 除法中"平均分"的运算意义

除法运算是对平均分的数学化表示。除法是不断地对不同计数单位所对应的数进行平均分的过程,并从大的计数单位开始依次进行;若有剩余,则转化成较小的计数单位,与原来较小计数单位的数合并后再次进行平均分;以此类推,重复操作,直至分完。

3. 除法竖式的结构组成及每部分的含义

除法的竖式记录,即是对上述"不断地对不同计数单位所对应的数进行平均分的过程"的简洁记录。以"三位数除以一位数且商是三位数"的竖式为例,其结构由整百整百地分、整十整十地分、单个单个地分三部分组成,且每一部分都包含四个关键步骤：（1）平均分后记录每份得到的数量；（2）通过乘法计算，记录已经分掉的数量的总和；（3）通过减法计算，记录剩余部分的数量；（4）将剩余部分转化为较小的单位来计数，并与已有的较小单位的数进行合并，得到新的这一计数单位的数量。

显然，这些理解项环环相扣，形成认知要素间深度关联的整体结构。

● 这些具体理解项在各阶段教学中的侧重点是什么

关于除法算理的理解和算法的掌握，既要整体着眼具体理解项，还需要聚焦它们之间的关联，理清各阶段教学中的侧重点是什么，且具体包含些什么。我们将除法的学习阶段划分为表内除法、用一位数除、用两位数除和小数除法四个阶段，并针对上述理解项分别阐述其在各阶段的学习重点。

1."表内除法"阶段的侧重点

一是基于"等分除"和"包含除"两个模型理解平均分的运算意义，以及除法横式中各部分的名称（被除数、除数、商、余数）、含义（总数、份数、每份数、剩余数）及其关系（余数＜除数，被除数－商×除数＝余数）。

二是初识除法竖式，理解除法竖式的结构，理解用除法竖式记录平均分过程的合理性（记录了平均分过程中的五个对象：要分的总数、平分的份数、每份的数量、分掉的总数和最后的剩余数）。

2."用一位数除"阶段的侧重点

一是基于十进位值概念理解"整十数、整百数除以一位数口算"的算理，为后续除法竖式计算中每一位上的算理理解与表达奠定基础。例如，$200÷2=100$ 的口算算理解释是把 2 个百平均分成 2 份，得到每份数是 1 个百；或者把 20 个十平均分成 2 份，得到每份数是 10 个十。又如，$200÷4=50$ 的口算算理解释是把 20 个十平均分成 4 份，得到每份数是 5 个十。

二是理解依次按计数单位的个数进行平分后对每一数位上剩余数的处理，即将剩余数按十进转化并和下一数位上的数合并，再继续平分（通过横式描述算理），理解从高位开始分的优势。

三是理解竖式是如何记录横式计算中的平分过程的，即实现算理、算法的融通，并理解每一数位上的除法计算都转化成了表内除法，用口诀即可解决。

3．"用两位数除"阶段的侧重点

一是基于十进位值概念理解除数是整十数时用口诀求商的算理。例如，$82 \div 30$，想 8 个十里面有几份 3 个十，即用 $8 \div 3$ 来推算 $82 \div 30$ 的商。

二是除数是任意两位数时的试商、调商。

4．"小数除法"阶段的侧重点

整数部分除完后的余数不够单个单个地分，要按十进关系将单位细分，转化为更小的计数单位后继续平均分。

基于单元整体视角能让教师更好地看到核心概念的一致性，明晰各阶段的学习重点，从而更好地把握教学。

● **学生当下的学习起点和学习路径是怎样的**

在对教学内容和教学目标作整体分析的基础上，进一步思考学生当下的学习起点在哪里，设计怎样的学习路径才能顺应学生的认知逻辑，以期更好地达成学习目标，让学生获得积极正向的学习情感体验。

教材提供了范例，但静止的课本内容与学生动态的学习过程并不一定完全吻合。"真问题"教学试图更客观地呈现教材，基于学生实际和教学实际使用教材，必要时作出相应的调整。

关于除法的算理理解和算法掌握的教学，在对这一教学内容作整体分析，并把三年级第一学期的"用一位数除"的算理理解和算法掌握作为一个学习单元的情况下，我们思考：学生的学习起点在哪里？学生在二年级"表内除法"学习中，已经通过情境认识了"等分除"和"包含除"两种除法模型，理解了除法中"平均分"的运算意义，掌握了除法横式中各部分的名称（被除数、除数、商、余数）、含义（总数、份数、每份数、剩余数）及其关系（余数＜除数，被除数 － 商 × 除数 ＝ 余数），并会运用乘法口诀计算表内除法。但是，这一阶段的学习并未涉及除法竖式，上海版教材将除法竖式的初次认识安排在三年级笔算除法的起始课中，且只简单介绍了竖式中的被除数、除号和除数（图 3-3 中例 1）。

图 3-3

基于整体分析以及学生的实际认知，我们认为，学生当前的学习起点不足以支撑其理解两位数除以一位数除法的算理，易造成被动接受算法，即形成"商、乘、减、落"的程序性机械操作，有必要补充表内除法的竖式学习，以做好两位数除以一位数算理和算法学习所需要的起点准备。

教材中虽然出现了表内除法的竖式，却安排在例 2（带余除法的竖式：28÷9），其自洽的逻辑是"被除数最高位上的数比除数小时，就看前两位，除到哪一位，商就写在哪一位上"（图 3-3）。我们认为，这个知识点完全可以后移到三位数除以一位数的教学中。由此，我们将学习路径调整为先教学例 2，并将算式调整为"28÷3"，教学目标定为理解并感悟表内除法竖式记录的合理性；再教学例 1，且对例 1 作出改编，将教材中的"71÷4"改为"38÷3"，使除到十位时没有剩余，以分散难点，突出算法结构。其中，将例 2（带余除法）的教学目标改为理解表内除法竖式记录形式的合理性，并将此作为笔算除法学习的重要起点之一。当然，另一个重要起点是能从"将计数单位个数平均

29

让学生更智慧地学习——小学数学"真问题"教学探索

分"的角度理解整十数、整百数口算除法中"遮0补0"的表面操作现象,能根据数据特点灵活得到数的组成结构,并能选择合适的计数单位展开说理。

综上,关于三年级第一学期的"用一位数除"的算理理解和算法掌握,经过解读、分析、整合后,设计得到如下学程结构(表3-1)。

表3-1 "用一位数除"的算理理解和算法掌握的学习路径设计

	内容(调整及意图)	目标(理解项)	备注
课时1	 整十数、整百数的口算除法 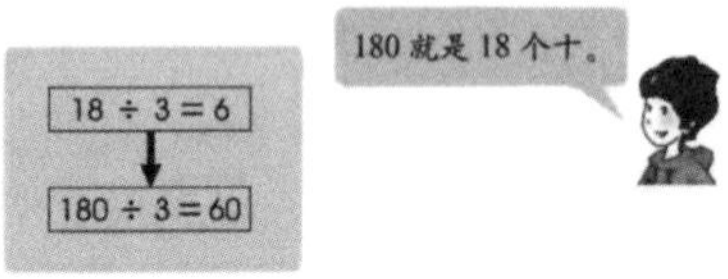 180就是18个十。 18÷3=6 ↓ 180÷3=60 增强说理: 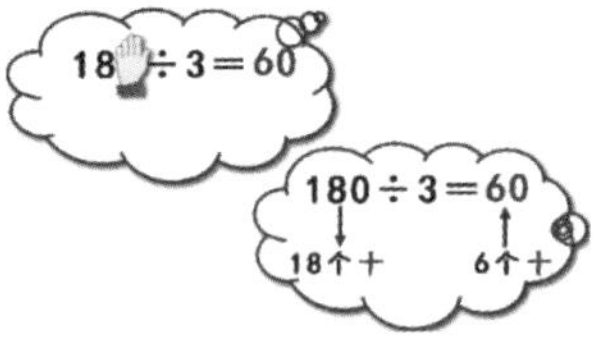 18÷3=60 180÷3=60 18个十　6个十 增加辨析: 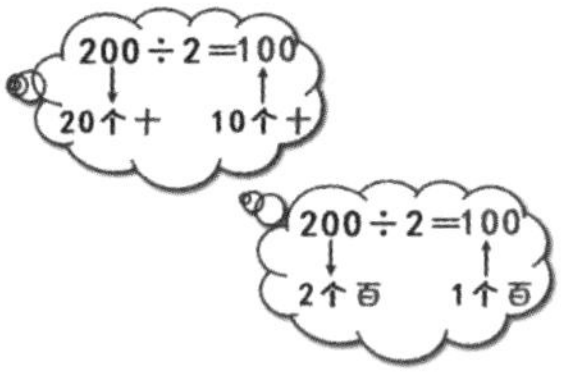 200÷2=100 20个十　10个十 200÷2=100 2个百　1个百 200÷2= 200÷4=	① 从"将计数单位个数平均分"的角度理解整十数、整百数口算除法中"遮0补0"的表面操作现象 ② 能根据具体数据灵活选择计数单位以得到数的组成结构,并能说出口算算理	夯实学习起点

（续表）

	内容（调整及意图）	目标（理解项）	备注
课时2	两位数被一位数除：例2（表内除法竖式的认识） 改变了教学侧重点：从首位不够商1，调整为勾连横式、认知竖式 28个🔔3人平分 $28 \div 3 = 9 \cdots\cdots 1$ 每人分到9个 — 共28个 — 分掉27个 — 剩余1个 3人平分 两位数被一位数除：例1（调整为十位上没有剩余） 横式、竖式融合教学 能看明白竖式中2次分的过程吗？ 整十整十分：$30 \div 3 = 10$ 单个单个分：$8 \div 3 = 2 \cdots\cdots 2$ $38 \div 3 = 12 \cdots\cdots 2$ 	① 与横式沟通，理解表内除法竖式的组成及各部分的含义，理解竖式书写的合理性（有别于其他三种运算的从上往下的竖式写法） ② 从表内到表外，理解依次按计数单位的个数进行整个整个地平分的过程，横式描述了相应的平分过程，竖式则是对这一过程的简洁记录，使学生初步感悟两层竖式的组成结构其实是表内除法竖式结构的叠加	夯实学习起点

（续表）

	内容（调整及意图）	目标（理解项）	备注
课时2	调换了问题情境（创编隐含"十"的结构的分桃情境，便于学生在探究比较中发现算法） 改编了算式数据（使十位无剩余，以便先聚焦算法的整体结构）		
课时3	两位数被一位数除：例1、例3（十位上有剩余） 使用了例1的问题情境（显性的以"十"为单位捆扎的分铅笔情境，聚焦十位有剩余需拆开转化） 	① 理解十位上有剩余时，剩余数要比除数小，表明不够整十整十地分了 ② 理解十位上的剩余数按十进关系转化成几个一，并与原有的几个一合并，再单个单个地分 ③ 理解除法从高位除起的好处	主动理解过程中形成的方法结构
课时4	两位数被一位数：例4（商末尾有0） 教材更多地从算法的角度解释商末尾有0时的竖式简写形式 	从"除法是记录分的过程，分完即结束"的算理角度，理解商末尾有0的除法竖式书写	

（续表）

	内容（调整及意图）	目标（理解项）	备注
课时 4	加强从算理角度理解商末尾有 0 的除法竖式书写，这是算理、算法融通的体现，减少程序化机械成分以及学生的记忆负担		
课时 5	三位数被一位数除：例 1（商是三位数） 利用教材中板（百）、条（十）、块（一）的简图情境 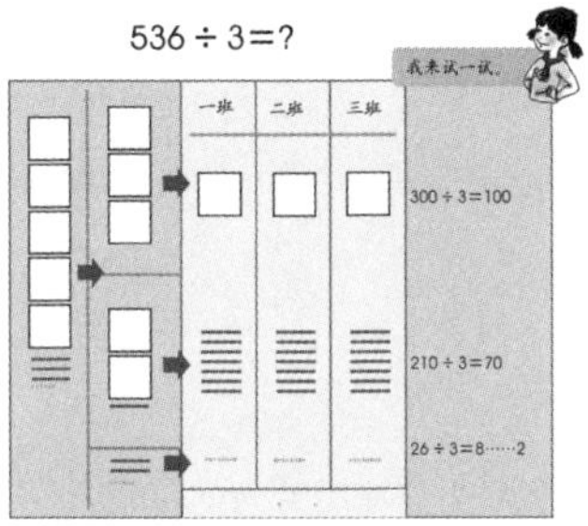 $536 \div 3 = ?$ 先分整百，再分整十，最后分单个 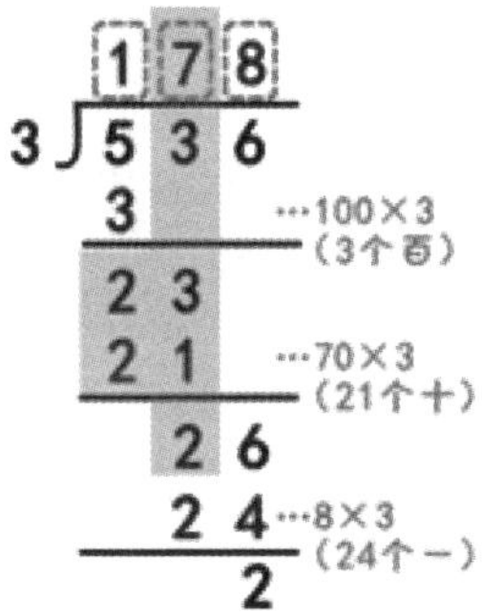 	① 将两位数被一位数除的认知经验迁移至三位数被一位数除中，理解除法计算过程就是对"先整百整百地分，再整十整十地分，最后单个单个地分"这一过程的记录 ② 理解较高位上除得的剩余数都按十进关系转化成较小单位，并与已有较小单位的个数合并，再继续除 ③ 理解每一位上的除法计算过程都相当于表内除法，且每一位上除法"小结构"组块的叠加就组成了笔算除法竖式的整体结构	在主动迁移中运用已有的方法结构
课时 6	三位数被一位数除：例 2、例 3（商中间或末尾有 0）		

33

（续表）

	内容（调整及意图）	目标（理解项）	备注
课时6	教材更多地从算法的角度解释商中间或末尾有0时的竖式简写形式 想一想，这两道题中商里面的"0"可以不写吗？ 加强从算理的角度解释商中间或末尾有0的除法竖式书写，这是算理、算法融通的体现，减少程序化机械成分以及学生的记忆负担	从"除法是记录分的过程，分完即结束"的算理角度，理解商中间或末尾有0的除法竖式书写	在主动迁移中运用已有的方法结构
课时7	三位数被一位数除：例4（首位不够商1） 加强从算理的角度解释法则	理解"被除数首位不够商1看前两位"，也就是不够整百整百地分时，直接将几个百转化成几个十，并与原有的几个十合并，进行整十整十地分，此时商的最高位在十位上	

注：以上课时是针对三年级第一学期"用一位数除"的算理理解和算法掌握而设计的整体连续课时，不包括其中含有的一些练习课及除法应用综合活动课等。

如表3-1所述，课时1和课时2的前半部分意在帮助学生完善学习除数是一位数的除法笔算的学习起点，以夯实后续学习的基础。课时2的后半部分至课时 4 主要学习两位数被一位数除,试图引导学生在主动理解算理、感悟算法的学习过程中形成方法结构,即:将基于情境意义的直观操作(情境表征)、利用横式表达计算过程(横式表征)、使用竖式记录计算流程(竖式表征)这三种表征关联沟通、灵活转译,实现算理理解和算法掌握的融通。课时 5 至课时 7 进一步引导学生将上述方法结构迁移到三位数(多位数)被一位数除的学习之中,自主理解算理、构建算法,并提炼多位数除以一位数的计算法则。

"真问题"教学实践追求在日常教学中实现核心素养的落地,力求让学生更智慧地学习。因此,在教学整体学程设计中,注重对方法结构的关注和渗透,帮助学生逐步学习结构化地思考,让学生经历"学习知识—衔接知识—构建知识之间更多的联系"的过程,进而形成学习框架,引导学生学会学习。

第二节 任务的关联设计

我们梳理知识结构,解读和分析其所蕴含的理解项,以期整体把握教学内容。那么,教师又能否基于这样的整体把握把这种对数学概念及其关系的本质理解转化为学生的认知理解呢?我们认为,这需要设计促进这种转化的数学任务或数学活动。

一、设计策略

"真问题"教学中的问题是思维的起点,又因问题而得到持续不断的深入发展。思维的最终目的在于解决问题的同时,又能产生新一层次的问题,并如此递进式地向前推进。凡是思维发生作用的地方,必定有问题的存在,必定有解决问题的需要。那么,学生是如何通过解决问题进行进阶式学习的呢?

在情境、任务中,学生识别问题,探寻自己的问题空间,运用已有的知识、方法和经验解决问题。通过解决问题,又形成新的知识、方法和经验。如此循环往复,在解决问题的过程中进阶式地推动学习。知识、方法和经验被镶嵌在问题中,而问题被包裹在情境、任务中(图 3-4)。情境、任务抛给学生后,应在适当的思考时空保障下让学生产生学习活动:学生需要通过活动(包括显性的操作活动和隐性的思维活动)从情境(有时是现实背景,有时是纯数学的

背景)中寻找并提取信息,对信息进行
加工处理(转译、联系、分析等),以形
成自身的"问题空间",进而通过多元表
征、调用知识经验、迁移方法策略等途
径解决问题,以完成任务并促成知识新
的生长。因此,我们在"真问题"教学实
践中进行任务(问题)设计时,就要将学
习内容问题化、情境化、活动化。

其中,活动目标的挑战水平需要
关联学生的相关认知水平来设定(图
3-5)。面对不同的挑战水平,人的心理
状态往往是不一样的。学生的相关认知

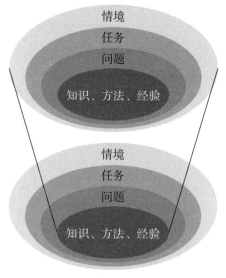

图 3-4

水平低,但目标挑战水平高,容易使学生焦虑和恐慌;学生的相关认知水平
低,但目标挑战水平也低(此时属于舒适区),又会让学生觉得无聊,无法激起
学习的兴趣;学生的相关认知水平低、目标挑战水平中等,或者学生的相关认
知水平中等、目标挑战水平高,容易让学生产生些许紧张感、担心又好奇,若
努力一下就有希望达成目标,此时就是在学习区,也就是在学生的最近发展
区。我们认为,活动目标的挑战水平最好设在学生的最近发展区,且活动的设
计要在必要的难度下将学生"推离"舒适区,进入最近发展区。

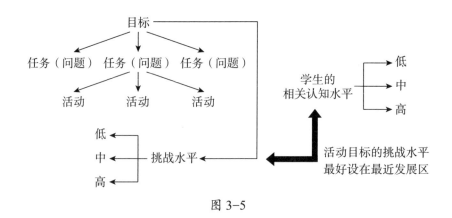

图 3-5

二、设计原则

● 数学化原则

数学化原则指任务设计应让小学生通过数学活动去亲身经历现实生活的数学化过程,从而体验数学知识发生、发展、应用的过程。"真问题"教学强调,小学数学任务设计要以促进学生深层次的数学思维和数学化过程为主要目的。

"动手出智慧",小学数学课堂上很多时候需要通过动手操作来支持学生理解问题、解决问题。值得注意的是,我们不能仅仅关注显性的动手操作活动(如拼搭、分拆、画图等),更应同时关注伴随着的内隐心智活动(如猜想、分析、推理等),让学生协同多感官参与数学学习。

● 互动性原则

互动性原则指向师生、生生的交往,是指在设计数学活动时,既要保证每位学生有充分独立思考、自主探索的时空,让学生与文本对话、与自己对话,以促进真实的、差异的、个性的学生思考资源得以丰富生成;又要有合作交流、协作学习的环节,引导学生在解决问题的活动过程中敢于主动表达想法,以提供他人审视、评价的机会,同时对他人关于问题的理解也要乐于倾听并展开交流。在和谐有序的师生、生生互动对话中,学生有机会修正、深化自己原有的认识,并感受学习和分享的美好。

● 关联性原则

1. 与具体目标的关联

"真问题"教学强调目标导向下的任务设计,每一个任务的设计要与具体目标关联。下面,以"整十数、整百数口算除法"的任务设计为例作简要说明。

【任务一(A)】小胖和小巧募集到 180 本图书,已送至希望小学。如果平均分给 3 个班级,那么每个班级可分到多少本图书?

提问:你能解释一下为什么可以这样算吗(图 3-6)?"遮 0 补 0"背后的道理是什么?

图 3-6

说明：引导学生说理，即把 18 个十平均分成 3 份，每份是 6 个十，也就是 60。

【任务一（B）】①200÷2=100，这里的 100 是怎么算出来的？有不同的解释吗？ ②"200÷4=？"，为什么口算这一题时只能将 20 看成 20 个十，而不能看成 2 个百了呢？ ③若将 180÷3 改成 190÷3，你有什么问题要提出吗？

说明：引导学生按数的不同组成方式展开说理，即把 200 看成 2 个百，平均分成 2 份，每份是 1 个百，也就是 100；200 也可以看成 20 个十，平均分成 2 份，每份是 10 个十，也就是 100。

对于 200÷4，引导学生对比分析：把 2 个百平均分成 4 份，不能整百整百地分，需要将 2 个百拆开转化成 20 个十。

对于将 180÷3 改成 190÷3，引发学生主动提出问题：19 个十平均分成 3 份，每份不是正好几个十，怎么办？

具体目标：① 从"将计数单位个数平均分"的角度理解整十数、整百数口算除法中"遮 0 补 0"的表面操作现象；② 根据具体数据，灵活选择计数单位得到数的组成并说明口算算理；③ 发生认知冲突时，能主动发现问题、提出问题。

需要说明的是，任务一（A）和任务一（B）关联三个具体目标，其中目标① 和目标② 与表 3-1 中对目标（理解项）的解析是一致的，目标③ 是一个学习长程目标，此处对应具体的任务情境，即对其作了具体化。

2. 与儿童认知的关联

"真问题"教学强调问题要引发学生真正的思考。在小学数学课堂上，要让学生走进数学的世界，就要先走进学生的世界。问题提出要遵循小学生从具体形象思维逐步过渡到抽象逻辑思维的认知发展规律，并符合他们这个年龄段的心理特征。下面，以"用一位数除"的任务设计为例作简要说明。

【任务二（A）】除法竖式怎么写?（图3-7）

$$28 \div 3 = 9 \cdots\cdots 1 \quad\quad \begin{matrix} 28-27=1 \\ 1<3 \end{matrix}$$

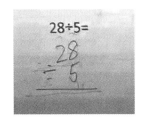
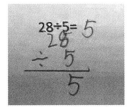
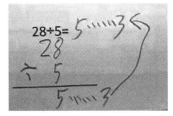

图 3-7

说明：课前，让学生自主计算 28÷5。从前测来看，有的学生根据加、减、乘运算中列竖式的经验，推想得到除法的竖式形式（图3-8），但不知道怎么写结果，尤其是不知道余数写在哪里。

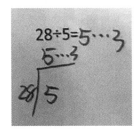
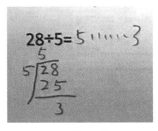
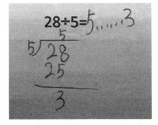

图 3-8

也有学生已从其他渠道见过除法竖式的正确写法，但书写不正确、不完整，或不理解除法竖式为什么这样写（图3-9）。

图 3-9

这就是学生的实际认知起点，利用以上资源，引发学生提问：除法竖式究竟怎么写？其实，问题的答案并不重要，教师可以直接告知除法竖式的正确写法，重要的是学生的自主发问。

儿童认知：顺着加法、减法、乘法竖式的经验列出除法竖式，然而，由于结果由商和余数两部分组成，学生要么不知道该怎样记录，要么根据在其他地方见过的除法竖式模型，一知半解地写出不正确的竖式，而这些正是学生真实的认知起点。除法竖式的标准化、顺序化特征是经历了长时间的发展才形成的，因此我们认为，让学生直接探究怎么写除法竖式并不符合学生的认知实际，可直接告知。

【任务二（B）】除法竖式为什么这样写？

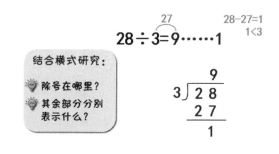

图 3-10

说明：学生疑惑除法竖式中"÷"和"……"怎么不见了，进而引导学生带着自己的问题，结合横式进行研究——竖式中的除号在哪里？各个部分分别表示什么？教师充分给予学生自行将竖式与横式建立关联并展开观察、分析、解释、质疑的思考空间，以初步识别除法竖式结构。过程中，学生兴致盎然，在初步感知了竖式结构及其与横式之间的对应关系（图 3-10）后，纷纷表达了自己的直观感受。有的说"除法竖式长得很特别"，有的认为"除法竖式与众不同，以前是从上往下写，现在是四面八方写"……学生由此产生"除法竖式为什么要这么写"的疑问。教师组织学生结合横式再思考，学生聚焦横式中的"27"和"1"（28-27），恍然大悟——写横式时，中间结果是记在头脑里的，而在竖式中就可以看得清清楚楚了。

儿童认知：此处将探究的问题空间设计在自主联系横式来解析竖式上。除法竖式对成人而言已经习以为常，但对学生来说，它和加法、减法、乘法的竖式写法明显不同,使得学生容易产生认知失衡,并触发其好奇心,从而自然产生真问题——除法竖式为什么这样写?

【任务二(C)】除法竖式中的各个数具体表示什么含义?(图 3-11)

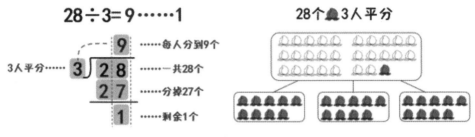

图 3-11

说明:结合情境意义,学生体会到除法竖式是如何把平分的过程记录清楚的,即要分多少、分了几份、每份多少、分掉多少、还剩多少,进一步感悟除法竖式这样写的合理性。

儿童认知:对于小学生而言,感悟并接受除法竖式写法的合理性需要直观情境作支撑,以促进其理解。

【任务三(A)】(除法笔算)你能结合情境图"分一分",求出答案并写出竖式吗?这个答案对吗?竖式是这样写的吗?

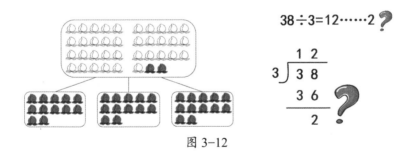

图 3-12

说明:学生在图上操作"分一分",不难得出结果 12 余 3,并顺着之前的学习路径得到竖式(图 3-12)。

教师组织学生讨论这一结果是如何获得的,有的学生经历了多次分的过程,有的学生已关注到算式中蕴含着"十"的结构,因此先整十整十地分,再单个单个地分。在对话碰撞中,大家一致认为后一种分法更简捷。

提出问题：答案对了，那么竖式是这样写的吗？

儿童认知：关注学生在之前的学习中对"20数板""百数图"的直观经验，此处设置隐含"十"这一结构的分桃情境，让学生基于自身的最近发展区发现整十整十地分更简便。

顺着之前表内除法竖式中对各部分数的意义的讨论，此处写成一层的竖式符合学生的认知逻辑。

【任务三（B）】从这个竖式中能看到刚才我们讨论的两次分的过程吗？右边这个竖式呢？（图3-13）

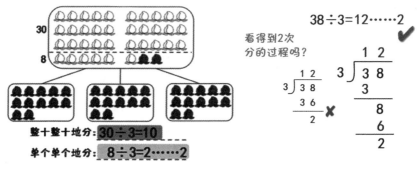

图3-13

说明：引导学生结合情境中分的过程，自主联系横式的表达，尝试解析竖式的叠加结构。（图3-14）

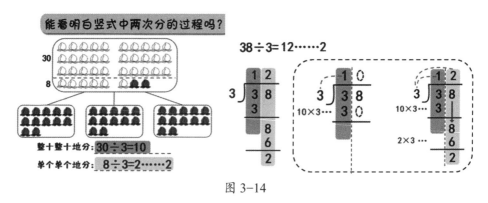

图3-14

儿童认知：在操作及与横式的沟通中，再次引发认知矛盾，促使学生带着核心问题再次解析两层的竖式结构。这一问题具有挑战性，处于学生的最近发展区。

3. 问题与问题的关联

一个单元中，由诸多问题引领的任务之间都有着密切的逻辑关联，共同作为一个有机整体以达成单元教学目标。下面，仍以"用一位数除"的任务设计为例作简要说明。

【任务四（A）】75 支铅笔，4 人平分，每人能分到多少支？（十位有剩余，如图 3-15 所示）

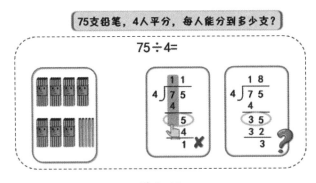

图 3-15

说明：针对学生的差异性资源展开思辨：十位上的剩余数去哪儿了？十位上的剩余数表示什么含义？（表示几个十，但不够整十整十地分了）

追问：十位上的剩余数该怎样处理？也就是说，不够整十整十地分了该怎么办？（要拆开转化为几个一，并和个位上的数合并，再单个单个地分，如图 3-16 所示）

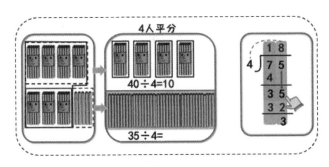

图 3-16

引导回顾：进行除法运算时，为什么从高位除起？也就是说，为什么一般先整十整十地分，再单个单个地分？（如果先单个单个地分，再整十整十地分，

还要把不够整十整十地分的数转化为几个一继续分）

问题关联：这个问题（任务）顺接任务三，既是对用除法竖式记录计算过程这一叠加结构的认知巩固，又生成了新的问题——十位上有剩余时该如何处理？

这一任务中的连续追问，也是层层关联的。

【任务四（B）】用竖式计算 93÷4。（十位不只商 1，注意剩余数的大小）

说明：面对这一问题，学生容易形成思维定势，在十位上仍然商 1。教学中利用学生的差异资源展开辨析，聚焦"每次除得的剩余数要比除数小"（图 3-17）。

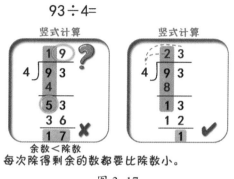

图 3-17

问题关联：以学生可能出现的计算偏差作为线索，关联上一个任务中关于十位上剩余数的处理，再次聚焦剩余数应满足的条件。

【任务五】用竖式计算 61÷3（图 3-18），接下去该怎么算？遇到新问题了吗？（商末尾有 0）

图 3-18

说明：如果只是单一地从算法的程序性操作来看，必然会出现商 0、乘得 0、减 0 又回到原数这样的现象（图 3-19）。如果只是从"省略不必要的计算步骤"的角度认识商 0 时竖式的简洁写法，这显然是不够的。更重要的是，要引导学生回归算理思考"这是新问题吗",并从算理的角度理解个位商0时,相应的"分"的过程其实并没有发生,那么竖式记录也就相应结束了,不必再去程式化地完成乘、减两步,且此时的"被除数"也就是余数(图 3-20)。

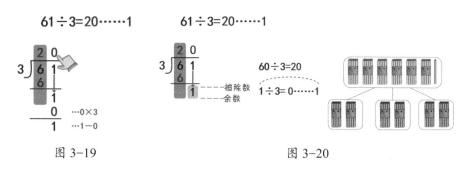

图 3-19   图 3-20

问题关联:关于商末尾有 0 的计算,从算法的程序性操作来看,可以说是新的内容;但若将其与之前关于除法竖式就是把平均分的过程记录下来的这一总体认知相关联,这就又不是新问题了。这种联系是本质上的统一,不仅减轻了学生的认知负荷,也让他们习得了认知方法。

【任务六】如图 3-21 所示。

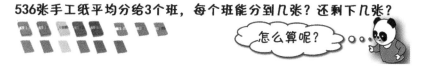

图 3-21

说明:引导学生将直观简图、横式描述、竖式表达三者相结合(图 3-22),迁移两位数被一位数除的算理,自主建构三位数被一位数除的算法,并进行意义解释。

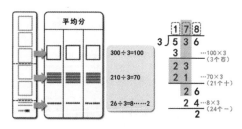

先分整百,再分整十,最后分单个。

图 3-22

最后总结得到：不够整百整百地分时，转换为几个十，再整十整十地分；不够整十整十地分时，转换为几个一，再单个单个地分。那么，不够单个单个地分时该怎么办呢？这一课堂遗留的问题，是小数除法学习的关键。

问题关联：此处，将从两位数被一位数除的所有任务中所积累的知识理解、方法结构自主迁移到三位数（多位数）被一位数除的学习中，又为之后学习小数除法做好准备，是一种深度关联。

【任务七】请你评一评下面两道竖式（图3-23）的写法。（商中间、末尾有0的除法）

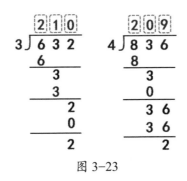

图 3-23

说明：引导学生从算理的角度思考，理解第一题个位上的 2 不够分，就成了余数，商的个位需用 0 占位使其完整；第二题十位上的 3 不够整十整十地分了，也就是剩余数，将十位上的 3 与个位上的 6 合并成 36 后再去除，此时商的十位需用 0 占位使其完整。因此，这两道竖式的写法可以更简洁（图3-24）。

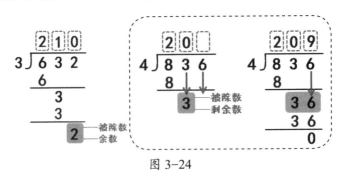

图 3-24

【任务八】被除数最高位上的数比除数小（图3-25），从哪一位开始商？（商中间、末尾有0的除法）

$$254 \div 4 = \qquad\qquad 254 \div 4 =$$

图 3-25

说明：被除数最高位上的 2 比除数 4 小，也就是不够整百整百地分，即百位上不够商 1，需与十位上的 5 合并成 25 个十，再整十整十地分。与任务七有所不同的是，此处商的最高位上不需要用 0 占位。

问题关联：在完成任务七、任务八的过程中，自然与"数位上的数不够除（分）时，转化并与下一较小数位上的数合并后再一起分"的认知相衔接，使得理解性迁移水到渠成。

上述问题引领的活动任务群的整体关联设计结构如图 3-26 所示。

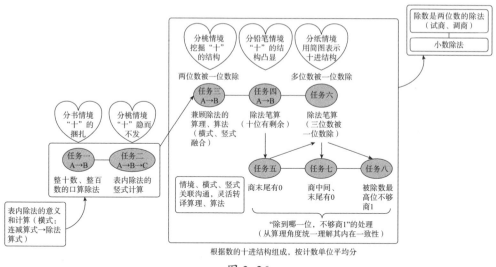

图 3-26

联系是学习的核心，"真问题"教学的任务设计是基于对教学内容的理解和整体分析将目标具体化，尊重学生认知起点和认知特点，重视问题与问题之间的关联，促进学生在连续的思考过程中有效实现不断在新旧知识间产生关联，从而完善认知结构。从知识建构的观点来看，有效的学习要求学生能进行适当的认知加工。其中，重要的是既要保证学生在应对挑战的过程中能实现对认知的加工，又要保证这种加工不会造成学生的认知负荷或认知超载。并且，问题与问题之间的关联往往不是一种直线式的结构，时常要加入一些交替式的结构，使问题中的某些要素错落有致且连续性地穿插在整个任务中，让学习者在某一个阶段内能够保持在适度的认知负荷下，发现、适应并吸收新信息，从而能积极地进入下一阶段的学习。

如上述课例研究中，任务二、任务三、任务四、任务六中"情境"这一要素都突出了除法竖式算理探究所需要的以直观为支撑的情境意义，即设计了有十进结构的直观情境。任务二的分桃情境虽然有"十"的结构，但是活动过程设计并未在这一结构上多作强调，只是聚焦表内除法竖式中每个数在该情境中所表示的含义。

任务三由表内除法扩展到表外，此时，对除法等分意义的理解、数的十进位值结构的组成、表内除法竖式的意义等旧知已成了学生新的学习起点。如何实现结构性地"分"，从而能更好地进行竖式记录？这是学生所要面对的新的挑战。此处的设计舍弃了教材例题中具有显性"十"的捆扎特征的分铅笔情境，而是顺延使用了任务二中隐含"十"结构的分桃情境。对学生而言，情境是熟悉的，而挑战性问题空间则变成不能运用口诀求商了，那该怎么分呢？且怎么分更优？怎么相应地将这一分的过程用竖式记录？学生在新问题中再次感知原情境，拓展思维，主动调用已有经验、知识和方法，在思辨、讨论中使得"十"的结构自然浮现于脑海中，发现"先整十整十地分、再单个单个地分"更简捷，也更便于用竖式记录，从而深入感悟（两层）除法竖式写法的合理性。有了这一认知基础，设计任务四的情境时，才将教材中的分铅笔情境借鉴过来。也就是说，这时"十"的结构是显性的，不需要学生过多地对认知进行加工处理，而问题设计的认知冲突点又设在对十位剩余数的进一步处理上。进行任务六的问题设计时，情境以更抽象但更凸显"百、十、个"十进结构的简图形式呈现，将学生的认知加工重点引向从两位数被一位数除到三位数（多位数）被一位数除的方法结构的整体迁移上。

进一步分析，作为问题主线上较次一级的组成部分，任务五、任务七、任务八主要针对某一位上不够商 1 的情况，既能从方法层面上统一除法竖式记录的整体原理，又在具体思维操作上自成脉络，即某一位不够商 1 时，直接

（无须乘、减）进行十进转化与下一较小数位上的数合并后再除，只是在表现形式上有所不同——这种情况发生在被除数的末尾或中间时，需要在商的相应数位上用 0 占位，而发生在被除数首位时则不需要写 0。

由此可见，问题关联设计是在一定的结构框架中，让各要素错落有致地延展，不仅能使学生整合旧知、发现新的信息，还能让他们在"有爬坡"的思维中稳步前行。在充分吸收新信息的同时，也不会产生由于大量信息涌入大脑而导致的认知超载，进而影响学习的发生和深入，从而也就保障了让学生尽可能在学习中保持良好的内在情感体验。

三、设计流程

● 初构"单元任务群"

1. 学习目标定位（能力与素养立意）

重视教学整体思维，展开关联思考。通过研读课程标准、解读教材和分析学情，从内容或方法关联的视角规划实际教学单元（基于主题的一个学习模块，不一定是教材自然单元，可按需将教学内容作划分、整合和重组）。立足单元，把握教材编排的线索和意图，建构相应的知识结构图，梳理符合学生年龄特点和认知规律的一般学习脉络，同时关注长程、中程、短程目标，初步拟定立足于能力与素养发展的，将知识技能、数学思考、表达交流、情感态度等有机融合的单元学习目标。

2. 学习路径调适（兼顾一般与个性）

全面且深入地分析相关学习内容的知识结构及其蕴含的理解项内容要点，并针对学生的个性化特征作出相应的局部调整，从而形成符合学情的单元整体学习路径。继而通过具体的编排与设计，初构相互关联的单元任务（问题）序列，即单元任务群。特别地，对任务群中每一个任务的设计都应与此前对核心概念的理解项分析相呼应，并具体阐述相应的活动目标。

3. 问题情境创设（关注真实与挑战）

"真问题"教学中的问题情境，既包含基于现实背景的情境，也包括纯数学的问题情境。对于每一个任务的设计，我们力求把知识、方法等融入具体的

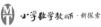

问题解决中。并且,情境中需要有促使学生不断思考的真实问题。问题的设计介于"已知"和"未知"之间,并能使学生意识到"已知"和"未知"之间的关联,产生"已知"和"未知"之间的认知矛盾或认知困境。质量高的问题,思考过程往往包括想象、判断、评价、推理等复杂的心理过程以及知识的重新组合等,让学生在解决问题时既能感到有困难、有压力,又能激发学生尝试解决问题的信心。通过引发学生的认知冲突,激发学生解决问题的主动意识和探究欲望,让学生在自主探究中产生丰富的思考和有意义的讨论,甚至再次引发新的问题,从而促成他们对知识的深度理解和有效迁移。总体而言,"真问题"教学中的问题情境要能让学生尝试解决问题,但与学生的原有认知结构有一定的距离,具有一定的挑战性和思维含量,拥有让学生的差异资源自然暴露的弹性空间,同时也要具有在学科领域内可迁移运用的思想方法。

需要说明的是,上述设计流程中的步骤不是一个简单的线性过程,而是需要在日常教学活动中不断作出联动思考、动态调整,使之不断完善。

现以上海版《数学》五年级第二学期立体图形的初步认识及计算为例,体会这一动态设计的过程。在"课标2022年版"中,立体图形的初步认识及计算是小学生发展空间观念的重要学习内容。上海版《数学》二年级第一学期编排了长方体与正方体的初步认识,其他相关内容则集中编排在本册"几何小实践"单元中。通过对教材的整体把握,对课程标准的仔细研读,以及对学情的分析,我们将这两个单元进行重组,并划分为"长方体与正方体的认识""长方体与正方体的体积""长方体与正方体的表面积"三个单元。其中,《上海市小学数学学科教学基本要求(试验本)》对"长方体与正方体的表面积"单元的学习基本要求是探索长方体表面积的计算方法并获得成功的体验,会计算长方体的表面积并解决简单的应用问题。我们认为,在探索方法、解决问题的活动过程设计中,可以渗透转化、分类、推理等思想方法。

在本单元的学习中,让学生经历动手操作与动脑想象的探究活动过程是很重要的。在之前平面图形的初步认识和计算、长方体和正方体的认识及体积计算的学习过程中,学生已经积累了一定的动手操作与空间想象的经验,这里需要进一步在三维立体图形与二维平面展开图之间进行双向的操作与想象,这对学生来说是有挑战性的,会遇到些许困难。并且,能够在自主探究过程中主动阐述对问题的理解，表达自己的想法，这依然是学生需要持续养成的习惯和能力。

基于以上整体分析，我们绘制得到"长、正方体的表面积"知识结构图（图3-27）。从图中可以发现，学习"长、正方体的表面积"的重要基础内容有"长、正方形的面积"（三年级第一学期已学），以及"长、正方体的认识""长、正方体的体积"（本单元已学），要具体展开学习的新内容有"长、正方体的展开图""长、正方体的表面积概念""长、正方体的表面积计算""长、正方体表面积的应用及表面积的变化"。这些内容在教材中的编排如下：正方体的展开图→长方体的展开图→长、正方体的表面积概念与计算→长、正方体表面积的应用及表面积的变化。

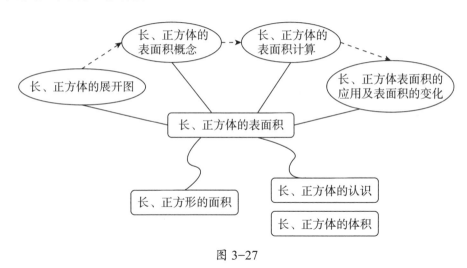

图 3-27

进一步地，初步拟定如下单元目标：① 通过观察、剪折、想象等活动，认识长方体和正方体的展开图，积累立体与平面之间双向交互的空间想象经验；② 通过观察、测量、制作等活动，探索长方体表面积的计算方法，获得成功的体验；③ 能根据长方体、正方体之间的关系，推导出正方体表面积的计算方法，感受推理的作用；④ 掌握长方体、正方体表面积的计算方法，并能正确计算；⑤ 能运用长方体、正方体表面积的有关知识解决简单的实际问题，并在经历不同层次的问题解决过程中，积累联系、化归、转化、推理等思维经验，逐步发展发现问题、提出问题、分析问题、解决问题的能力，促进数学交流。

继而，我们对内容理解项展开认知分析，发现若集中教学长、正方体的展开图，对学生来说，在空间想象方面的难度过大，容易产生部分学生因跟不上进度而"掉队"的现象；且通过直观观察直接得出长方体的表面积概念，对学生而言又显得过于容易，缺乏思维含量，并不需要进行空间想象，容易让学生忽略概念本质而偏重算法。于是，我们在整体遵循教材编排的基础上，对个别环节作出个性化调整，调适单元整体学习路径，进而具体设计相互关联的单元任务（问题）序列，最终形成单元任务群框架（表 3-2）。

表 3-2 "长方体与正方体的表面积"单元任务群框架

任务	相关内容	学习路径调适	
一、二、三	正方体展开图		
四、五	长、正方体的表面积概念及其表面积计算的一般方法	在问题设计中融入"表面积变化"的情境；在问题解决中融入对长方体展开图的初次感知和认识	对长方体展开图的学习不只是简单后移，而是先分散、再聚焦
六	长、正方体表面积的认识及其表面积计算的综合应用	融入长方体侧面积、底面积的认识；在问题解决中融入长方体展开图的再认识	
七	长方体展开图	再次认识长方体展开图，融入计算长方体表面积的练习	
八	正方体拼接过程中图形表面积的变化		
九	长方体拼接过程中图形表面积的变化		
十、十一	长、正方体拼接过程中表面积变化的综合应用		

以上各任务彼此呼应、递进，其内在关联将保障单元教学目标的有效达成。

任务一、任务二、任务三主要是在操作活动中感知正方体展开图的基本构成，并运用操作过程中所积累的立体与平面之间双向交互的空间想象经验解决相关实际问题。

任务四、任务五主要是关于长方体表面积的概念与计算的学习。其中，任务四在问题解决中帮助学生建构长方体表面积的概念，任务五则基于概念理解，让学生自主探索长方体表面积计算的一般方法。这里，第一次将长方体展开图的认识融入解决问题的过程中。

任务六基于综合性较强的挑战性问题展开探究活动，既巩固了长方体表面积的概念及其表面积计算的一般方法，又进一步认识了长方体的侧面积，体会长方体表面积计算的灵活方法，即"长方体表面积 = 底面周长 × 高 +2 × 底面面积"，让学生在分析问题、解决问题的过程中体验化归思想、转化策略、推理作用。同时，在解决问题的过程中融入了长方体展开图的再认识。

任务七再次聚焦长方体的展开图，要求学生能识别并正确判断长方体的展开图，能从长方体展开图中找出长、宽、高等数据，并能正确计算长方体的表面积。

任务八、任务九主要创设了拼接相同正方体或长方体的表面积变化情境，引导学生灵活运用已有的关于长、正方体表面积的概念及其表面积计算的相关知识，探索并发现拼接过程中表面积的变化规律，并能解决简单的实际问题。

相比于任务八、任务九，任务十、任务十一中表面积变化的情境创设则更加灵活，问题也更加综合，进一步引导学生在操作、观察、分析等一系列活动中综合运用相关知识，解决有关物体表面积的问题，发展空间观念。

● 细化得到"任务活动串"

具体教学时，教师根据课时长短、学情等现实因素，可按需对单元任务群中的各项任务进行组合、分解、调整等。我们根据表 3-2 中的框架设计问题情境，将任务具体化，形成任务活动；同时细化单元目标，得到基于每个任务的具体活动目标。"长方体与正方体的表面积"单元任务活动设计具体如下：

【任务一】

问题：一个正方体，它的展开图是怎样的？只能这样剪吗？（图 3-28）

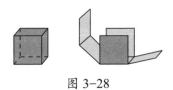

图 3-28

活动：① 剪一剪，观察并比较正方体的不同展开图。（先独立操作，再组内交流）② 欣赏不同的展开图，寻找共同之处。（全班分享交流）

活动目标：通过剪开、观察、比较等活动，知道正方体的展开图有多种，都是由六个相同的正方形组成的六连块。

【任务二】

问题：下面哪些图形能沿虚线相折围成正方体？（图 3-29）

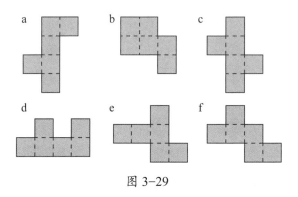

图 3-29

活动：① 先想一想并作出判断，再利用教材附页 1 中的图形试一试。（独立操作）② 对自己的判断作出评价，针对原先判断错的图，在脑海中想象其还原过程，并表达还原过程。（同桌协作）

活动目标：通过空间想象和实物操作相结合，积累立体与平面之间双向交互的空间想象经验；体会到不是所有由正方形组成的六连块都能折成正方体。

【任务三】

问题：下图（图 3-30）是由 15 个小正方形组成的硬纸片，小胖从中分割出一个五连块（阴影部分），可以折成一个无盖的正方体纸盒。你能继续将剩下部分分割成两个五连块，使这两个五连块也能折成一个无盖的正方体纸盒吗？

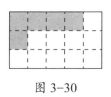

图 3-30

活动：① 分别用涂色和空白表示出你所分割的两个五连块。(独立完成)② 与展示的正确分割图相比较，并自评。③ 反思自己解题思考过程中的错误。

活动目标：能在变式情境中识别问题，迁移剪折正方体活动中的经验，并能通过想象正确分割出两个无盖正方体展开图。

任务一至任务三设计说明：任务一和任务二为体验活动，依托实物操作，驱动学生主动参与，并加强实物操作与空间想象间的双向作用，让学生借助直观体验认识到正方体展开图有多种，且都是由六个相同的正方形组成的六连块，但并不是每个由正方形组成的六连块都可以相折围成正方体。任务三在前两个任务的基础上呈递进式设计，联系生活实际创设无盖纸盒的情境，考查学生能否将之前的学习经验和相关理解迁移至新的变式情境中，并灵活解决实际问题。

【任务四】

问题：如图 (图 2-5)，分别按 A、B、C 三种方式将一个大长方体分割成两个小长方体，分割后表面积分别增加了 12cm²、24cm²、16cm²。原来这个长方体的表面积是多少？(隐含问题：什么是长方体的表面积？)

活动：① 要解决这个问题，你有哪些疑问？(自主提问)② 联系以前学过的知识，借助情境中的具体信息和同伴的一些想法，尝试找出解决问题的思路。(小组合作)③ 解释先前自己提出的疑问，并有条理地说明是如何解决问题的。(全班交流)

活动目标：面对高挑战的问题，能主动提出具体的疑问；能通过主动联系已有经验、借助他人的想法等手段尝试解释疑问，并能自主探寻解决问题的思路；理解长方体表面积的概念本质，即六个面的面积总和，初步感知长方体展开图。

【任务五】

问题：我们已经知道了长方体的表面积是六个面的面积之和。任意给你一个长方体，你会收集哪些数据并怎样来计算长方体的表面积呢？

活动：① 请举例说明，只列式不计算。(独立尝试，有困难的可向教师或同桌求助)② 同桌分享互评，纠错改错。(同桌协作)③ 针对举例互动交流。④ 能用含有字母的式子表示长方体表面积的计算方法吗？这个式子适用于正

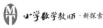
方体的表面积计算吗？为什么？正方体表面积的计算方法还可以怎样进一步概括和表示？ ⑤ 整理回顾，自评举例情况。（反思分享）

其中，活动 ③ 包括以下三个部分：其一，观察不同的记录方式（文字、简图等），它们有什么共同之处？其二，都收集了长、宽、高的数据信息，进一步该如何计算长方体的表面积？谁愿意来分享自己出错、纠错的过程？（结合立体图与展开图说明）其三，观察并评价举例情况。（关注所举例子类型）

活动目标：能从长方体表面积的含义出发，自主举例并探索获得长方体表面积计算的一般方法；能自信分享在与同伴的协助学习中自己出错、纠错的过程；能根据长方体、正方体之间的关系，以口述的形式推导出正方体表面积的计算方法，感受推理的作用。

任务四、任务五设计说明：在学习了正方体展开图之后，采用先逐步渗透、再聚焦的策略设计长方体展开图的学习活动。任务四通过解决问题，帮助学生主动建构长方体表面积的概念。需要说明的是，任务四中的表面积变化只作为问题情境，借以增加学生空间想象的问题空间。任务五中，学生需要基于对概念的理解，自主探索长方体表面积计算的一般方法，并能将所举例子融于知识形成的探究与讨论中，这也是学生第一次将长方体展开图的认识融入解决问题的过程中。

【任务六】

问题 A：如图（图 3-31），用一张长 16 厘米、宽 12 厘米的长方形纸围成一个长方体空心纸柱（纸面不重叠），可以围成多少种不同的长方体？

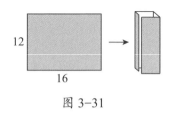

图 3-31

活动：① 试着折一折、围一围、画一画。（先独立操作，再小组协作）② 探究可以围成几种不同的长方体。（全班交流）

问题 B：给所围成的长方体空心纸柱的外表面涂色。观察这几种不同的长方体（图 3-32），它们的涂色面积（侧面积）相等吗？

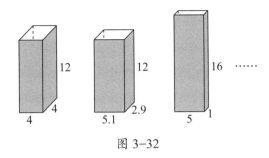

图 3-32

活动：① 说一说，它们的涂色面积（侧面积）相等吗？（凭借直觉独立判断）② 探一探，怎样计算它们的侧面积？（借助计算器，小组合作）③ 辩一辩，它们的侧面积相等吗？为什么？（全班互动）④ 想一想，侧面积的不同计算方法之间有怎样的区别和联系？针对具体问题该怎样合理选择方法？

问题 C：分别给这些长方体都添上上、下两个面（图 3-33），怎样围，表面积最大？

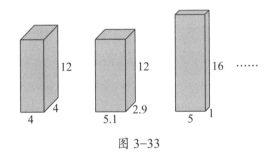

图 3-33

活动：① 想一想，它们的表面积相等吗？为什么？（先自主判断，再互动交流）② 探一探，怎样围，表面积最大？（先独立思考，再同桌协作探究）③ 说一说，你是怎样判断的？（全班分享交流）④ 想一想，从他人的思考中，你获得了哪些启示？

活动目标：通过围长方体空心纸柱活动，进一步认识长方体的展开图（缺面情形），积累立体与平面之间双向的空间想象经验；在解决问题的过程中，巩固长方体表面积计算的一般方法，感受长方体表面积的特殊计算方法（底面周长 × 高 +2× 底面面积）；在分析问题、解决问题的过程中，体验化归思想、转化策略以及数学推理的作用。

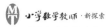

任务六设计说明：在获得长方体表面积的概念，掌握长方体表面积计算的一般方法之后，任务六强调基于理解的应用。通过富有挑战性的综合性问题，引导学生在不断探究与发现中实现深度学习。考虑到问题的新颖性和难度，教学中提供了可操作的素材，以丰富学生在实际操作与想象的来回作用中的感知与体验。同时，渗透长方体侧面展开图的认识，让学生不断积累立体与平面互相转换的空间经验，了解"底面周长 × 高"的侧面积计算方法。

需要特别指出的是，该任务的总问题"用一张长方形纸围成长方体空心纸柱，并想象在所围成的长方体中添加上、下两个面，怎样围，表面积最大"是一个难度较高的问题。因此，在活动设计中将其分解为渐次递进的三个小问题，且后一个问题是学生在前一个问题的解决过程中动态思考生成的。

【任务七】

问题：下面哪些图形沿虚线翻折后能围成长方体？（图 3-34）

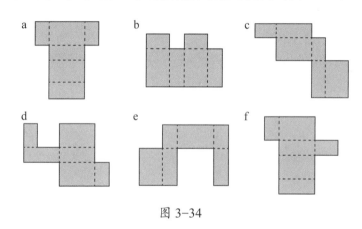

图 3-34

活动：① 先想一想并作出判断，再利用教材附页 2 中的图形试一试。② 自我评价，针对原先判断错的图形，再次在脑海中想象其折、围后的图形形状，并能用自己的语言表达。③ 选择一幅长方体展开图，量取最少的必要数据并求它的表面积。

活动目标：再次认识长方体展开图，通过想象和实物操作相结合，进一步积累立体与平面之间双向的空间想象经验；知道不是所有由三对分别相等的长方形组成的连块图都是长方体展开图；能从长方体展开图上找到长、宽、高，并能正确计算长方体表面积。

任务七设计说明：在此单元活动群设计中，关于长方体展开图的认识是先分散再集中，让学生逐步感知。同时，融入长方体表面积计算的巩固练习。

【任务八】

问题：如图（图3-35），将若干个棱长是1厘米的正方体按某一方向拼成一个长方体，表面积变化有什么规律？

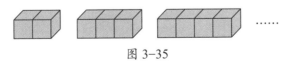

图3-35

活动：① 将拼成的长方体的表面积与所含正方体的表面积之和相比较，是否有变化？表面积是增加了还是减少了？ ② 想一想，表面积减少了多少？有哪些求解思路？ ③ 探一探，如果直接从减少的面着手，那么减少的面的个数与正方体个数之间有怎样的规律？请列表尝试解决。④ 说一说，你是怎样思考并记录的？从中你发现了什么规律？

活动目标：通过拼接相同小正方体的活动操作，感知表面积的变化；对求解表面积变化量的问题，形成不同的思考路径；从不同角度探寻表面积变化的规律。

【任务九】

问题：将两盒巧克力包装成如图（图3-36）所示的长方体，怎样包最省包装纸？

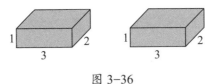

图3-36

活动：① 想一想，可能有几种不同的包装方法？ ② 算一算，至少要用多少包装纸？（损耗和接缝均忽略不计）③ 探一探，如果增加到同样的3盒，怎样的包装方法最省包装纸？有几种包装方案？

活动目标：能从包装纸情境中识别出表面积变化问题；通过将相同长方体拼合成大长方体的活动，感知不同的拼法，表面积变化不尽相同；能关注到数据特殊时的特殊拼法，并会求表面积的变化量。

任务八、任务九设计说明：任务八、任务九主要是通过由相同正方体或长方体进行拼接所形成的表面积变化问题，引导学生灵活运用已有的表面积概念和计算知识，探索发现表面积的变化规律，并能解决相关的简单实际问题。

【任务十】

问题：用若干个 1 立方厘米的小正方体搭出一个棱长为 3 厘米的大正方体（提供学具实物），并将表面涂色（图 3-37）。正方体涂色中有什么秘密呢？

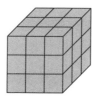

图 3-37

活动：① 将已涂色的大正方体推散并打乱这些小正方体，你能将它恢复原样吗？说说你是怎样思考的。怎样操作，才能将这些小正方体恢复得又快又对？（独立思考、操作，同桌协作）② 如果取走所有"角块"，将这些小正方体黏接成一个组合体（图 3-38），表面积与之前的大正方体相比有怎样的变化？为什么？（实物操作、想象操作）③ 如果取走所有"棱块"呢（图 3-39）？取走"中心块"呢（图 3-40）？

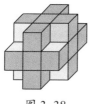　　　　　　　　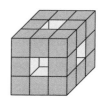

图 3-38　　　　　　图 3-39　　　　　　图 3-40

这里，"角块""棱块""中心块"借用了魔方中的叫法，活动中需向学生说明。并且，取走"角块""棱块""中心块"后，用普通小正方体是搭不成几何图形的，因此这里采用"黏接"的方式，需要实物操作与想象操作相结合。如果一定需要实物支撑，可以选用带磁力的正方体材料。

活动目标：在将表面涂色的大正方体推散再恢复的搭建活动中，产生按小正方体空间位置进行分类思考的需求，要求学生能通过观察和想象进行分类计数；通过实物操作与想象操作相结合，分类思考并解决表面积变化问题，体验根据图形特征进行结构化思维的过程。

【任务十一】

问题：如图（图 3-41），三块实心积木搭成一个组合体，下方正方体的棱长为 10 厘米，中间长方体、上方长方体的前、后、左、右四个面的面积之和分别为 75 平方厘米、80 平方厘米。这个组合体的表面积能求吗？

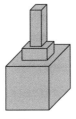

图 3-41

活动：① 能否求出该组合体的表面积？请说明理由。（独立书面完成）② 学生说理，并展示书面作品，全班分享、交流、评价、改进。

活动目标：能运用长方体和正方体表面积的有关知识，迁移学习过程中的一些思考与经验，灵活解决变式情境中的组合体表面积问题，并能进行个性化表达。

任务十、任务十一设计说明：相比于任务八、任务九，任务十、任务十一中的表面积变化情境有一定的变化，问题也变得更加综合。进一步引导学生在操作、观察、分析等活动中，综合运用有关知识解决物体的表面积问题，发展空间观念。

任务十的设计素材来自教材中正方体表面积部分的一道填空题（三面、两面、一面、没有涂色的小正方体分别有多少个），我们将其后移至此并设计成活动操作任务，意在调动学生主动探究"该如何将推散的正方体恢复原样"的强烈欲望，自主产生分类思考的需求。在观察、想象中，需要根据小正方体的空间位置进行分类思考，恰好与任务八中埋下的伏笔相呼应。进一步地，在分类计数并将正方体恢复原样后融入了表面积变化的问题，既有复习巩固，又有相应的提升，主要在于组合体不可能在桌面上完整拼搭出来，因此需要学生通过空间想象及结构化思维来解决问题。任务十一呈现长方体与正方体混合拼搭而成的组合体，进一步检测学生综合已有知识和经验灵活解决问题的能力。

● **预设"活动提问链"**

"真问题"教学始终强调站在学生的立场，从学生的角度去想问题，在整体关联设计中，从单元任务群框架的构建，到任务群中每一个问题情境的创设，再到活动串的细化，我们时刻思考这样的设计在真实课堂中的各种生成情况。基于此，我们对课堂中学生在面对问题及解决问题过程中可能表现出来的各种具体状态进行有弹性地预设，尤其是在开放性设计及民主氛围下所呈现出的学生的差异状态。我们预设在这样的学习活动中会生成哪些提问链，以及教师该如何对这些问题作出及时地捕捉、回应和反馈。

适度的预设能让教师在课程实施中更好地应对各种动态生成。值得注意的是，预设更多是朝向学生思考问题的思维过程，而不是直奔答案的既定思路。因此，要慎防因预设而导致教师替代学生思考的状况，即学生在课堂上的思考被强行拉入教师或他人的思路中。

例如，前文关于"用一位数除"的表内除法竖式学习中，针对任务二，我们设计得到如下提问链。

生：（横式已学）我想到一个问题，如果列成竖式，这个结果是这样写吗（图3-42）？

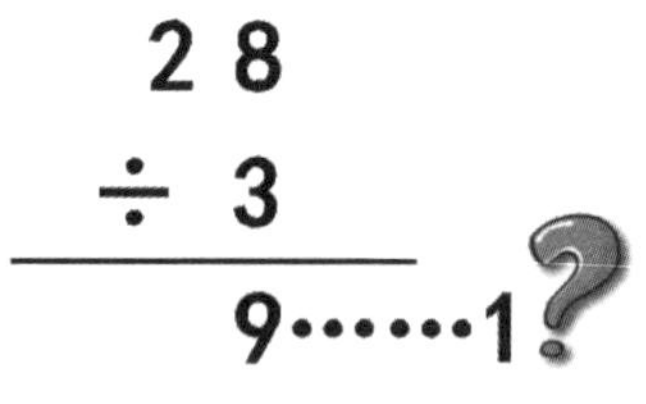

$$2\,8$$
$$\div\ \ 3$$
$$\overline{}$$
$$9\cdots\cdots1\,?$$

图 3-42

生：除法竖式压根儿不是这样写的，我看到过，长得有点特别。

师：除法竖式确实不是那样写的。（出示除法竖式的正确写法）

生：是挺特别的，可是除号在哪里呢？

师：是呀，不像加号、减号、乘号，除号在横式和竖式中的写法是不一样的,你们能在这个除法竖式中找到除号吗?其余部分又分别表示什么呢?大家结合横式研究一下。

生:我找到了!这个像"厂"字的符号是不是就是除号呢?

生:我找到了被除数 28 和除数 3,我还从这个竖式中找到了商 9 和余数 1。

生:这些数字怎么一会儿写在上面,一会写在下面呢?为什么要这样写呢?

师:这也是除法竖式比较特别的地方,让我们再看着竖式一起读一读。

齐读:28 除以 3 等于 9 余 1。

师:刚才没有读到的 27 表示什么?

生:我知道,就是原来我们脑海里想的三九二十七。

生:横式中,27 是在脑海中的,而在竖式中则是写出来的。这样的话,28-27=1 在竖式中也能看得清清楚楚了。而且要注意的是,余数要比除数小。

师:通过大家的探索和交流,现在是不是更加清楚了除法竖式的写法?

生:现在我有点明白除法竖式为什么这么写了。

师:下面,让我们再借助分桃子的情境来说一说竖式中每部分表示什么含义。

生:我来试一试。28 表示一共有 28 个桃子,除以 3 表示要平均分成 3 份,每人能分到 9 个桃子。这里的商 9 表示 9 个一,所以要写在个位上。这样,一共就分掉三九二十七个桃子,还剩 1 个桃子,不够 3 个人分了。

师:竖式清清楚楚地记录了一共分了几个、平均分成几份、每份几个、分掉几个和剩余几个。

以上是基于录制"空中课堂(学生模拟)"的需要所设计的任务及其预设提问链的一个较细致的脚本。通常情况下,只要聚焦上述提问链,并在课堂上灵活应对、自然生成即可。比如,这堂课在线下教学时,有教师同时呈现了如下学生作品(图 3-43),并组织学生讨论对这两种写法的感受。有学生随即提问:"为什么右边的除法竖式要四面八方写?这样写表示什么意思?有什么好处?"而在有些课堂上,由于学生缺乏提问意识而出现了无提问的现象。可见,由于课堂实践的不确定性,如果教师在备课时能预设提问链并能做到精准把握,明确核心问题"除法竖式怎么写?为什么要这样写",那么也就易于教师在课堂上作出必要的启发、回应和引导，使学生的思维既能发散，又能牢牢扣住知识本质。

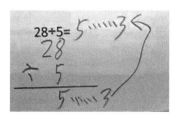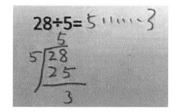

图 3-43

基于前期的设计，"真问题"教学实践是教师带着一定程度的确定性和些许对不确定情况的期待而走进课堂的，这或许就是教师说"我喜欢这样上数学课，我的学生喜欢上我的数学课"的魅力所在！

| 第四章 |

"真问题"教学的实施

"真问题"教学旨在让学生更智慧地学习，智慧不仅表现为获取知识，更是如何获取知识的认知方式以及灵活运用知识创造性解决问题的能力。从某种意义上说，其核心就是思维，而思维的发生和发展有赖于问题本身及对问题的使用。对于"真问题"教学的整体关联设计，我们努力构建合适的问题空间，启发学生重建新的信息，或将已有的信息重新组合。但也需要看到，此时的设计还只是一张静态的实施图谱，好的教学是师生共同的创造。这就要求我们更加关注学生的养成状态：主动探究、独立思考、积极质疑的心态和信心；多联系、善表征、敢表达、会合作、能倾听、乐交流、可反思的习惯等。良好的养成状态不是一蹴而就的，而是需要在日常教学中逐步积累形成的。

本章内容设置如图 4-1 所示。

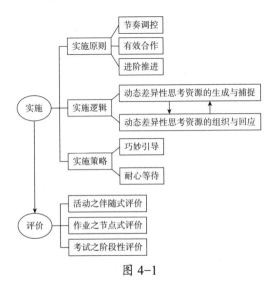

图 4-1

第一节　原则、逻辑与策略

　　课堂中引入由问题引领的任务，绝不意味着自然就能达到"问题驱动学习"的理想状态。若"真问题"教学落实得不好，也可能导致"假学习""浅学习"现象。怎样才能激发学生的主动思维和积极情感，并在教学互动中让学生持续且深入地思考？这需要教师有能力根据动态生成的学生思维状态作出及时的回应与反馈，师生共时共塑高质量的提问链并展开对话，循着学生的学习线索推进教学。

一、实施原则

● 节奏调控——尊重学生差异，合理调控节奏

　　教学面向全体学生展开，而学生的思考有快有慢、有深有浅，我们必须尊重学生之间的差异，关注问题空间的弹性预设。在真问题提出后，教师要把学习的主动权交给学生，给他们提供整体思考这一具有挑战性问题的时间，让他们基于基本概念展开主动推理，并为他们提供多元表征、发表见解的机会。在解决问题的过程中，教师要关注不同学生的个性化思维和表达，善于在他们的差异性表现中审视每一名学生的学习经历和体验。与此同时，教师还应把握好时机，及时对学生的反馈作出回应并提供相应的引导，逐步将问题聚焦到教学主线上以形成阶段性共识，并引向下一个"真问题"教学互动单元。如此，通过有机调控课堂节奏，实现问题空间的动态构建。

● 有效合作——基于独立思考，展开积极互信的合作

　　据研究，有效的合作学习满足了人脑对安全、积极情感、认知和个性发展等的需求。"真问题"教学中的问题往往是大任务，常常需要同伴间的合作与交流。个人体验、独立见解是与人互动的前提，也是与人合作的基础。因此，

课堂中的真问题首先要保证学生能有独立思考的时空,让学生能养成先自己想一想、试一试、猜一猜等习惯,鼓励他们形成自己的感受和观点。其次,要让学生在合作学习中认识到与同伴之间是一个"学习共同体",面对教师布置的任务,不仅要对自己负责,也要对同伴负责,通过互相帮助,实现彼此的共赢,即一种积极互信的合作。

● 进阶推进——教学不只是解题,而是要促进学生学习的进阶

在动态构建问题空间的过程中,教学不能仅停留在就题论题的层面而使学生的认知水平停滞不前,应该通过合适的引导将学生的思维引向深处,让学生的理解水平实现"单点结构→多点结构→关联结构→拓展抽象结构"(SOLO 分类理论)的进阶。例如,教学两位数乘两位数时,教师应在学生自主探究算法的基础上提供适当的引导,让学生经历"单一算法(单点结构)→多样算法(多点结构)→算法比较、沟通(关联结构)→通性通法(拓展抽象结构)"的认知提升过程。同时,让学生在师生互动、生生互动中有机会进行思想的碰撞,让他们能吸收他人有益的观点并将其内化、整合到自身的理解中,以修正、深化自己原有的认知,体会学习的美好。

二、实施逻辑

"真问题"教学课堂实施过程中的推进逻辑如图 4-2 所示,即始于低门槛、大空间(符合学生的认知起点,又在解决问题的过程中存在认知矛盾、各种不平衡及不一致)的真问题,让学生能获得自由思考的机会,并能多元表征自己的想法,生成丰富的、真实的差异性资源。对此,要求教师能及时捕捉这些差异性资源并作出回应,从而形成师生、生生间多向互动的课堂样态,让不同的想法在交流中充分碰撞。同时,在有意义的讨论过程中始终伴随着评价,并相机引出提问序列,进而引发让学生再思辨的话题,产生新的互动对话,且不断验证想法,归纳、提炼结论等。在这样的课堂推进过程中,学生获得思维的锤炼与提升,形成对问题(指最初的大问题、大任务)的阶段性共识,并顺势循着学习线索进入下一个新的"真问题"互动教学单元,让课堂向纵深推进。

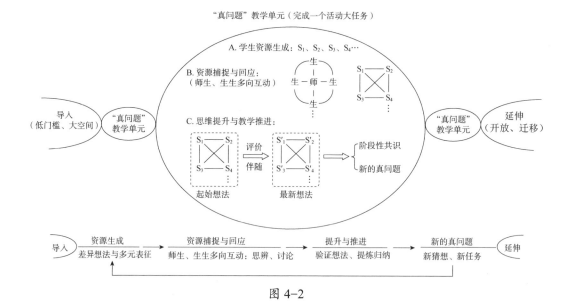

图 4-2

● **动态差异性思考资源的生成与捕捉，探寻学习线索**

在"真问题"教学实施中，强调灵活调控教学节奏，在教学过程中适当留白和等待，保障学生在自由思考的状态下能自然生成差异性资源。特别地，要注意营造民主、和谐的氛围，尊重学生心灵的自由，让学生有机会解释自己的想法，发表自己的观点。针对学生的多元表征以及个性化的差异性资源，教师要引导学生认真倾听、仔细观察，敏锐解读他人所写、所说的内容，从而支撑他们对这些动态生成的差异性资源作出判断。整个过程中，肯定合理成分，聚焦争议点，注重理清知识、提升思维、共情体验，而不只是对数学对象对与错的简单评判。

例如，二年级初学"有余数的除法"时（学生已基于"等分除"和"包含除"的情境，对正好分完的情况能够用除法算式来表示平均分的结果），向学生出示如下任务（问题）：将下图（图 4-3）中的苹果每 3 个装一袋，可以装（   ）袋。活动要求：①圈一圈，填一填；②尝试写一写相应的算式。

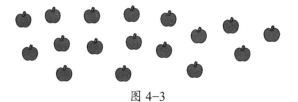

图 4-3

条件中并未涉及有关"苹果总数"的文字，而是让学生自己从图中去提取信息。并且，提问中也是只问"可以装几袋"，关于"出现剩余"的情况也作了留白，让学生自己去感知、去发现。本题通过圈一圈、填一填、写一写的活动要求，给予学生足够的探索空间和时间，让学生调用自身对除法意义的已有认知，经历识别问题、提出问题、解决问题的过程。学生自由思考、完成任务的情况如下：第一个活动要求完成的正确率较高，学生3个一圈，得到可以装5袋；针对第二个活动要求，则出现了多种不同的算式资源，即"$17÷3=5$""$17÷3=5$还剩2""$17÷3=5+2$""$17÷3=5……2$"。

从这些学生的思考资源中可以发现，学生能识别出这是关于除法的问题，也能列出相应的除法算式"$17÷3$"，知道每个数所表示的意义，包括由操作而得到的5袋应该是除法算式中的商。冲突与差异在于，对于模拟平均分后装袋的圈画操作，学生对该如何用算式表示操作过程的想法不一。对此，教师及时捕捉这些有层次的资源并作出反馈，并在师生、生生多向的交流与对话中进一步生成新的资源。

师：（呈现资源$17÷3=5$）有很多同学写了这样的算式，说说你们是怎么想的。

生：一共有17个苹果，每3个装一袋，就是每3个一圈，一共圈5次，就是装了5袋，所以$17÷3=5$。

师（追问）：为什么用除法？

生：就是求17里有几个5。

师（点评、引导）：这样列式的同学，对于这个问题为什么列除法算式是清晰的，也知道这里的每个数表示什么含义。其他同学有什么想说的吗？

生：$15÷3=5$，$17÷3$怎么也可以等于5呢？

师：很好。换一个角度看问题，发现有矛盾。

生：对啊，还剩下2个苹果呢！所以，还要把剩下的2个加到答案上去。（教师随即呈现该生列的算式"$17÷3=5+2$"）

生：5加2不是等于7吗？

生：不是的，这个加上去的2表示的是剩下的2个。

师：老师懂你的意思，你觉得剩下的2个也要在答案中体现出来，对吧？

确实，这样才能把分的结果表达完整，也才能解决"15÷3=5, 17÷3怎么也可以等于5"的矛盾。但是，就像这位同学讲的，如果用加号来表示剩下的2个，这样5和2不就可以合并起来了吗？"+"这个符号，在数学上表示合并、添加的意思，因此它就不能再来表示平均分后的"剩余"了。那么，数学上是怎么规定表示"剩余"的符号的呢？（出示"……"）这个符号在语文上称为省略号，而在数学上就用来表示除法中的"剩余"。

师：（呈现"17÷3=5还剩2""17÷3=5……2"）仔细想一想，结果中的5和2分别表示什么？能否给它们分别添上合适的单位名称呢？

相机对话，过程中教师不断捕捉有助于促进学生构建新知、理解新知的动态思考资源，并及时作出评价，或热情肯定，或积极引导，学生自行补充，最终完善得到有余数除法的完整算式：17÷3=5（袋）……2（个）。

● **动态差异性思考资源的组织与回应，推进学习深入**

教师在"真问题"教学实施过程中对学生动态生成资源的捕捉和解读，看的不是简单的错与对，而是明确学生的理解是什么，误解又是什么，以及学生的迷思在哪儿，困惑是什么。对此，教师应引导学生展开思辨，让学生学会观察、倾听、表达、交流，学会互相尊重，并逐渐形成对数学学习的丰富体验和正确认知，经历出错、疑惑、释疑等过程。我们认为，以上这些都是数学学习中再自然不过的组成部分。

数学学习并不是一种形式化的套用，而是伴随理性的思考。我们所倡导的"真问题"教学实践也是带着这样的认知，遵循学生自然的思考过程，用心感受学生动态思考资源中所反映出的情感状态和逻辑状态，抓要点、找关联，并针对性地作出回应、点评、鼓励、引导，努力用高质量的反馈推动学生的学习不断深入，以支持、协助他们获得进一步发展。具体而言，可运用学生的差异资源，组织阅读、比较、探讨等活动，让学生在思辨中引发深入思考。教师要珍视学生的困惑之处，鼓励他们大胆质疑，并通过追问等方式引导学生深入思考；充分利用错误资源，聚焦关键处并提出针对性问题，挖掘正确背后潜藏的认知偏差及学生进一步发展的空间，促使学生再解释、再探究、再思考。下面，以第三章中提到的"长方体与正方体的表面积"单元中关于长、正方体表面积的认识与计算的综合应用课堂教学为例,作简要说明。

课始,教师抛出问题:用一张长 16 厘米、宽 12 厘米的长方形纸围成一个长方体空心纸柱(纸面不重叠)。可以围成多少种不同的长方体?此处,创设折纸情境,促使学生展开空间想象,主动思考、探究,并进行互动提问。

学生立即作出的反馈是"一种",表明学生存在思维定势,即习惯性地对折再对折。片刻,有学生提出:"难道只能朝一个方向围折吗?应该是两种吧。"由此,其他学生很快意识到还可以从另一个方向进行围折。教师此时不急于评价,而是再次发问"究竟有几种",并让学生用手中的长方形纸自己折一折、围一围、画一画后,再交流。其间,教师提出问题"底面不是正方形可以吗",引导学生认识到有多种围法。有的学生开始有序分拆,如把 16 厘米的一半 8 厘米分拆成 1 厘米和 7 厘米、2 厘米和 6 厘米等,尝试围折出底面是一般长方形的长方体。随后,教师提出"棱长只能是整数吗",让学生感受到棱长并不局限于整数,还可以是小数,从而得到有无数种围法的结论。

顺势生成新问题:给所围成的长方体空心纸柱的外表面涂色。观察这几种不同的长方体,它们的涂色面积(侧面积)相等吗?

在这一问题上,大部分学生直接聚焦算法,而不是先关注概念,学生反馈主要有以下三种。

反馈一:不相等,这些长方体的长、宽、高不全一样。

反馈二:不知道,需要计算才能知道。

反馈三:算都不用算,因为侧面积总是相等的。

针对不同的观点,教师建议先自己研究,再同桌合作,必要时可使用计算器,以验证想法或寻找充足的理由支持自己的观点。

下面是课堂互动的一个片断。

一位男生说:"我们试着计算了三个不同长方体的侧面积,奇怪的是,为什么侧面积都是相等的呢?"

一位女生紧接着说道:"我们也尝试计算了,但计算出来有不相等的情况。"

话音刚落,最后一排的男生随即说道:"你们肯定算错了!算都不用算,它们的侧面积不就是这张纸的面积吗?"听了这位男生的发言,全班学生恍然大悟。如此,它们的侧面积当然是相等的。

　　于是，刚才的那位女生反思并追问："那我们哪里算错了呢？"教师相机呈现他们的作品，让大家一起观察，发现原来他们在计算某一个面的面积时，找错了棱长的数据，从而导致了计算错误。

　　进而，生成下一个需要聚焦的问题：怎样计算长方体的侧面积？学生讨论后得到以下两种方法。

　　方法一：根据长方体的长、宽、高求出两组对应面的面积后再相加。

　　方法二：利用长方形展开图，用长乘宽求出长方形的面积；对长方体来说，也就是用底面周长乘高，从而求出长方体的侧面积。

　　在算式对比中注重数形结合，并沟通两种方法之间的联系，明确在解决问题时，需要根据具体情境作具体分析与判断，灵活选择方法。

　　继续运用这一折纸情境提出新的问题：分别给这些长方体都添上上、下两个面，怎样围，长方体表面积最大？

　　解决这个问题需要空间想象，并且要有逻辑地表达抽象的推理过程：长方体表面积由侧面积和两个底面积组成，侧面积相等，那么表面积的大小就由底面积决定。底面积的大小又是由什么来决定的呢？发现与底面周长有关，因此首先要定底面周长。选定较长的底面周长后，再定边长，怎么定？由此联系之前探索的"周长一定时，怎样围，长方形面积最大"这一问题，从而将未知化为已知。

　　学生在解决这一问题时的反馈主要有以下四种。

　　反馈一：毫无头绪。

　　反馈二：知道长方体表面积的大小取决于底面积，但无法继续探究。

　　反馈三：能总结得到"看底面积的大小"，并主动与旧知"周长一定时，怎样围，长方形面积最大"联系起来思考，但思考不够全面。

　　反馈四：思考全面，能关联两个维度的围法并作出比较。

　　针对学生表现出来的不同状态，教师适时引导：在听取了大家的分享后，反思自己之前的思考，看看哪里有缺漏，哪里是因为缺少联系而无法继续思考下去，哪些地方思考得不全面，解决这个问题的完整推理思路又该怎样表述。

　　学习在某种程度上是一种改变，而能作出改变，很多时候是因为得到了积极的回应和正向的反馈。学生解释自己的思考过程，提出疑问并展开生生、师生之间的对话，从而发现自己的知识短板及认知阻塞之处，而这些都有助于学生进一步加深理解。过程中，教师适时启发，帮助学生归纳总结，提炼所学到的新知识、新方法，并基于先前的探究基础提出新的问题，推动学习向深层次迈进。

三、实施策略

● 巧妙引导，努力将学习任务变为学生自己的问题

"真问题"教学让学生经历识别问题、分析问题、解决问题的过程，在这样的经历中，不只是让学生获得知识，更重要的是让他们逐渐学会提问、学会思考。那么，怎样让学生积极主动地投入这样的学习过程？我们认为，需要教师顺着学生的思考巧妙地引导他们，使学习任务变为学生自己感兴趣的问题。其中，好奇心就是兴趣的发端，是引发探究欲望和参与热情的强大催生力。

【案例1】"真是不可思议，太让我们惊讶了。"——圆的初步认识

课前谈话，让学生举出生活中见到过的圆。

师：看来，在你们的头脑中已经有许多大小各异的圆的形象。接下来，让我们先试着徒手在纸上剪下一个圆。

学生自主尝试：有的小心翼翼地旋转纸片和剪刀，努力让曲边更光滑；有的先大胆地剪下一个圆，再细致地剪修圆的棱角；有的先将纸片对折，试图剪出半圆，再展开得到一个完整的圆；有的剪下一个圆后反复端详自己的作品，最终利用直尺上的圆形孔画了一个圆……

师：大家剪完后有什么感受？

生：圆太难剪了，不平整，剪来剪去还是不够圆。

生：我先把这张纸对折，剪出圆的二分之一，展开后就可以得到一个完整的圆了。我觉得这样剪比刚才直接剪一个圆更容易一些，但还是不够圆。

师：好主意。利用了分数学习时的折纸经验。

学生循着这个好方法，纷纷打开了思路，迫不及待地分享自己的想法。

生：（边操作边介绍）把这张纸对折两次，只要剪圆的四分之一，展开后也是一个完整的圆，我觉得比刚才的方法更容易剪出圆。

生：那再对折，剪圆的八分之一，不是更好把握吗？

......

师：我们来看一下小丁丁和小胖是怎么做的。(动态演示,闪动剪痕)对折四次后,小丁丁是这样剪的(图4-4),小胖是这样剪的(图4-5),按谁的剪法剪出来,会更接近一个圆呢?

图4-4　　　　　　　　　　　图4-5

生：我认为是按小丁丁的剪法,因为小胖那条剪痕是直的,而圆的边应该是弯的。

生：我也认为是按小丁丁的剪法,圆没有棱角,按小胖的剪法,剪出来的图形会有很多棱角。

生：小丁丁的剪法有弧度,当然是按小丁丁的剪法剪下来的更接近圆。

师：现在这两份材料已经在你们手上了,请你们试着剪下来比较一下。

学生自主操作,片刻后,教室里沸腾了。

生：咦? 按小丁丁的剪法,剪出来的怎么是一朵花呢? 而按小胖的剪法剪出来的图形看上去却更接近圆。但是,明明小丁丁的那条剪痕是曲线,怎么剪出来却不是一个圆呢? 真是不可思议,太让我们惊讶了。为什么会这样呢?

师：是啊。这里面究竟藏着什么样的秘密呢? 为什么按小胖的剪法剪出来的图形看上去会更接近圆呢?

教师呈现两幅展开图(图4-6),并在学生的探究中,进一步生成"怎样使它成为一个完美的圆呢"等新的问题。

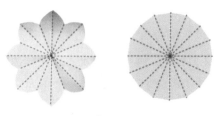

图4-6

圆，对学生来说是熟悉的，即圆是由曲边围成的且没有棱角的图形，这是学生对圆表面特征的直观感知；而圆的本质特征——平面内，到定点的距离等于定长的点的集合，对四年级学生而言不仅陌生，而且隐性、抽象。那么，教师该怎样引导，才能使学生在强烈的好奇心与求知欲的驱动下，主动探寻圆的本质特征呢？我们思考，对圆表面特征与本质特征的原始认知落差是否能为学生提供自主生成个性化问题的空间？从上述案例 1 中可以看到，教师不急于抛出问题，而是通过自然的谈话与操作，让学生自己提出问题。过程中，学生的惊讶与疑惑一路支撑着他们主动探究、主动发现，让智慧迸发，从而逐渐逼近圆的本质特征。

● **耐心等待，尽可能地让学习过程凝聚学生自身的感悟**

学生在解决问题的过程中，习得的不仅是相应的概念与技能，还有问题图式以及相关的观念性理解，并在这些包含概念与技能的情境中积累丰富的经验和深刻的认识。而这些，唯有通过学生真实的经历和实践体验才能获得。对此，需要教师学会耐心等待，尽可能地让学生的学习过程凝聚其自身的感悟。

【案例 2】"它们出现的可能性是一样的"—— 可能性的大小

此前，学生已通过罗列可能情况，得出"抛 2 枚均匀硬币，出现同面的可能性和出现异面的可能性一样大"的结论。进一步地，组织学生进行试验观测：每人抛 10 次，按顺序填写试验结果，同面用"1"表示，异面用"0"表示。

师：看一下这次的要求，有不懂的地方吗？又要注意些什么？

生：要注意同面用"1"表示，异面用"0"表示。

生：每人抛 10 次，还要按顺序填写试验结果。

师：（出示下列问题）在做试验前，请大家先思考这些问题。

问题 1：你现在就能确定 10 次的试验结果吗？ 10 次试验结果中，一定会出现 5 次同面吗？

问题 2：你和你同桌俩人的 10 次试验结果有可能相同吗？

问题 3：1111111111、1010010001、0101011011，哪一个试验结果更有可能出现？

学生独立思考后，全班反馈。

师：你现在就能确定 10 次的试验结果吗？（学生一致认为不能确定）10 次试验结果中，一定会出现 5 次同面吗？（学生一致认为不一定）

师：你和你同桌俩人的 10 次试验结果有可能相同吗？

生：有，一切皆有可能。

生：但是可能性很小。

师：为什么这样说？

生：顺序都要一样，可能性就变得很小了。

师：1111111111、1010010001、0101011011，哪一个试验结果更有可能出现？

生：第一个和第二个都是有规律的，第三个没有规律，更有可能出现。

生：第一个都是 1，可能性最小，后面两个的可能性看起来大一点。

生：我觉得每一个的可能性一样大，因为试验还没开始，不能确定试验结果。

师：接下来就通过试验一起来验证吧！

学生独立实验后集体反馈，没有出现编码一样的情况。其间，有学生举手，说出现和屏幕上第三种编码一样的情况，理由是自己的试验中也出现了 6 次同面、4 次异面，但其他学生提醒"不但要次数一样，还要顺序一样"。

师：现在再来想想，1111111111、1010010001、0101011011，哪一个试验结果更有可能出现？

生：我觉得不只是要看出现的次数，还要看顺序的话，可能性是一样的，几率都很小。

生：我也认为它们出现的可能性是一样的，因为每一次出现"1"或者"0"的可能性都是二分之一。

师：每一次出现"1"还是"0"，和前一次的结果有关吗？

生：无关。

〖简析〗学生已通过罗列可能情况获得可能性大小问题的结论，且在之前抛一枚均匀硬币的经历中感知到每次随机试验结果的不确定性，以及在大量重复试验中，统计结果呈现出一定的规律性。此处，如果设计与之前同水平的试验操作，不仅无法触发学生的探究需求，还缺少认知碰撞。于是，设计递进式的试验观测任务,且不急于操作,而是让学生先充分理解任务,并通过一组问题展开先行思考与判断。针对"1111111111、1010010001、0101011011,哪一个试验结果更有可能出现"这一问题,学生立刻显露出了不同的认知。这时,再进行实际操作试验,学生真切感受到"顺序都要一样,都很难出现",感悟到"不只是要看出现的次数,还要看顺序的话,可能性是一样的,几率都很小",也进一步明确了"每一次出现'1'或者'0'的可能性都是二分之一"。学生在亲历初步判断、试验操作、观测反思的过程中,逐渐消除错误认知,并感悟每次随机试验的独立性。

第二节　以评价促学习

在追求素养发展的课改导向下,中小学生学业质量的内涵不仅包括学生在基础知识、基本技能方面所达到的水平,还包括时代发展所要求的中小学生必备的收集并处理信息、自主获取知识、分析与解决问题的能力,以及交流与合作、创新精神与实践能力。"课标 2022 年版"在"评价建议"部分指出:不仅要关注学生知识技能的掌握,还要关注学生对基本思想的把握、基本活动经验的积累;不仅要关注学生分析问题、解决问题的能力,还要关注学生发现问题、提出问题的能力。全面考核和评价学生核心素养的形成和发展。《上海市小学基于课程标准的评价指南》强调:要树立评价为了改进学习的基本理念,淡化评价的甄别、选拔功能,强化评价的诊断、改进与激励功能。

从表面上看,教学在前,评价在后。实则,评价是先于教学又融于教学的,教师内隐的评价取向和下意识的反馈评价往往支配着其教学行为的走向。就具体教学而言,教师关于何谓达成学习目标的思考与认知,很大程度上影响着学生在课堂上获得思考与表现的空间与机会,影响着学生获得高质量点拨和引导的机会。

从学习的深层意义上来说,知识与能力、思想与素养是共通的。"真问题"教学指向加强知识的深度意义建构,把学生对知识的深度理解以及思维水平表现作为教学实践研究的焦点,因此,这也自然成了"真问题"教学之检测评价研究的重要内容。

一、活动之伴随式评价

学生对知识的深度理解和思维水平的提升有赖于教师低门槛、大空间的问题情境创设，以及任务的有序组织，让学生能够在自主解决问题、经历意义建构的过程中不断暴露其真实理解和思考。这实则也是在不断检测学生依据知识结构关联新旧知识的能力，所以有赖于教师作为引导者在课堂活动过程中对学生即时表现所作出的伴随式评价。我们认为，"具体反馈＋真诚鼓励"模式有助于学生对自身思考的认知、反思和改进。关于课堂推进过程中的伴随式评价，可以参阅前文提到的几个案例。在此，我们将强调以下几点。

其一，评价要有针对性。具体表现为，教师始终要明晰学习活动的目标指向，并根据学生的所思所讲作出针对性评价。

其二，评价中要更加关注学生的错误资源。也就是说，教师首先要形成"学生出错的背后也有其逻辑"这一意识，并对其思考中的合理成分加以认可、赞赏、鼓励，对其中的误解、迷思处加以启发引导，以促进学生自主思辨，从而能在反思调整中加深对正确认知的理解，并学会思考。

其三，评价中要关注情感的力量。教师的评价语言和表情等，要带给学生积极正向的情感体验，让学生在教师真诚、细腻的关爱和指导下，能够更加自由地思考和表达，并能更愿意地听取他人的意见，作出反思和改进。

二、作业之节点式评价

课内、课后作业也是"真问题"教学的重要组成部分。作业不仅是一种巩固，还是一种再学习，具有检测学习效果的评价功能。作业设计，也需要为学生提供更多解决问题的机会，促进学生以更有意义的方式巩固知识技能，深化对知识的理解，并学会迁移运用。作业评价的重点不能只在于对错之分，而是要更多地基于具体的学习目标，对学生的理解情况、思维水平等作出分析和评断，以促进师生双方教与学的反思和改进。

● 清晰体现指向相应学习目标具体内涵的理解项

作业设计时，设计意图首先要能够清晰体现指向相应学习目标具体内涵的理解项，在此基础上再思考设计怎样的作业能有效构建合适的问题空间，让学生解决问题的真实思维及其在此过程中的相关感受能够可见、可感,从而帮助教师捕捉到学生在相应学习目标上的达成情况,并据此作出合理评价。

以"除数是一位数的除法"为例,核心目标包括理解一位数除两、三位数的竖式计算。如果仅以这一抽象概述进行作业设计,容易将作业设计固化在内容表面,从而导致学生只需回忆程序化的操作过程即可解决问题,无法让学生在完成作业的过程中经历对算理的回溯及再思考,以深化算理理解。因此,为了更好地让作业设计发挥育人功能,教师首先要对指向理解项的学习目标的具体内涵作进一步思考和展开。其中,理解项有哪些? 我们认为有以下三点:理解除法之"等分"的运算意义;理解基于位值概念的除法竖式的结构组成及每部分的含义;理解除法竖式之所以这样写的意义。在此基础上,再赋以一定的情境以灵活呈现作业,具体设计如下。

【作业 1】

选一选:学校新进一批书籍,共 385 本,10 本一捆。教师准备把这些书平均分给 5 个年级,每个年级分到多少本书?

(1)下面是小胖解决这个问题的竖式计算,选出每一个"35"的含义。

A. 35 本书

B. 35 捆书

(2)观察上述计算过程,教师在发放书籍时至少需要拆开(　　)捆书。

　　A. 3　　　　　　　　　　B. 4

答案:(1)B、A;(2)A。

此作业的设计,如果仅呈现"求每个年级分到多少本书"这一数学问题,虽然学生的正确率超过了 90%,但无法考查学生是否真正理解了除法算理。因为学生只需根据算法的程序化操作即可解决这一问题,几乎没有调用自身对算理的理解进行再思考的问题空间。于是,将常规的解答题改编成选择题,赋予一个"学生解题"的情境,把学生已经熟练掌握的解答过程作为题干,引导学生通过阅读聚焦竖式结构,并与现实情境产生关联,在解读中作出分析与判断，从而对已形成技能的知识再次追问其本质。第（1）问，学生需要读懂竖式中两个"35"的含义，即分别对应两次"分"的过程中分去的数量——"35个十"和"35个一"，并与实际情境相关联，即"35捆书"和"35本书"。第（2）问，学生需要理解除法竖式是如何简洁明了地描述整十整十地分、单个单个地分的过程，以及对整十整十地分之后的剩余部分需转换成"几个一"，尤其是要看懂"教师在发放书籍时至少需要拆开的捆数"就是除到十位上的剩余数。这样的回溯和解析所展现出的问题空间，让学生面临有趣的"困境"，既有效激发了学生主动检索并调用已有的认知理解，也带给学生不寻常的情感体验。其中，高水平的学生作品如图4-7、图4-8所示，有学生说道："刚开始做时，我一直在琢磨，但后来就想通了，我的心情也跟着平稳了，这就很妙，快乐无边。"低水平的学生作品如图4-9、图4-10所示，学生反映："不会做，有些瞎猜的，觉得自己基础不好。"

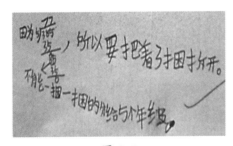

图 4-7

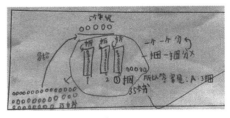

图 4-8

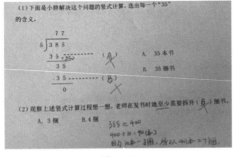

图 4-9

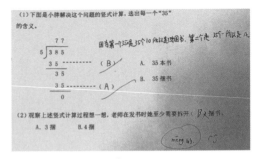

图 4-10

乍看之下是不熟悉的情境，"套路"用不上了，但学生还是被新颖的题型吸引住了目光，努力琢磨一番后，看懂了、想通了，发现问题其实并不难。顿悟的一刹那对学生而言是妙不可言的，纷纷感受到了数学学习的乐趣。

学生完成作业的过程不是单纯地回忆课堂上所讲的程序化操作，更多的是要让学生对作业产生兴趣，运用所学知识主动解释并解决问题，以获得丰富的学习体验。"不会做，有些瞎猜的，觉得自己基础不好"，也是学生最真实的反思。那么，值得我们教师反思的是：是否期待学生在完成作业的过程中能够更多地获得这样的学习体验？日常的作业又是否是本着为学生对知识的理解和迁移而设计的？是否能够结合内容，将指向理解项的目标具体化，进而改编、创编一些能为学生的思考和体验构建合适问题空间的作业，使作业评价促进教师教学？

● 相机蕴含鼓励个性化表达的多元弹性空间

问题从"起始状态"发展到"目标状态"存在着一些"障碍"，即：从"起始状态"发展到"目标状态"存在诸多途径，其中只有一条或几条是通向问题解决的正确途径，而所有这些途径所形成的空间即"问题空间"。学生对于此空间所展现出的各种"起始状态""目标状态""可能的操作"及"操作的限制"，就形成了问题的表征。完成课后作业是学生延续课堂学习的一种独立表现，因此在问题设计时需要相机蕴含鼓励学生个性化表达的多元弹性空间。

1. 创设能自然暴露学生理解性差异的弹性空间

学生解决问题的过程是基于自身理解、搜寻问题空间的思考过程，正确的表征对解决问题而言非常重要，可以考量学生对问题本质的理解程度。真正的理解，是学习个体在适当的引导下对对象本质主动赋予意义的内在思维过程。作业设计，要创设能让学生的各种对与错、深与浅等差异性资源自然暴露的弹性空间。以下是针对"除数是一位数的除法"的具体理解项所设计的作业。

【作业2】

选一选：下面竖式中，（　　　　　）中的阴影部分表示把23个十平均分成5份。

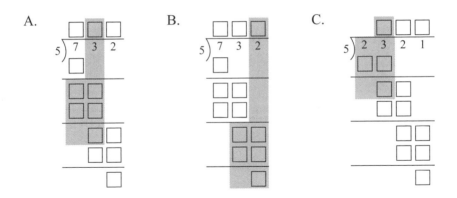

答案：A

精确表征问题是解题的良好开端，也是问题得以解决的源头。问题表征的质量关系着问题解决的效率。从学生表现来看，有的学生在对竖式作整体观察后，就能将其定位为"除法竖式结构及每部分意义"的问题，并依据"除到哪一位，就商到哪一位，即对这一位上的数字进行整个整个地分"的理解得到正确结果（图4-11）。

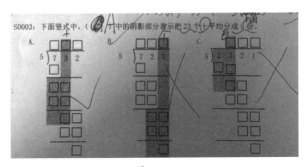

图 4-11

然而，有些学生则只是将其定位成"算式谜"问题，于是先按算法的程序化操作，在三个选项中的空白框内填上数字，再选出答案（图4-12）。即便如此，也不乏错选的情况。也有学生不理解题意，无法确定这是一个怎样的问题（图4-13）。

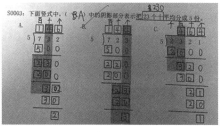

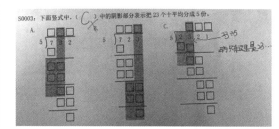

图 4-12   图 4-13

2. 创设可灵活选择解题策略的弹性空间

作业设计不应只关注学习内容，更要关注学生在解决问题过程中如何运用知识进行有效思考，能将所学内容迁移至真实情境中，并能灵活选择策略。因此，对于作业中基于真实情境的问题，教师要让学生能有机会激活并调用曾经的学习经验，选择相应的策略解决问题。学生所激活的学习经验不同，使得策略的选择往往也有所不同。不管是从培养思维灵活性的角度，还是从尊重差异、尊重个性化的角度，教师在进行作业设计时，都要为学生创设能灵活选择解题策略的弹性问题空间，如下面关于"三位数除以一位数"的课后作业设计。

【作业 3】

某玩具的一种配件有三种不同的包装规格（图 4-14），如果要取出数量最多的一袋配件，应该从哪一个箱子中取？如果要取出数量最少的一袋配件，又该从哪个箱子中取？请写出必要的思考过程。

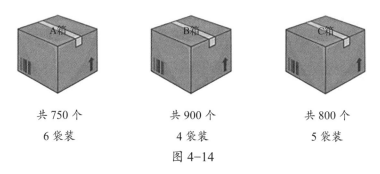

图 4-14

该题的设计为学生运用所学除法知识来解决问题提供了弹性空间，学生可自主选择策略。学生可以直接计算结果，也可以结合估算判断，即：先估算

B 箱中是每袋两百多，A 箱、C 箱中是每袋一百多，从而得出第一问的答案，再通过计算解决第二问。还可以直接推理判断，即：总数量最多，分装袋数最少，每袋数量最多；总数量最少，分装袋数最多，每袋数量最少。此题的起点不高，也有让学生展现较高思维水平的机会，实现让每一名学生都能积极参与，并获得丰富的学习体验。学生作品如图 4-15 所示。

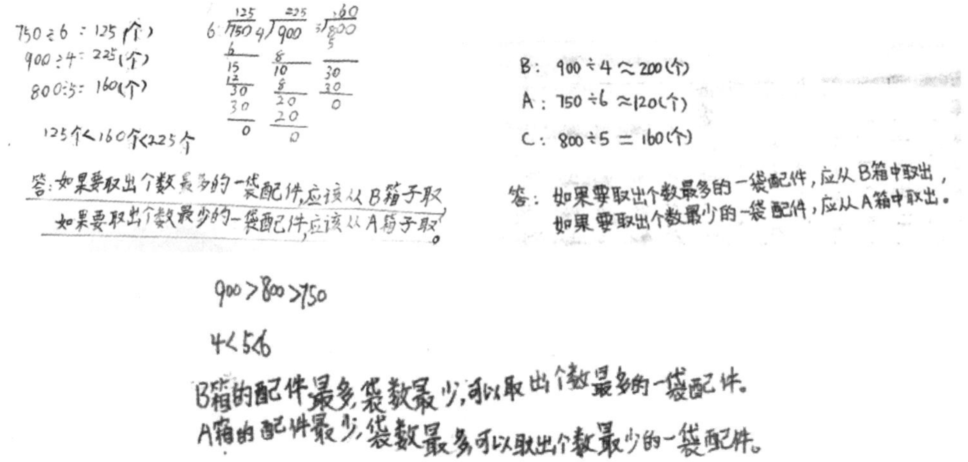

图 4-15

3. 为学生预留可供其自我调节的弹性空间

很多时候，信心比知识更重要。当学生面对问题能投入正向的情绪和情感时，对解题的效益和质量都会带来积极的成效。从小学生所处年龄阶段的认知特点及其发展的个体差异出发，在作业设计中，要为每一名学生预留出在解决问题过程中能够进行自我调节的弹性空间，也就是允许学生根据自身情况自由选择，如下面有关"除法应用"的一道作业设计。

【作业 4】

张老师在体育用品店买了 4 个小球和 1 个大球，共 26 元。大球、小球的单价都是整元数，且大球的单价比小球的稍贵一点。

（1）你知道大球和小球的单价各是多少元吗？

列式解答：

答：小球的单价是每个（　　　　）元，大球的单价是每个（　　　　）元。

*（2）想一想，除了刚才的情况，大球和小球的单价还有其他可能吗？有兴趣的小朋友可以在下面的框里把你的想法写一写。

相较于一般的有余数除法的应用问题，此题则更为综合，条件也更多，整体比较灵活。此题除了检测学生对知识内容的掌握情况，也考查了其思考的严密性及数感，对三年级学生来说有一定的挑战性。虽然此题的结果是唯一的，但从数学思考的角度来说，只想到一种结果，与思考是否还存在其他可能的结果，并在综合考虑后发现只有一种结果的情况相比，显然两者的水平是有差异的。因此，考虑到现阶段学生的一般学习水平，我们认为学生若能获得正确结果，则说明他们已达到了基本要求。于是，在任务设计时，只要求学生完成第（1）题，并鼓励他们表达其思考过程；而对第（2）题题干的阅读，本身就是一种思考上的引导，且此题带 * 号，即学生可以根据自身情况决定是否作进一步的思考和表达。可喜的是，大部分学生除了完成第（1）题的填空，也乐意写出他们的思考过程（图 4-16）。特别地，有的学生在求大球单价时，自主用了两种方法（图 4-17）。

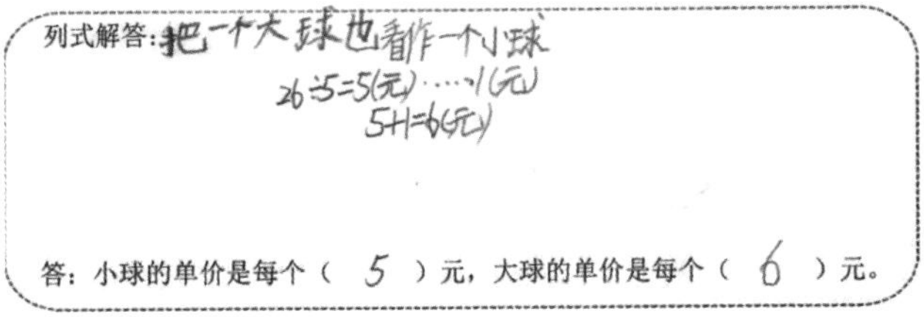
列式解答：把一个大球也看作一个小球
26÷5=5(元)……1(元)
5+1=6(元)

答：小球的单价是每个（ 5 ）元，大球的单价是每个（ 6 ）元。

图 4–16

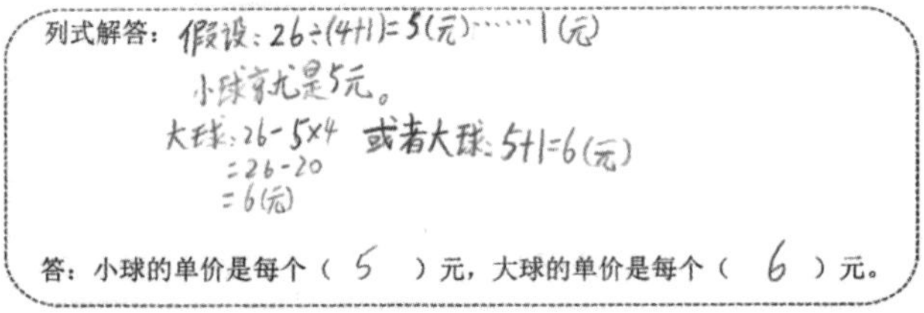
列式解答：假设：26÷(4+1)=5(元)……1(元)
小球就是5元。
大球：26－5×4
=26－20
=6(元)
或者大球：5+1=6(元)

答：小球的单价是每个（ 5 ）元，大球的单价是每个（ 6 ）元。

图 4–17

第（2）题让学生自主选择，部分学生饶有兴趣地展开了思考，通过丰富的表达自主阐释观点。学生作品如图 4–18 所示。

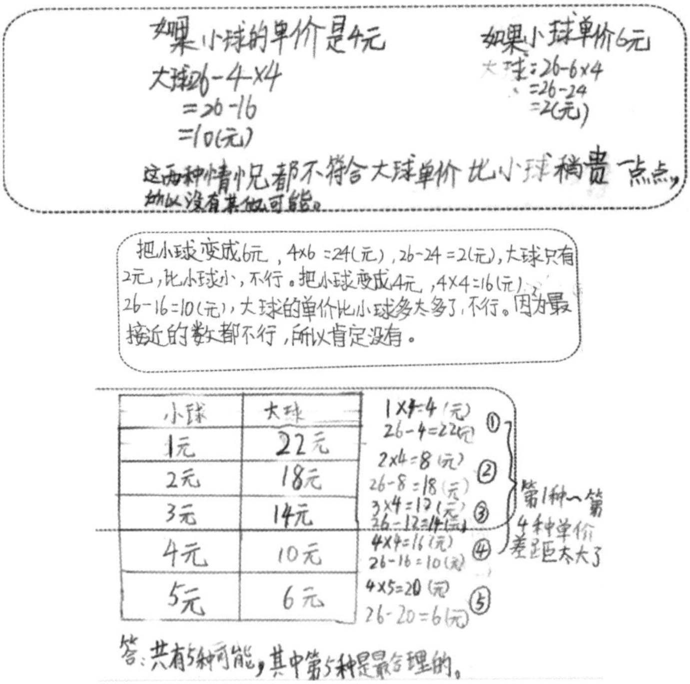
如果小球的单价是4元
大球26－4×4
=26－16
=10(元)
如果小球单价6元
大球：26－6×4
=26－24
=2(元)
这两种情况都不符合大球单价比小球稍贵一点点，
所以没有其他可能。

把小球变成6元，4×6=24(元)，26－24=2(元)，大球只有2元，比小球小，不行。把小球变成4元，4×4=16(元)，26－16=10(元)，大球的单价比小球多太多了，不行。因为最接近的数都不行，所以肯定没有。

小球	大球
1元	22元
2元	18元
3元	14元
4元	10元
5元	6元

① 1×4=4(元) 26－4=22(元)
② 2×4=8(元) 26－8=18(元)
③ 3×4=12(元) 26－12=14(元)
④ 4×4=16(元) 26－16=10(元)
⑤ 4×5=20(元) 26－20=6(元)
第1种～第4种单价差距太大了

答：共有5种可能，其中第5种是最合理的。

图 4–18

　　作业设计，一方面是为学生提供巩固练习的机会，让他们能有所提升；另一方面也是一种检测，以此作为评价学生在相应学习目标上表现情况的依据。作业本身是外显的内容，只有充分考虑每一名学生投入到此学习任务中的情感和心理状态，以及先前习得的知识能力这些内隐因素时，才会让作业的实施更有意义。在日常作业设计中，教师应时刻保持这样的意识和作为，精心设计灵活、有趣的作业，构建合适的问题空间，让学生在完成作业的过程中能够不断激活自己已有的认知，并能进一步产生新的思考。伴随着丰富的学习体验，不仅让学生形成了正向的积极情感，也让教师能够更精准地收集关于学生知识理解及迁移运用的评价诊断信息。

三、考试之阶段性评价

　　作为一种传统的评价手段，书面考试在检测学生一个阶段的学业质量状况、衡量教师的教学质量方面依然起着十分重要的作用。当然，在素养导向的新课程评价理念下，其内涵和要求也在不断更新着。"课标 2022 年版"指出：评价不仅要关注学生数学学习结果，还要关注学生数学学习过程，激励学生学习，改进教师教学。通过学业质量标准的构建，融合"四基""四能"和核心素养的主要表现，形成阶段性评价的主要依据。采用多元的评价主体和多样的评价方式，鼓励学生自我监控学习的过程和结果。同时，在"学业质量"部分指出，数学课程学业质量标准主要从以下三个方面来评估学生核心素养达成及发展情况：以结构化数学知识主题为载体，在形成与发展"四基"的过程中所形成的抽象能力、推理能力、运算能力、几何直观和空间观念等；从学生熟悉的生活与社会情境，以及符合学生认知发展规律的数学与科技情境中，在经历"用数学的眼光发现和提出问题，用数学的思维与数学的语言分析和解决问题"的过程中所形成的模型观念、数据观念、应用意识和创新意识等；学生经历数学的学习运用、实践探索活动的经验积累，逐步产生对数学的好奇心、求知欲，以及对数学学习的兴趣和自信心，初步养成独立思考、探究质疑、合作交流等学习习惯，初步形成自我反思的意识。

　　在"真问题"教学实践研究中，我们也不断在素养导向下进行质量调研考试方面的评价探索，从评价入手，在区域范围内改进教学。

● 变换呈现方式，使学习经历的积淀得以更全面地显现

命题时，关注学生主动参与知识形成过程的丰富经历和活用知识解决问题的能力，需要从学生日常学习的实情出发，创编一道道有"生命"的题目，融入教师对学生思考的思考，以及他们在解题过程中可能会出现的情感体验，而不只是客观地呈现知识本身。有了这些思考，教师在具体命题时就可以灵活变换试题的呈现方式，力求使学生学习经历的积淀得以更全面地显现。

【试题1】有关"小数计算"的调研（四年级）

小亚在检查右边的错题时发现：抄题时将其中一个数小数部分的两个数字写反了，而使结果比正确答案小。请你写出正确的题目并计算。	$10.27-0.15-0.55$ $=10.27-(0.15+0.55)$ $=10.27-0.7$ $=9.57$

通常，计算题最容易以单一不变的形式出现，容易让学生陷入机械操练的"泥潭"。此处，命题者适时捕捉了学生在学习过程中经常出现的"抄反数字"现象，并以此作为一道小数加减法试题的情境。解决这个问题时，学生首先需要结合文字和算式读懂题意，再根据线索展开分析推理，最后将自身的计算结果代入题中进行检验。我们思考：学生在平时的学习过程中有分析错误、纠正错误的经历和习惯吗？会经常遇到并独立解决有新意、有挑战性的问题吗？面对这样的问题，他们会有细心琢磨的态度吗？会展现出不同的思考路径吗？面对这一改常态的计算题，他们是紧张还是从容？是自信有序地展开思考，还是盲目地应对？解决问题后，会有成功的兴奋感和喜悦吗？

通过学生呈现的卷面作答、草稿以及对部分学生的访谈，我们发现有的学生交换的竟然是被减数整数部分与小数部分的两个数字，或概念不清，或没有看清题意就匆匆下笔；有的学生对自己得出的计算结果小于9.57这一现象熟视无睹，或没有检查的习惯，或只看到"答案小"而没有理清谁比谁小；有的学生即便第一次推理错误，却能从最后答案入手，进行自我反思与纠正；有的学生分别改变了被减数和第一个减数中的两个数字后再定夺；有的学生一开始就进行了严谨的推理，并通过判断被减数改动前后的相差数与两次答案的相差数是否一致，进行

更细致的检验……从此题的反馈中，可以充分看到每名学生的日常学习经历与状态，不仅让教师为学生所展露出的智慧而欣喜，并给予其最真诚的激励，也让教师能够看到学生最真实的问题所在，并对这些学生予以切实帮助。

● **改进评分规则，让学生的真实思考得到多方位的评价**

教师往往希望能从调研考试中看到学生的精彩表现，看到学生丰富多元的思考。与此相对应，学生的思考状态也应获得多方位的评价。因此，我们在"真问题"教学实践研究的评价探索中，也尝试增加一些针对表现性任务的多元评价，构建评价框架，并用"等第＋评语"的形式进行评价反馈。

【试题2】有关"平均数"的调研（五年级）

试题背景简析：统计图表与平均数是"统计与概率"的主要学习内容，涵盖了日常生活中的诸多实际应用与需求。"课标2022年版"也强调了要基于丰富的事例来理解统计图表与平均数的意义，掌握其实际应用。本评价活动是上海版《数学》五年级第一学期"平均数的应用"之解决问题，通过创设学生熟悉的问题情境，以"解决问题"的形式呈现，对学生的学习情况进行考察。

评价目标：能耐心阅读并主动理解包含文字、图、表的问题情境，并能积极探究，尝试解决问题；能读懂统计图中的信息，并能结合文字描述清晰识别出所蕴含的"平均数的应用"问题；能有效整合信息，运用合理的方法解决问题，并能清晰规范地运用数学语言表达自己的观点和理由。

评价任务设计如下：

　　五年级有6名语文老师和5名数学老师，他们共同参加学校组织的射箭比赛。

　　射箭的标靶（图4-19）是由从大到小的10个同心圆组成的，得分依次为1环、2环、3环、4环、5环、6环、7环、8环、9环、10环，即如果射在7号圆环内就得7环。射中靶心得10环，脱靶为0环。比赛按学科分组，并以抽签的形式决定两组的射击顺序。

　　抽签结果显示，语文组老师先射箭，6名语文老师的射箭成绩如下

左图所示（图4-20）。紧接着是数学组的老师，其中前4位数学老师的成绩如下右图所示（图4-21）。从两幅图中可以发现，此时数学组的成绩比语文组的要好一些。如果第5位数学老师在射箭时不脱靶，你认为语文组的成绩有可能比数学组好吗？请说明理由。

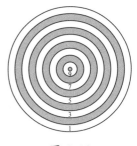

图 4-19

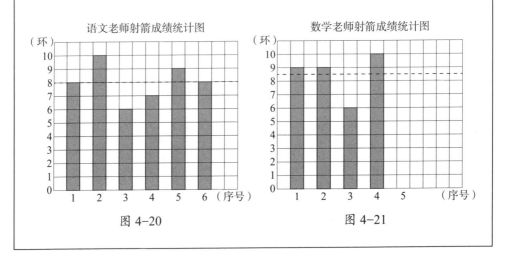

图 4-20   图 4-21

评价方式：学生书面完成以上解决问题，教师通过随堂巡视与分析学生作答结果相结合的方式，从学习兴趣、学习习惯、学习成果三个维度进行综合考量，并用"等第+评语"的形式给出评价。其中，评价指标如表4-1所示。

表4-1

评价维度	等第参照
学习兴趣	等第A：对解决问题有充足的信心，能主动思考，积极作答 等第B：面对问题的挑战不失信心，能努力思考，尝试作答 等第C：对问题的探究缺乏信心，审题马虎，草草答题
学习习惯	等第A：能清晰有效且有针对性地运用相关数学语言进行表达 等第B：可以有针对性地作出适当的解释，但数学语言表达不够规范或表述不连贯、不完整 等第C：试图作出解释，但答非所问

（续表）

评价维度		等第参照
学业成果	概念理解	等第 A：能清晰识别出问题情境中蕴含了"平均数"，并能正确理解其意义 等第 B：能识别出问题情境中蕴含了"平均数"，但意义理解有偏差 等第 C：未能识别出问题情境中蕴含了"平均数"
	方法应用	等第 A：能有效整合信息，并能用合理的方法解决问题 等第 B：能提炼有用信息，解题方法部分合理 等第 C：未能识别出情境中的有用信息，无从着手

评价样例：

【样例 1】

学生作答情况	（8.5-8）×4 8-2=6（环） =0.5×4 =2（环） 　如果第 5 位数学老师的成绩在 7 环~10 环之间，那么数学组的成绩比语文组好。 　如果第 5 位数学老师正好射中 6 环，那么数学组和语文组的成绩一样。 　但如果第 5 位数学老师的成绩在 1 环~5 环之间，那么语文组的成绩就会比数学组好。 　所以，语文组的成绩有可能比数学组好。

评价反馈	学习兴趣	学习习惯	学习成果	
			概念理解	方法应用
	A	A	A	A

教师的话：
　你能清晰地看出这个问题中隐含着平均数的应用，且准确找到了能让两组成绩持平的关键环数，并能有条理地进行说明，老师为你点赞！

【样例2】

学生作答情况	如图，数学组和语文组的最差成绩都是6环，我们假设第5位数学老师的最低成绩也是6环，那么数学组的平均成绩就是： （9×2+6×2+10）÷5 =40÷5 =8（环） 所以，第5位数学老师的成绩就算是6环，也可以和语文组平局，所以语文组不可能比数学组好。			
评价反馈	学习兴趣	学习习惯	学习成果	
			概念理解	方法应用
	A	A	A	B

教师的话：
你从第5位数学老师射箭结果的最低成绩出发展开分析，这是一个不错的角度。但是，根据其他老师的成绩来推断第5位数学老师的最低成绩也是6环，这是不合理的。

【样例3】

学生作答情况	不可能。 语文组6个人的平均成绩是8环，而数学组只上场了4个人，平均成绩就有8.5环。假设最后一位数学老师的环数最低，只有1环，那么数学组的平均成绩就是（9+9+6+10+1）÷4=8.75（环）。 所以，在最后一位数学老师的环数最低的情况下，他们的平均成绩也比语文组的平均成绩高，那么不管最后一位数学老师射中了几环，数学组的平均成绩一定比语文组的平均成绩高。所以我认为，语文组的成绩不可能比数学组好。			
评价反馈	学习兴趣	学习习惯	学习成果	
			概念理解	方法应用
	A	A	B	B

教师的话：
你想到从"射得1环"的极端情况出发展开思考，是个好方法。但是，这时数学组的平均成绩会由8.5环上升为8.75环吗？仔细想想，你在求5名数学老师平均成绩时，哪里出错了呢？

【样例 4】

学生作答情况	语文组： 　8+10+6+7+9+8 =48（环） 语文组 6 名老师一共得 48 环，数学组 4 名老师一共得 34 环，48－34=14（环），而 10 环是最好的成绩，所以语文组的成绩会比数学组的好。 数学组： 　9+9+6+10 =34（环）			
评价反馈	学习兴趣	学习习惯	学习成果	
			概念理解	方法应用
	A	A	C	C
教师的话： 　你很乐意去探究这个问题，也很认真地尝试表达自己的想法。但是，题目中"从两幅图中可以发现，此时数学组的成绩比语文组的要好一些"，你觉得这里的"成绩好"是指总分高吗？再仔细琢磨一下，相信你会有新的发现。				

【样例 5】

学生作答情况	（8+10+6+7+9+8）÷6 =48÷6 =8（环） 我认为语文组的成绩不可能比数学组的好，因为数学组的成绩本来就比语文组的高。		（9+9+6+10）÷4 =34÷4 =8.5（环）	
评价反馈	学习兴趣	学习习惯	学习成果	
			概念理解	方法应用
	B	C	B	C
教师的话： 　你尝试作出自己的回答，但你需要更加仔细地读题，题目问的是第 5 位数学老师射完后，两组成绩的情况比较。再试一试，仔细分析题目中的数据信息，老师等着你给出结论和充分的理由。				

● **模拟教学场景，让检测评价成为一次现场的反思学习**

命题有时也可以针对教学中普遍存在的一些问题来模拟教学场景，让学生先暴露自己的想法或答案，随即通过相应的启发式阅读反思并更正自己原先的想法或答案，让纸笔测验成为一种现场学习。并且，学生还可以针对自己的作答过程和表现表达自己的感受，或进行自我评价。

【试题3】有关"直线"的调研（四年级）

背景分析：

上海版《数学》四年级第一学期第80页"试一试"第4题（图4-22）：

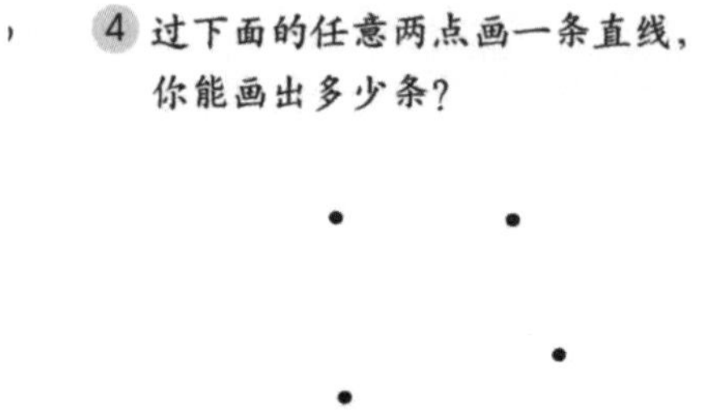

图 4-22

上海版《数学》四年级第一学期第93页第2题（图4-23）：

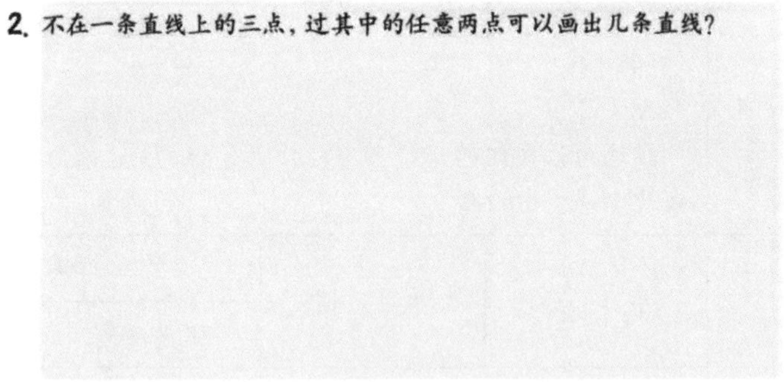

图 4-23

　　教材中的这两道题主要涉及两点确定一条直线的知识内容以及不重不漏的有序思考能力。学生解题并不存在困难，但顺利解题的同时是否也潜藏着认知缺漏？第一道题以配图的方式对情况作了限定，第二道题也通过增加前提条件限定了某一类情况，如果对此不追问、不探讨，是否会引起学生的误解？而对问题进行追问这一行为本身及其进一步带来的探讨是否也蕴含着有价值的学习契机？而这样的探讨和追问在日常教学中是普遍被忽略的。

命题设计：

过两点可以画一条直线。现在有 4 个点，过其中任意两点画直线，一共可以画几条？

（1）我觉得可以画（　　　　）条。（此题不计星，请如实填写）

（2）读一读熊猫乐乐的解答。

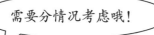

需要分情况考虑哦！

当这4个点在一条直线上时，可以画1条。

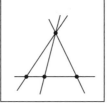

当这4个点中有3个点在一条直线上时，可以画4条。

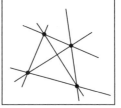

当这4个点中的任意3个点都不在一条直线上时，可以画6条。

• 你看懂了吗？请你解答下面这题。

现在纸上有 3 个点，过其中任意 2 个点画直线，可以画几条？

☆ ☆ ☆

• 通过刚刚的学习和解决问题，你想对自己说些什么？

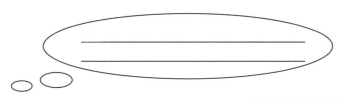

评价方式：

模拟教学场景，对较复杂的问题即 4 个点的问题，鼓励学生暴露其最初的想法，且不计星。进而通过阅读材料与自主学习，让学生解决更为简单的问题即 3 个点的问题，以此检测学生的学习效果，且设三星等级：第一颗星对应学生是否有分情况讨论的意识，其他两颗星则对应每一种情况的具体结果。最

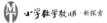

后，提供机会让学生表达自己的感受和体验。如此，不仅考查学生的知识技能，还需要学生进行阅读理解、反思修正、迁移解题、自我评价。

学生表现如图 4-24 至图 4-31 所示。

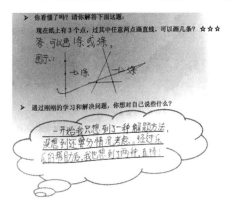

图 4-24

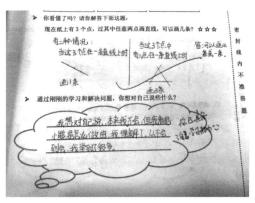

图 4-25

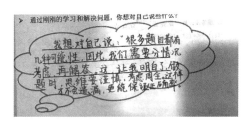

图 4-26

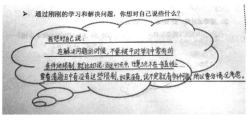

图 4-27

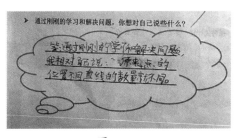

图 4-28

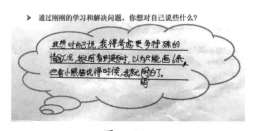

图 4-29

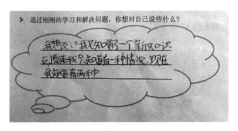

图 4-30

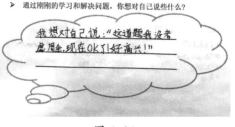

图 4-31

如果只从知识点方面来看,4 个点时的分类讨论对学生要求较高,因此教材通过提供图示的方式将其限制为一种情况。然而,由此出现的问题是:教师在教学时忽略了这些分析,只是让学生就题做题,学生也就自然无法形成分类意识了。于是,对于不计星的第一空,几乎 95% 的学生只填了 6 种。但事实证明,学生在考试现场的阅读与反思中是能够形成分类讨论的意识的,且能在这种自我反思与修正的学习中获得更加良好的数学学习体验。这也让我们更加明确了教学内容本身是落实教学目标、发展学生数学核心素养的载体,其中意义建构的过程才是关键。

评价是一种诊断,也可以是一种学习,其最终目的是改进教学。教师在"真问题"教学实践的检测评价探索中感慨道:就题论题没有成效,还得扎扎实实地做好过程性教学研究,在日常教学中让学生有更多思考、感悟、表达、思辨的机会。这样的感慨,引发的不只是某个知识点在教学上的改进需求,更是触发了教师改变教学方式的主动意识,真正让检测评价发挥促进教师基于素养导向改进教学的作用。

"真问题"教学,从设计、实施到评价,是一个有机互融的整体,其背后是统一的"目标—评价—活动"(到哪里去—怎样判断是否到了—怎样到那里)关联视角下的思考和实践。

第三节　教学指标与实施成效

一、关键指标

在"真问题"教学实践探索中,逐渐生成了以下四条课堂教学指标,以期对教学活动作出评估、反思和改进。

● **活动目标指向的丰富性和高阶性**

活动目标关注学生对概念的深度理解以及对数学知识技能的掌握情况,让学生体验数学基本思想方法,积累数学活动的基本经验,形成数学学习的积极情感。

● **任务设计的挑战性和连贯性**

任务设计要充分考虑学生的情感需求及其能给学生带来的思维张力，关注情境的趣味性和思维的开放性，使学生产生面对未知挑战的适度兴奋感和焦虑感，并体验问题解决时释放焦虑的成功感和愉悦感。要注意任务设计中的核心是问题，系列问题背后要有连贯的思维脉络——这是用问题推进教学的重要基础。

● **问题的友好性和灵活性**

问题的主要应用范围是课堂教学。那么，如何使问题能够更好地服务于层次各异的全体学生？这就需要问题具备一定的灵活性，这也是教师智慧的体现。问题的选取要尽量能友好地使每一名学生可以跨入解决问题的门槛，保持对未知的好奇心和探究欲，面对受挫、出错等状况能够坦然应对，并从中感受数学学习和分享的美好。

● **评价的伴随性和深刻性**

这里的评价，主要指教师对学生的即时反应所作出的价值判断、言语反馈及教学上的回应。问题驱动学生思考，思考中再生成新的问题，并由问题链推动课堂向更深层次发展。这个过程，不断伴随着教师对学生状态的表现性评价，力求引发学生进行深入思考。

二、实施成效

2016 年度、2019 年度、2022 年度上海市小学学业质量绿色指标数学学科测试分析报告（闵行区）显示，我区学生数学学业水平在各内容领域及各能力维度上的表现均高于市平均。这得益于"真问题"教学研究在日常教研中的整体推进。

三、改进教的方式，提升区域教师专业水平

本区在历届"上海市中青年教师教学评优"、历届"上海市中小学优秀作

业、试卷案例征集评选"活动中均获得了一等奖；2020 年承担了市"空中课堂"6 个单元 49 节课的大任务，广获赞誉；2022 年承担了执教市"空中课堂 2.0——名师面对面"单元课的首讲任务。本区多次承办市公开教研活动，并获得较好的反响和口碑；曾 4 次代表上海市参加全国、华东六省一市的现场教学观摩，均获得一等奖。

本研究相关成果写入《小学数学单元教学设计指南》（第四章"单元学习活动设计"）、《上海市小学数学学科教学基本要求（试验本）》（"统计初步"和"可能性"单元）、《上海市小学基于课程标准的教学与评价实践指南》（小学数学"等第与评语相结合"评价案例）。

下 篇

让学生更智慧地学习

——小学数学"真问题"教学探索

第五章

"数与代数"教学日常研究案例

第一节　100 以内数的认识

一、缘起与问题

上海版《数学》一年级第二学期"100 以内数的认识"单元最后，教材编排了一节单元小练习（图 5-1），且包含以下知识点：数射线上数数，标数及找出相邻数，用算式表示相邻数；在"数龙"上标数，找出相邻的整十数；用算式表示进位到下一个整十数、退回到上一个整十数或补充成整十数等。学生在先前的学习中已经会数、会算，直接完成这些题对他们来说几乎没有挑战。师生的共同感受是简单，课堂的普遍现象是就题做题，显得闷、散且无趣。

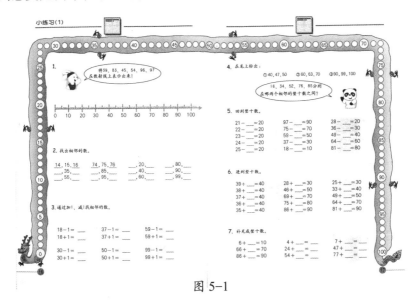

图 5-1

图注：上海版教材中将四周的那条"龙"称作"数龙"，左侧上方的那条线称作数射线，两者都是支持学生学习的计数工具。

真的简单吗？还是我们的认识简单？这背后又有怎样的教学空间可以深入挖掘和实践，以实现"真问题"教学所追求的让学生在主动思考中实现意义建构，在意义建构中更智慧地学习？

二、研究与行动

研究是以发现问题、提出问题作为开端的，若能捕捉到日常教学中司空见惯的现象或问题，便有了研究的源头；而研究又是以反复寻求解决问题的途径、方法为过程的，对问题的不断追问和琢磨使研究过程的丰实有了可能。

● 知识点背后的学科结构和逻辑是什么

1. 横向沟通

首先，要关注关于 100 以内数认识的算术符号表征与几何图像表征之间的相互关联。数、算式等算术符号表征相对比较抽象，即通过隐含的十进位值结构描述其逻辑意义；而"数龙"、数射线等几何图像表征相对比较直观，即通过具体的"十"与"一（个）"的形象来表达十进制的结构。数形结合，使两类表征相互融合以展开教学，引导学生在两类表征之间自然转换，有助于学生正确认识问题本质，形成对 100 以内数的整体认识，利于其良好认知结构的形成。

其次，"数龙"、数射线及百数图、百数表（图 5-2），几种直观计数工具外在形式不同，表达亦有侧重，教学时要看到它们之间相同的本质，即"满十进一"的十进制计数法这一内在结构。

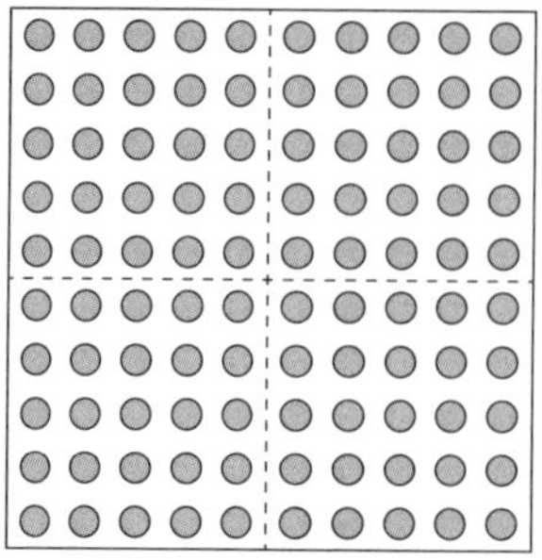

1	2	3	4	5	6	7	8	9	10
11	12	13	14	15	16	17	18	19	20
21	22	23	24	25	26	27	28	29	30
31	32	33	34	35	36	37	38	39	40
41	42	43	44	45	46	47	48	49	50
51	52	53	54	55	56	57	58	59	60
61	62	63	64	65	66	67	68	69	70
71	72	73	74	75	76	77	78	79	80
81	82	83	84	85	86	87	88	89	90
91	92	93	94	95	96	97	98	99	100

百数图　　　　　　　　　百数表

图 5-2

2. 纵向关联

首先，从计数工具方面展开说明。着眼于学生后续的学习内容，如即将学习的 100 以内进位、退位加减法，以后将会学习的分数、小数、负数的认识等，数射线都被作为重要的支持性工具。可见，学生对数射线本身的透彻理解是很重要的。本单元中，"100 以内数的数射线"是依托"20 以内数的数射线"而延伸出来的，那么"数龙"的出现是否在提示可循着另一条路径帮助学生进一步巩固、深化对数射线的理解？学生稍早接触的百数图更侧重数的基数意义，帮助学生初识 100 以内的数，把握"几个十和几个一"的组成结构，形成数感；进而得到百数表，更强调数的有序性。但是，数在一维数射线上的依次排列，比百数表更能反映数的有序性。百数表与数射线之间的直接转换对一年级学生来说过于抽象，在思维上难度较大。于是，"数龙"便可以成为数射线的直观雏形。教学中，教师应把握好基于这些计数工具的思维操作，从而让学生能够更深刻地理解知识的形成过程及其意义。

其次，从具体要完成的一些任务来看，在数射线和"数龙"上标数、找相邻的整十数、退回到整十数、进位到整十数、补充成整十数等，对这些操作的熟练程度将是后续建构进位、退位加减法的重要基础。从更长远的角度来看，最后可设置一定的弹性空间，让有能力的学生通过"一类算式对应一种图"的问题解决，初步感知模型的建立过程，为后续二年级的十进类推（如由 8+3 类推 18+3、28+3、38+3、48+3…）作思想方法上的孕伏。

● **如何构建贴合低年级学生的教学形态**

1. 用儿童化、问题化的设计把学生带入持续的思考中

富有童趣的情境很容易吸引低年级学生的注意力，并让他们主动思考。但是，只有开动脑筋所刺激出的快乐和满足，才能让学生保持不断思考的热情。因此，让情境中的问题具有一定的挑战性至关重要。于是，我们以"数学王国找数宝宝"为线索，串起百数图（表）、"数龙"、数射线几种计数工具，让学生处于不断面对问题、解决问题、生成问题、再解决问题的丰富而愉悦的状态中。

【片断 1】在百数图上找数

师：瞧，数学王国的数宝宝们在欢迎我们呢！这节课，我们就要和他们一

起来复习 100 以内的数。(出示图 5-3)看,这个跑来跑去的数宝宝是几号呢?

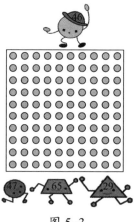

图 5-3

生:46 号。

师:他带领着其他数宝宝要和大家玩捉迷藏。(多媒体动态演示 1 号到 100 号数宝宝依次躲到百数图上的小圆片后面)现在,谁能够很快找到那个淘气的 46 号数宝宝是在哪个小圆片的后面呢?

生:先数 4 行,再数 5 个,数到第 6 个就是 46。

师:原来,46 号数宝宝就在这里。你们还能找到它的好朋友 47 号、65 号、29 号数宝宝分别在哪里吗?

学生很快纷纷举起了手,教师让学生先同桌之间互相说一说。

师:这么快?有什么窍门吗?

生:一行表示 10,6 行就是 60,再数 5 个,就是 65。

生:29,就是比 30 少 1。我先找到第 3 行最后一个,往回数一个就找到了。

生:47 就是 4 个十和 7 个一……

教师借助多媒体同步呈现小圆片后的这 4 个数。

师:你们既想到了数的组成,也利用了百数图每行 10 个的特点,这样就能很快找出他们了。

〖简析〗以数宝宝捉迷藏的童趣形式设计"百数图(表)中找数"的任务,并巧妙地将数的组成和数的顺序隐含其中。对于学生来说,需自主调用原有认知中有关数的十进组成内容及关于百数图的结构认识,从而能够顺利地在百数图上找到数的正确位置。

【片断2】在"数龙"上找数

师：数宝宝被你们这么容易就找出来了，他们有点不甘心，所以正商量着变换队形呢。（出示图5-4）看！

教师借助多媒体演示百数图有序变形的过程，学生兴致盎然。

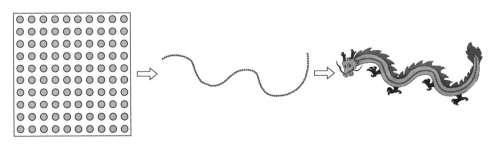

图5-4

生（众）：龙！龙！

师：现在的队形像一条龙，我们就叫它"数龙"吧。在这条"数龙"上，你还能找到刚才那4个数宝宝46、65、47、29吗？

学生在平板电脑上自主操作，每一次找寻到数的位置并点击"确定"后，即可得到对或错的反馈。

师：找到了吗？

生：还没有。

师：找完了吗？

生：还没呢。

师：这次怎么这么慢呀？不还是刚才那4个数宝宝吗？此刻，你有什么想说的吗？

生：在"数龙"上找不方便，不知道10个在哪里。

生：我感觉"数龙"一会儿弯到这儿，一会儿弯到那儿，我都搞糊涂了。

生：一排线，眼睛都看花了，数着数着就数错了。

生：我觉得它不像百数图那么有规律。

师：那能不能想个办法，仍然保持"数龙"的样子，只作一点小小的调整，但能让我们像在百数图上那样很快找出数宝宝呢？

生：先找到每 10 个的地方，并在那些地方空一些小格。

生：在 10 个 10 个的地方画一条竖线。

生：在每 5 个的地方拉长一些，每 10 个地方再拉长一些。

师：大家都表达出了同样的意思，就是要像百数图一样，用好关键数 10，在 10 个 10 个也就是整十数的地方作标记。（出示图 5-5）看，这样可以吗？

图 5-5

生（众）：可以！

〔简析〕同一个数，在百数图中容易找到，而在"数龙"中却较难找到，这一反差自然地驱动学生自主投入到将原始的"数龙"进行智慧性改造的活动中，对于该如何改造的思考，既联结了百数图上十进结构的特点，也引向数射线的自然生成。

师：让我们在改造后的"数龙"上试着找一找那 4 个数宝宝，是不是真的就能很快找到呢？

为了看得更清晰，教师在多媒体上放大"数龙"，使得头尾都冲出了屏幕，且随着学生的回答任意滑动"龙"的身体。

生：46 就是从 40 开始，右边第 6 个。

生：也可以从 50 开始，往回数 4 个。

师：你们都借助了相邻的整十数来寻找。

生：47 和 46 是邻居，既然我们已经找到了 46，那么旁边一个就是 47 了。

师：那它另一边的相邻数又是谁呢？

生：45。

……

师：刚才大家都用了很多不同的方法来找 46，那这会儿找 29 时，怎么都一致用往回数的方法呢？

生：因为它离 30 最近。

师：看来，你们还会根据具体数的特点来灵活选择方法。如果是 51、88、37 呢？同桌之间互相说一说。

〖简析〗把简单的解题转化成"确定数在'数龙'上的位置"这一任务，旨在驱动学生自主解决问题，激活认知、主动表达。此任务既蕴含了需要学生掌握的基础知识、基本技能，也兼顾了方法的多样性和灵活性。

【片断 3】在缺损的"数龙"上找数

师：刚才的问题又被你们聪明地解决了，于是数宝宝们又出了一道难题，只露出这条"数龙"上的一小段，你们也能猜出这个小圆片后面的数吗？

教师出示图 5-6，让学生自主思考。教师巡视，俯身听取部分学生的想法，并全班反馈。

生：一个数也没有，猜不出来。

生：9。

师：有道理吗？谁来说一说他可能是怎么想的？

生：看，最后露出一点点的大圈是整十数，表示 10，10 的前一个数是 9。

图 5-6

师：她观察得真仔细，发现了这个关键信息。那这个数一定是 9 吗？同桌之间说一说自己的想法。

生（七嘴八舌）：还有可能是 39、59、89……

生：只要个位上是 9 的数，都有可能。

师：谁能有序地说一说究竟可能是哪些数？

生：9、19、29、39、49、59、69、79、89、99。

师：（出示图 5-7）注意看，现在能确定是哪个数了吗？

生（众）：29。

〖简析〗"在缺损的'数龙'上找数"的任务是学生思维的一次进阶，需要学生在脑海中回忆整条"数龙"的表象，

图 5-7

并通过细致的观察和推理表达自己的想法。该问题的设计，也为最后的挑战性任务"根据缺损的数射线写加法算式"埋下伏笔。

【片断4】"数龙"到数射线的演变

师：刚才在"数龙"上找数宝宝时，因为"数龙"太大了，部分都冲出了屏幕，所以需要滑动"数龙"，有些麻烦。有什么办法让我们在屏幕上就能看到整条0~100的"数龙"呢？

生（众）：缩小……缩小……再缩小……（多媒体同步演示，如图5-8）数射线！

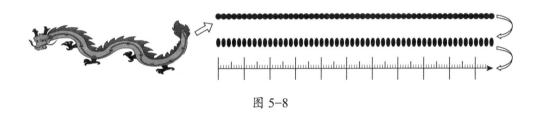

图 5-8

师：变成数射线了。那0~100的数宝宝在哪？都能找到吗？先说说整十数的数宝宝到哪儿去了。

学生快速指出整十数的位置。

【片断5】数射线的建构

师：（出示图5-9）你能根据小青蛙在这条数射线上的跳跃情况，写出一个加法算式吗？

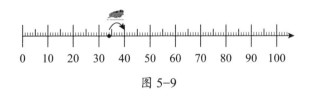

0 10 20 30 40 50 60 70 80 90 100

图 5-9

学生独立思考完成，教师巡视，并进一步出示图5-10，提示已经完成的学生可以挑战一下自己。

图 5-10

学生很自然地进入思考状态，对图 5-10 中的问题呈现出不同的状态，教师建议小组内展开交流。有学生提醒组内同伴：你看，这个跟前面那一小段"数龙"差不多，这根长长的线的地方代表整十数，往回数两格应该是"几十八"，跳了 3 格就是加 3，落下的地方就是整十数再数一格……

在学生的交流互助下，得出各种可能的算式，教师多媒体同步呈现算式和数射线（图 5-11 左）。

师：这一类算式有什么特点？

生：第一个加数个位上是 8，它们都加上了 3，结果都得"几十一"。

师：这些数射线有什么特点呢？

教师多媒体演示数射线动态叠合的过程，得到如图 5-11 右所示的结果。

生：这些数射线的形态都是一样的。

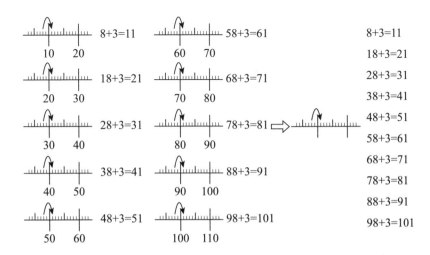

图 5-11

〔简析〕在数射线上标数是基本要求，且学生对根据青蛙的跳跃写 20 以内的加法算式是有经验的。事实证明，学生能将其自主迁移到在 100 以内的数射线上完成加法算式的建构。最后的挑战性任务是拓展延伸，有难度，对不同的学生设置了一定的弹性空间。对问题的求解不是主要目标，重要的是让学生经历理解问题、独立思索、分享交流、欣赏感悟的过程，让他们从中增长见识、储备经验。通过数形结合，在"一类算式对应一种图"的问题解决经历中形成初步的模型意识，为后续二年级学习十进类推积累数学思想方法。

2. 依学生的真实思考节奏和资源循序渐进地推进教学

"为学生学会思考而教"是每一位教师应时刻保持的清醒认识，依学生的真实思考节奏和资源循序渐进地推进教学是我们的努力追求。例如，在原始"数龙"上找数时（片断 2），先充分放手让学生自主操作，但不等他们全部找完就适时中断，目的是让学生感受到这一过程的烦琐，并能急切地表达出这份感受，从而更好地激发他们改造"数龙"的需求。下面，再来分享两个教学细节。

细节一，"在缺损'数龙'上找数"。教师直接请平时表现较为突出的学生回答，且该生一下子就有序报出了所有可能答案。然而，教师没有充分关注到其他学生，并未帮助他们获得理解就匆匆进入下一环节，从而导致课尾出示与之呼应的"缺损数射线"挑战问题时，能真正思考的学生寥寥无几。重构后，我们放慢了这一部分的教学节奏，让学生充分暴露真实想法，并进行积极的互动交流与自我修正（片断 3），使得面对最后的"缺损数射线"问题时，获得了与之前截然不同的效果，绝大部分学生能成功进行思考，且学生不同状态的思考资源在全班得到了充分的分享。

细节二，课尾的"缺损数射线"问题。将这一问题呈现在练习纸上时，我们忽视了加边线框，使得有些学生一上来就从污渍处往外延伸补画数射线。原来，我们在"写意"，学生是在"写实"，而这符合他们这一阶段的具体认知。因此，我们作了进一步改进，即加上一圈外框线，使之与多媒体上"数龙"冲出屏幕的印象对接，学生从而就很容易地理解了题意。

其实很多时候，是孩子们教会我们教学的。我们要做的，就是充分地了解他们、倾听他们，力求顺着他们的真实思维状态展开教学。

三、体验与随想

"真问题"教学历来追求整体设计，强调对内容的整体把握和对任务的关联设计。本课教学立足单元整体，立足学生的发展，以（自然）数的意义和表达（十进制计数）为核心组织任务，创设适合儿童的问题情境，引导学生在富有思维挑战的解决问题过程中，结构化地与之前学习的 100 以内数的意义与表达进行串联，并适度为之后将要学习的 100 以内数的加减运算之十进类推、算法建构作铺垫，且始终引领学生从数形结合的角度思考问题。

前文所描述的课堂虽已过去多年，但孩子们笑意盈盈的脸庞、目不转睛的清澈双眸、雀跃着要表达想法的举手场景依然历历在目。孩子们智慧学习的回报给了我们太多的感动，也一路支撑我们坚持"真问题"教学的实践研究。跳出课堂多学习，沉入课堂真行动，让我们在知与行的交互中，踏踏实实做好每堂课的研究，将核心素养的培育落实在日常教学中。

第二节　认识乘法

一、缘起与问题

在二年级教学乘法时，教师们常常会有这样的疑问：乘法中的两个因数在书写时是不是可以不用考虑它们的位置顺序，因为不是可以交换这两个因数的位置吗？这样的想法，实则是将乘法意义的过程结构和乘法的计算结果混为一谈了。

从乘法意义的过程结构看，a 个 b 相加，b 个 a 相加，这是两个数学对象，这是一个方面；从交换（律）的角度看，a 个 b 相加的和与 b 个 a 相加的和，它们的计算结果相等，这又是另一个方面。带着这样的基本认识审视上海版教材对这一内容的编排（图 5-12），乘法引入的小节标题为"从加到乘""交换"，不管是"从加到乘"的标题表述，还是在具体展开时，对"几个几连加"写成乘法算式时确定了一种写法，并在符号表达时顺应自然语言"几个几"而将份数写在前面，两者都强调了学生初识乘法时重在对其意义的理解，要先形成清晰的过程结构。之后编排的"交换"，就是在确定了一种写法后，引导学生探讨和领会不同结构的两者，即 a 个 b 相加（$a \times b$）、b 个 a 相加（$b \times a$），它们的计算结果是相等的。从学生的认知起点来看，先建构起乘法意义"几个几相加"

的过程结构是核心且首要的。当学生熟悉了这些基础概念之后，可在写法上逐步忽略哪个因数写在前，哪个因数写在后。当然，学生自己要能解释得清这一算式表达的是"几个几"的结构，即一份量是几，有几份。

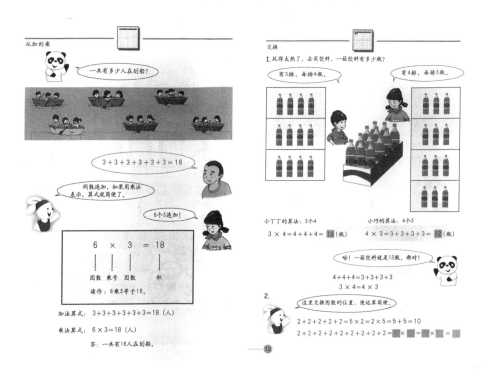

图 5-12

基于对教材的整体把握，第一课时我们聚焦主动建构乘法意义（"几个几"相加的过程结构）及其符号化表达（乘法算式的符号化表达）这一核心目标，引领学生展开深入学习。

二、研究与行动

● 基于"同数连加"的乘法建构，学生是如何感知和表现的？——捕捉每一个细微之处

相同加数连加是乘法的生长点。"乘法是求几个相同加数的和的简便运算"，这常常是教师引导学生初识乘法时的说法。但是，"求几个相同加数的和，用乘法计算比较简便"，虽从数学角度看没有问题，而急于给出这样的归

纳未免显得有点粗糙。回归到学生最初的认知,初构乘法时,计算结果的得出还得回到加法或借助直观图数出,"使计算简便"还无从谈起,因为这并不符合学生的认知逻辑。那么,学生起初是怎样主动感知"同数连加"的呢?他们是从什么角度觉察"同数连加算式"的烦琐从而产生"改造"需求的呢?他们会做些什么?会有什么样的疑问?又是如何表现出来的呢?

【片断1】

教师出示图 5-13 中的 4 道题,学生独立思考,从情境图中收集信息并列算式解决问题。

① 一共有几瓶饮料?

② 一共拿了几个气球?

③ 一共有几枝郁金香?

④ 一共有几人在划船?

图 5-13

教师巡视,发现学生在第 4 题的作答上有不同表征方式,主要有以下三种情况:(1)3+3+3+3+3+3+3+3+3=27;(2)6+6+6+6+3=27;(3)有学生落笔写下"3+3+3+",随后用橡皮擦去,改写成"9+9+9=27"。

教师板书学生反馈的前 3 题的算式,依次是 6+1+3=10、5+5+5=15、10+10+10+10=40,第 4 题的反馈情况如下。

生:3+3+3+…,9 个 3 相加,等于 27。

师:他刚才在说算式的时候,有什么特别的地方吗?

生:他没有把算式中的"+3"全部读出来,这样我们会听糊涂的。

生:他后来说了 9 个 3 加起来,让人一听就明白了。

师：是啊，9个3连加，这样说很清晰，方便老师很顺利就能记下他的算式。你们也很厉害，这个细节也没有逃过你们的小耳朵。现在，请回头看看前面3题的算式，哪些也可以用这样的方法来表示呢？

生：第2题，3个5连加；第3题，4个10连加。

教师先组织同桌互读，再全班交流。

师：这些算式有什么共同特点？

生：都是一样的数相加。

生：每一个加数都相同。

师：加数都相同，我们称为"同数连加"。同数连加，我们可以说成"几个几连加"。有时，我们也简单地说成"几个几"。下面，请根据听到的"几个几"列出算式，但不需要计算结果。

【片断2】

学生根据听到的"几个几"记录算式。随着教师报出"100个2"后，学生发出了一片"啊"的声音，纷纷停下笔，疑惑地看着教师。

师：为什么不写了呢？是我没说清楚吗？还是你们没听明白？

生：听明白了，就是太麻烦了，100个2要写到什么时候呢？写出来的算式会很长很长。

师：算式太长了，可以缩短吗？之前列出9个3连加时，老师就发现有小朋友已经在主动想办法把算式缩短了，说说你的想法。

生：（板书3+3+3+3+3+3+3+3+3）我发现3个3就是9，这样就变成了9+9+9。可是，现在有100个2，变起来也很麻烦。

师：那怎么办呢？请你到数学书上去找一找，看看有什么好办法能够解决这个问题。

学生带着问题自学课本（以6个3连加为例），先同桌交流，再全班反馈。

师：现在再写"100个2"，可以怎么写？

生：（出示写法"100×2"）很简单，几秒钟就写好了。（需要说明的是，教材在学生初构乘法时确定了一种写法，顺应学生的自然语言，将6个3写成"6×3"；之后，随着学生对乘法结构的熟练把握，顺其自然地放开两种写法）

学生介绍写法，交流对乘法算式意义的理解，在师生、生生互动中进一步认识乘号、因数、积等概念，并由教师介绍乘号的由来，体现乘法是一种特殊的加法。其间，对于"100×2"，有学生冒出：200！

师：你怎么这么快就算出是 200 的呢？

生：就是啊，要 100 个 2 相加呢！

生：100+100，就是 200。

师："100+100"用乘法怎么表示？

生：2×100。

板书：100×2　＝　2×100

　　　 100 个 2　　　2 个 100

有的学生说不相等；有的学生说相等，但说不出理由。

师：不急着得出结论，这个问题需要更多时间来研究，让我们暂时保留，并作为今天的作业思考思考。

学生运用已有的加法经验解决 4 道求总数的实际问题，教师留心观察他们的书写过程，并用心聆听他们的表达，不难发现学生不仅能灵活运用旧知，还有新的发现和思考。例如，3+3+3+⋯，写着写着将其改写成"9+9+9=27"，或者写成"6+6+6+6+3"，都表明学生从视觉上感受到"算式过长了"，并试着用自己经验范围内的方式缩短算式。有的学生虽然写的是"3+3+3+3+3+3+3+3+3=27"，但在交流表达时，自己觉察到说一连串算式的烦琐以及让人听起来会糊涂，主动调整成"9 个 3 相加"这一凸显同数连加结构特征的简洁表述。

教学时，有意放大学生的这些智慧思考，在分享中将每位学生引向对同数连加算式的再度体验和表述。对"100 个 2"的算式记录又激发了学生简洁记录的内在需求，从而让他们能在带着问题主动从课本中寻求解决办法的过程中自然建构新的运算——乘法。显然，学生一开始并不是从计算的角度，而是从口语表述与书面记录的角度来感知同数连加算式的特征的，即觉察到其"麻烦"所在，并产生了"改造"的需求。

其实，"乘法是求几个相同加数的和的简便运算"中的"简便"包含两层意思：一是乘法算式比连加算式简洁（从表达角度），二是乘法计算比连加计算简便（从计算角度，这要建立在之后乘法口诀的学习基础上）。初识乘法时，学生对"简便"的体验在第一层，即表达上的自然需求。当然，随着思维的递进，学生又会生发出对第二层体验的自主需求：怎样计算简便？教学中，是否有学生对此已有所察觉？答案是肯定的。并且，在得到"100×2"（100 个 2）后，虽然没有计算出结果的要求，但还是有不少学生冒出了"200"的答案，且是转换到"100+100"（2 个 100）来解决的。暂且不论学生对此是否能说出足够的理由，重要的是他们对需要简便计算表露出了潜在的需求，而这正是他们后续学习乘法交换律及乘法口诀的内在驱动力。

● **基于乘法意义的解决问题，学生如何能保持全情投入？——珍视每一处可能的延伸**

"当前正在学什么运算，便不假思索地用什么运算解决实际问题"的现象是需要警惕的。我们将认识乘法和解决实际问题的教学有机结合起来，也正是为了强调哪怕是一步运算问题，也需要以运算意义作为支撑，从而让学生在面对实际问题时，能够由情境主动联想到运算的意义，并有理有据地解决问题。也就是说，每每列出乘法算式，学生需回归到情境中主动解释算式的含义，表达自己对数量关系的理解。如何调动学生主动表达的意愿而不是机械地鹦鹉学舌？如何避免练习在同水平重复？如何能让学生在解决问题中始终保持全情投入，在一波波思维的碰撞中体验思考的乐趣？

【片断 3】

教师出示以下巩固练习（图 5-14、图 5-15），学生独立完成。反馈时，课件只保留左边的情境问题，隐藏右边部分，意在引导学生基于理解对问题作出整体表达，而不是填空式地回答问题。

师：怎样解决这些问题？如果可以，你能试着不看刚才填的内容，自己回忆着说一说吗？（生答略）

一共有多少人在转杯里？

加法算式：＿＿＿＿＿＿＿＿＿＿

乘法算式：＿＿＿＿＿＿＿＿＿＿

有（　　）个转杯，每个坐（　　）人，一共有（　　）人。

图 5-14

一共有多少人在小车里？

加法算式：＿＿＿＿＿＿＿＿＿＿

乘法算式：＿＿＿＿＿＿＿＿＿＿

有（　　）辆小车，每辆坐（　　）人，一共
有（　　）人。

图 5-15

师：像这样同数连加的实际问题，现在可以用乘法算式来解决。列好乘法
算式后，要想一想算式中的每个数是什么含义，并返回到实际情境中检验一
下。（出示图 5-16）现在，你能试着直接用乘法算式解决这些问题吗？

 盘子里一共有几块饼干？

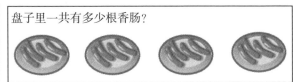 盘子里一共有多少根香肠？

图 5-16

学生先自主解答，再组织全班反馈。

师：（多媒体演示去除盘子里所有香肠的过程）根据盘中香肠数量的变化情
况，你能在刚才的解答上稍作修改吗？想一想，你认为哪些数要改动？为什么？

生：前面的 4 不动，因为还是 4 个盘子。后面的 4 改成 0，因为它表示每
个盘里有几根香肠，现在没有了，就是 0。最后的 16 也要改成 0，因为香肠的
总数也是 0 根。（图 5-17）

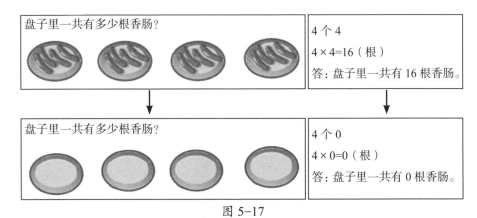

图 5-17

【片断4】

师:(出示图5-18)这两道数学问题也都能用乘法解决吗?

① 一共有多少个面包?　② 一共有多少个苹果?

图 5-18

学生当即有四种反馈情况:(1)第 ① 题能,第②题不能;(2)都不能;(3)两题都能;(4)第 ① 题不能,第②题能。

师:看来,大家有很多不同的意见。我们用道理来说服别人,先看第 ① 题。

生:7×3。

生:三七二十一,21个面包。(通常,有的学生因课外学习已经会背乘法口诀表,但并不真正理解乘法的意义)

生:我知道他们是怎么想的,可是你怎么知道下面的盒子里有没有面包呢?

师:是啊,题目中有没有提供下面各层面包数的信息呢?可不能想当然呀。

一些学生恍然大悟。

师:如果这里真的可以用"7×3"来解决问题,用小圆片代替面包,画一画你们想象中的情形。

学生呈现自己的作品并解释,有的一份份圈出,有的用竖杠隔开,都体现出了7个3的结构,过程中辅之以多媒体演示(图5-19)。

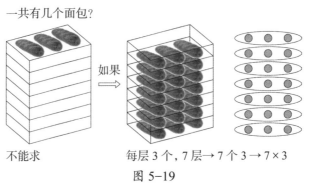

一共有几个面包?

不能求　　　每层3个,7层→7个3→7×3

图 5-19

师：把小圆片想象成其他事物，编一道也可以用"7×3"来解决的实际问题。

生：有7个笼子，每个笼子里有3只小白兔，一共有多少只小白兔？

生：每个月借阅3本书，7个月共借阅多少本书？

生：每天3位同学轮值，一周共有几位同学轮值？

生：每支笔3元，买7支笔要付多少钱？

……

受例题游乐场主题背景的影响，学生一开始编制的题目所涉及的情境也比较狭窄，过程中需要教师点拨，进一步打开学生的思维。

师：这样的题能编完吗？（不能）看来，"7×3"可以解决很多"每份是3，有7份，求总数"的实际问题。我们再来看一下，第 ② 题又可以用哪个乘法算式来解决呢？

生：第 ② 题不能用乘法算式来解决，因为每一份不都是相同的。

生：1+2+2+3，加数不都一样。

生：可以的，只要把最后一个碗里的那个苹果移到第一个碗里，4个2，就是4×2。

师：真善于观察、善于动脑！移动1个苹果，保持总数不变，就变成了"每份2个，有相同的4份，4个2"，就可以用乘法来解决了。

师：今天我们学习了乘法，你有哪些学习体会？

生：我知道同数连加可以用乘法让算式缩短。

生：最后两道练习中，我一开始以为第 ① 题能用乘法解决，第 ② 题不能用乘法解决，而事实上正好反了过来，所以我以后做题时要看仔细点。

师：记得我们还留了个问题吗？"100×2"究竟等不等于"2×100"呢？请根据你对乘法的理解，并利用这节课学到的画图、编题等方法，先自己试着研究一下，我们下节课再来交流。

起初的填空形式，进一步帮助学生巩固"从加到乘"的过程，反馈时鼓励学生"脱稿"，只看问题情境尝试说出解题过程，思维要求更高，学生需要先在整体上把握解题的思维路径。当然，这只是个弹性要求，学生可自主选择。接下来的两个实际问题，对学生而言，在思维和表达上都有了提升，直接由情境中"几个几"的信息列出乘法算式来解决问题。其中求香肠总数的问题，有意设置了两个相同的数据"4"，并通过情境中信息的动态变化，让学生在阐释想法和说理的过程中，主动基于乘法的意义理解数量含义及数量关系，并作出具体表述。最后的两个情境问题，蕴含对思维严谨性和灵活性的双重要求。在各种不同的意见中，自然暴露学生的合理错误，引发他们进一步思辨与对话，并在对话中促使自我反思与感悟。进一步地，依托面包问题，让学生用小圆片代替面包，画出想象中可以用"7×3"来解决的图示，以及将小圆片想象成其他事物，编一道符合"7×3"的实际问题，让学生的思维经历"（单一）事实—算式—结构图—（多样）事实—结构—算式"的过程，夯实对乘法意义"几个几"的认识，同时渗透建模思想。苹果问题中，要求学生在整体观察的基础上进行灵活转换，为日后将一些加法算式转化成同数连加的形式，进而用乘法解决埋下认知上的伏笔。

关于"100×2"究竟等不等于"2×100"这一先前搁置的问题，教师希望留给学生更多时间和空间，让他们能基于对乘法意义的初步理解及习得的画图、编题举例等方法，展开自主思考与探究。他们能找到合适的事例进而获得结论吗（如100双鞋子的只数，可以转换成100只左脚与100只右脚）？他们会由此提出"其他的乘法也是这样的吗（普适性问题）"这类问题吗？这些正是下一课学习"交换"的重要思考资源。他们会提出有些题即便"交换"了，计算也并不简便的疑惑吗？这又可引发学习乘法口诀的需求。重要的不是结论，而是让学生在学习过程中始终能提出问题。学生的提问不一定要完整、完美，但他们点点滴滴的发现和思考都是值得教师关注并在课堂上加以运用的丰富教学资源。

三、体验与随想

小学数学知识尤其是低段的内容，在成人看来很是简单，但对于孩子来说绝不单单是简单的感知记忆。如果能真正把教学的眼光转向学生获取知识的真实思维过程以及丰富的情感表达上，就不难发现在他们的学习过程中，有许许多多的细节值得我们去琢磨，从而让孩子们能够在对细节的深入探究中渐渐学会思考。我们的"真问题"教学，则始终坚持学生立场，始终关注学生鲜活的思考状态和丰富的情感状态。

第三节 两位数乘两位数

一、缘起与问题

上海版《数学》三年级第二学期"两位数乘两位数"在内容编排上充分体现了"算法多样化"和"加强估算"的理念（图 5-20）。但是，将理念落实到日常教学中时，还是会出现些许困惑和偏差。

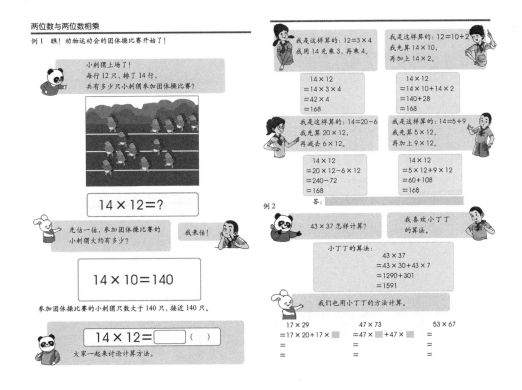

图 5-20

经常有教师会问："对于两位数乘两位数积的估算，一定要按照教材上的那一种方法吗？"也有教师提出："教材上呈现了多种算法，每种算法学生都要掌握吗？对于一道题，学生需要写出多少种算法？"更直白的，有教师问道："估算和算法多样化，考试怎么考？"

再看看课堂上的一些做法，类似下面的教学现象比较普遍。

【片断1】估算

当学生根据小刺猬排队情境列出"14×12"的算式之后，教师马上提出："先估一估，结果在几和几之间？更接近几？"一位学生回答："因为14接近的整十数是10和20，10×12=120，20×12=240，所以积在120和240之间，而且更接近120。""还有不同的方法吗？"在教师的追问下，第二位学生回答道："积在140与280之间。12接近的整十数是10和20，14×10=140，14×20=280，更接近140。"

从以上教学中，可以看到教师对估算是有所关注的。从学生的反馈中，也可以看出教师平时对学生估算技巧的训练。有意思的是，这节课中的估算内容戛然而止，在后续教学中师生均未再谈及估算。

【片断2】算法多样化

教师要求学生以小组为单位尝试计算14×12，之后小组汇报算法，主要有以下4种：

① 14×12
=14×10+14×2
=140+28
=168

② 14×12
=14×2×6
=28×6
=168

③ 14×12
=14×3×4
=42×4
=168

④ 14×12
=10×12+4×12
=120+48
=168

对算法作充分交流后，教师总结：算法①和算法④是分拆成几个几加几个几，统称为方法一；算法②和算法③则是分拆成连乘的形式，统称为方法二。接着，让学生用自己喜欢的方法计算29×15、43×37。其间，有学生嘀咕："我喜欢的方法不好用了。"教师顺势发问："为什么不好用了？""因为43和37都不能分拆成两个数的积。"由此，教师适时引导："当两个因数都不能分拆成两数相乘的形式时，只能用分拆成几个几加几个几的形式。"最后，组织学生计算课本上的17×29、47×73、53×67，以巩固算法。

这位教师基本上按照教材的编写顺序展开教学，这样的做法很有代表性，从中也可看出教师在努力践行"加强估算"和"算法多样化"，但从具体的教学实践中也反映出教师对教学理念的理解还停留在表面，并未有深入的思考。

那么,"真问题"教学下,两位数乘两位数运算教学的课堂样态又该是怎样的呢? 下面作具体说明。

二、研究与行动

● 探讨问题,达成共识

1. 探讨问题一: 估算教学的意义和价值是什么

在课程改革的不断推进中,估算也越来越受到重视。培养学生的估算意识,发展学生的估算能力,通过把握计算结果的大致范围,从而形成对结果的敏感性,整体把握数学问题,这对学生形成良好的数感和数学应用能力具有重要价值。估算教学的意义就在于培养学生自觉的估算意识和灵活的估算能力,且具有较强的情境性,需要根据具体问题具体分析。

然而,在课堂上,为什么学生只能在教师提出估算要求时才会想到估算,且估算的方法较为机械? 我们分析发现,之所以出现这样的现象,是因为学生的估算意识与习惯还未形成,对灵活选择估算方法缺少一定的需求和相关经验。这主要是由于教师在课堂上大都只是把估算当作具体知识点进行教学,重技巧、轻意识与能力,导致学生陷入估算的程序性操作中。

因此,我们形成如下共识: 估算是一种带有较强情境性的知识内容,要重视将这一内容有机融合在教学的全过程中,基于具体情境培养学生自觉估算的意识,以及灵活判断并选择估算方法的能力。

2. 探讨问题二: 怎样理解算法多样化

算法多样化是计算教学中的一个重要内容,且教材在具体设计时也充分体现了这一点。算法多样化并非片面追求算法的数量,其实质是给予学生独立思考的机会,尝试自己探索算法,改变单纯模仿、练习的学习方式。

教师要尊重学生对算法的自主选择。基于学生个性化的思考与表达,从群体角度而言,课堂必然会呈现出多样的算法。但如果仅仅停留在学生愿意选择哪种算法就选择哪种,结果往往是大部分学生还是只停留在单一算法(常常是自己最初使用的那种算法)的思维水平上,而没有获得应有的发展和提升,而这并不是算法多样化的目的。教师应及时引导学生从多角度对各种算法进行讨论、比较，使他们能把握各类算法的特征，明晰不同算法的适用范围和局限性，从而有效促进学生主动反思自己的方法并深化认知，实现依据不同的情境与要求灵活选择算法的目标。

由此，再次审视前文中教师的做法，不难发现最初在探究算法时，小组合作的方式使得组内部分学生并没有充足的时间来形成自己的算法，由此导致被动接受他人算法的现象，从而很有可能错失了一些学生宝贵的错误资源。接着，学生逐一汇报算法及教师对算法作分类解释时，实际上学生的思维更多聚焦在自己的算法中，而对其他学生所分享的不同算法缺少亲身体验。最后呈现的练习题全部是两个质数相乘，并仓促地将每名学生统一到教师所认为的最优化算法中，而学生实则是缺少亲身体验与感悟过程的。因此，导致大部分学生或被动接受算法，或自始至终停留于单一的算法，缺乏认知的深化，从而也就无法获得思维的提升。

于是，我们形成如下共识：让每名学生经历独立思考、主动探索算法的过程；面对多样的算法资源，教师重在引导学生比较算法的优劣，让学生自主感悟每类算法的特点，从而让他们能够根据具体情境灵活选择算法，获得真正的发展。

3. 探讨问题三：教材中的编排顺序能否直接作为教学顺序

教材为教学提供了范例，那么教材中的编排顺序能否直接作为教学顺序呢？教材内容是静止的，与学生学习的动态过程不可能完全吻合，且教材限于篇幅，不可能把所有的教学内容都写得十分详尽。因此，教师必须客观地认识教材，从学生实际和教学实际出发，对教学路径作出必要的调整和处理，真正做到"用教材"而不是"教教材"。

分析本课，教师根据教材编排顺序，将估算安排在计算之前教学。由于学生在之前的计算学习中已有分拆的基础（两位数乘一位数学习时的经历），因此在需要精确计算出结果的问题情境中，面对新的计算问题他们很自然地就能马上寻求计算方法，着手解决问题，几乎没有产生要先估算结果范围的内在需求，且这种需求更多地表现在判断计算结果是否合理上。另外，基于与后续竖式算法建立衔接的需要，最后安排的都是两个质数相乘的练习题，这样教学既不利于学生对"将一个因数分拆为整十数与一位数"方法形成普适性的认识，也不利于学生体悟需要根据具体情境灵活选择算法。

于是，我们形成如下共识：从本课教学实际出发，相对于教材所呈现的编排顺序，实际教学时应作出必要的调整，重构学习路径。

● **理清目标，重构教学**

1. 创设估算需求的情境，培养自觉估算的意识与方法选择的灵活性

对于 14 × 12 的计算，教师及时捕捉学生基于独立计算的正误资源，利用由同一题而获得的不同计算结果这一现象，激发学生主动调用估算策略来判断结果合理性的内在需求，关注应根据不同的数据结果灵活选择估算方法并加以判断。课尾，可以设计"两位数乘两位数，积可能是几位数"的问题供学生讨论。此问题情境中，关于两位数乘两位数的最大积，即 99 × 99 的积的位数判断，充分为学生提供了自觉调用估算策略并灵活选择估算方法的机会。

2. 组织算法的比较与分类，把握各类算法特征

捕捉学生的多样化算法资源，并借助估算剔除了其中的错误资源之后，放手让学生以小组为单位对算法进行比较与分类。学生可能出现的分类方法有：按分拆第几个因数进行分类；将因数分拆成两数之和或两数之积的分类；等等。重要的是教师要做好有层次的反馈和引导、归纳和小结：（1）都只需分拆两个因数中的一个；（2）不管分拆哪个因数，一类是将一个因数分拆成两数之和，一类是将一个因数分拆成两数之积；（3）两类方法，都是将新问题转化成旧知，即两位数与整十数相乘或两位数与一位数相乘。

3. 延迟对算法优劣的评价，引导学生主动思考算法的适用范围

在获得两类算法后，可以让学生谈谈自己对两类算法的喜好，教师不急于给出评价，而是通过诸如"29 × 16"的巩固练习并启发学生展开联想，提问"你所喜欢的方法能解决所有两位数乘两位数的计算吗"，促使有能力的学生主动思考每类算法的适用范围并尝试举例，能力弱些的学生也能从同伴的举例中获得启示。由此，让学生体会到将一个因数分拆成两数之积的方法有局限性，而分拆成两数之和的方法则普遍适用于两位数乘两位数的计算问题。

4. 巧妙设计跟进练习，促使学生感悟算法的灵活选择

学生容易因为分拆成两数之和这一方法的普适性而认为这就是最好的方法，其实没有绝对的最好的方法，而是相对于具体情境而言的更为合适的选择。因此，需要教师巧妙设计跟进练习，帮助学生感悟算法的灵活选择。例如，可以设计诸如"25×36"的巧算题，以及对一组题快速作出算法的判断与选择等。

● **课堂实施，实现愿景**

重构教学后，不仅呈现出了清晰具体的目标，也让学生主动、生动、深度学习的活泼场景得以实现。

【片断1】捕捉学生独立思考、尝试计算的算法资源，并呈现在黑板上

① $14×12$
$=10×10+4×2$
$=100+8$
$=108$

② $14×12$
$=14×10+14×2$
$=140+28$
$=168$

③ $14×12$
$=14×3×4$
$=42×4$
$=168$

④ $14×12$
$=14×2×6$
$=28×6$
$=168$

⑤ $14×12$
$=10×12+4×12$
$=1200+48$
$=1248$

⑥ $14×12$
$=10×12+4×12$
$=120+48$
$=168$

师：大家已试着利用以前的有关知识解决了这个计算问题，有不同的算法，也有不同的答案。对这些不同的答案，你们有什么看法？

约30秒后，一名男生举起了手。

生：①号答案肯定不对，把12估成10的话，都已经是140了。而108比140小多了，肯定不对。

在这名男生的鼓舞下，越来越多的学生纷纷想要发表自己的意见。

生：也可以把14估成10，就是120，那么14×12的积就比120大，所以108肯定是错的。

生：⑤号答案也不对，20×20才只有400，怎么可能会是1248呢？

生：那①错在哪里呢？（根据已有认知，学生通过对答案的估算可以判断该方法是错的，但很难解释错因）

师：让我们借助点子图来探一探。

学生通过在点子图上边操作边解释，找到了少了的部分（图5-21）。

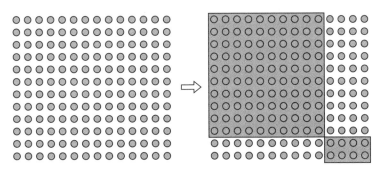

图 5-21

课尾探讨最大的两位数乘两位数积的位数问题时，在教师不暗示学生可借助估算进行判断的情况下，部分学生也能够自觉调用估算经验进行问题解决，具体如下。

生：99×99，把99估成100，99×100=9900，是四位数，99×99的积要小一些，也就是小1个99，所以这个积肯定是四位数。

生：100×100=10000，是最小的五位数，99×99的积比它小，不可能是五位数。

【片断2】引导学生对算法进行讨论分析、比较分类，并能灵活运用

师：答案正确的有②③④⑥。那么，你们能否将这些算法进行分类呢？同桌讨论一下。

教师巡视倾听，全班反馈交流。

组1：我们将②③④分为一类，都是分拆因数12，而⑥分拆了因数14。

师：看来，不管分拆哪个因数，都是分拆其中的一个因数。

组2：我们还有一种分法，②⑥分为一类，这两种方法是将一个因数拆成两个数的和；③④分为一类，这两种方法是将一个因数分拆成两个数的积。

师：不管是哪一类方法，为什么都能让我们解决两位数乘两位数这道新的计算问题呢？

生：这样的话，都变成了两位数乘整十数、两位数乘一位数这些我们已经学过的计算问题了。

师：对！它们都是将新问题转化成已经学过的知识来解决。说一说，你们喜欢哪一类方法？为什么？

学生各抒己见，有认为将一个因数分拆成两数之和方便些，也有认为分拆成两数之积更简便，并分别阐述了理由。这是学生根据自身实际所作出的自主判断与选择。对于学生的不同想法，教师不急于评价，而是进一步出示"23×16"的巩固练习。

师：现在，请你用自己喜欢的方法计算 23×16。

学生的完成情况有快慢差异，教师适时跟进："做完的同学请想一想，你选的方法能解决所有两位数乘两位数的问题吗？"这一问题可谓一石激起千层浪。不一会儿，有些学生跃跃欲试地想要发表自己的观点。

生：我们的方法好！有的题用他们的方法不能解决，如 23×19。

生：比如，17×19，11×41，37×43……用他们的方法也不能解决。

师：你们列举这些题是想说明什么呢？

生：看，这些题中，不管是分拆第一个因数还是第二个因数，用他们的方法都不能拆成两个数的积，而我们的方法却可以，也就是拆成两个数的和。

师：看来，两种计算方法的适用范围不同。将一个因数分拆成两数之积有一定的局限性，而将一个因数分拆成两数之和适用于所有的两位数乘两位数。（后续学习中生成乘法竖式笔算）

由此，一部分学生为自己选择分拆成两数之和的方法而表现得有些洋洋得意。

师：让我们再看一题。（出示 25×36）比一比，看谁算得快。

教师收集算得快的前十位学生的作品，发现有九位学生都选择将 36 拆成 4×9。（学生基于百数图的结构，知道 4 个 25 即 $4 \times 25 = 100$，表现出对数据的敏感性）

师：这是巧合吗？刚才喊"我们方法好"的同学，好像这会儿又换了一种方法，这是怎么回事呢？

生：这一题就是要这样算才简单方便。

生：原来，好方法不是到哪里都是好方法。

生：我懂了，不同的题有不同的好方法。

三、体验与随想

将"真问题"教学用于课堂中，力求让全体学生卷入思考，生成丰富的解题资源。"真问题"教学主张教学呈进阶式推进，不能停留在交流解题方法本身而使学生的认知思维始终处于同一水平，应通过合适的引导将学生的思维引向深处，深化学生认知，遵循 SOLO 分类理论"单点结构→多点结构→关联结构→拓展抽象结构"的递进方式，让每一位学生的学习理解水平都能在自己原有的基础上获得相应的进阶。

本课例中，当学生没有实际需求时，教学中并未采用教材安排的先估算、再计算的方法，而是静候时机，捕捉学生独立探索中产生的真实错误资源，并将其引向具体情境中的自主估算和灵活估算。当课堂中出现多样化算法资源时，教师引导学生对这些算法进行比较、沟通与提炼，明晰不同算法的特征。面对学生表现出的个人喜好，教师并未强制要求学生选择某种方法，而是充分尊重学生的个性选择，并将其思维引向方法的适用范围方面。明确了适用范围的不同，并据此作为判断方法的优劣时，教师依然不作出评价，而是适时跟进一道巧算题，引发进一步思辨。由此，学生获得了对算法的深切感悟——"原来，好方法不是到哪里都是好方法。""不同的题有不同的好方法。"学生明白要根据具体情境，灵活选择算法。这些环环相扣的教学环节呈进阶式推进，既帮助学生深化了对两位数乘两位数算理与算法的理解，也是数学学科思维的体现：从特例中发现特征并向一般化推广→一般化推广过程中形成范围意识→具体解决问题时灵活选择策略。从学生的学习结构来看，对算理、算法的理解水平经历了"单一算法（单点结构）→多样算法（多点结构）→算法比较、沟通（关联结构）→通性通法（拓展抽象结构）"的过程。

本课例研究生成于 2006 年上海二期课改新教材使用的同步培训中，课堂上学生的鲜活状态是对教师教学困惑最好的回应。回首发现，"真问题"教学也正是在不断直面教学中的真问题中慢慢成形和发展的，"真问题"教学研究也让我们在不断解决教学真问题中滋养自身的实践智慧。

第四节　毫升与升的认识

一、缘起与问题

上海版《数学》四年级第一学期"数与量"单元中，编排了"毫升与升的认识"（图5-22）。以下是在一次日常调研中，教师努力帮助学生建立量感的教学。

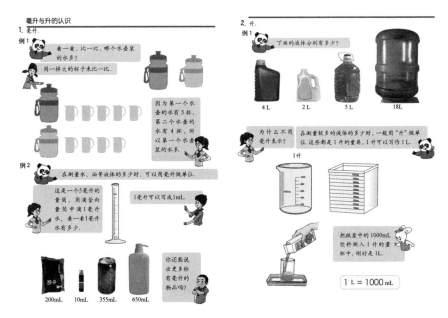

图 5-22

师：像这些小瓶装的食醋、罐装的饮料、瓶装的酱油、桶装的油，它们在表示液体的多少时，都是用什么作单位的？你留意过吗？

揭题：毫升与升（mL　L）。

师：1毫升究竟有多少呢？你们想不想看一看？

教师将水滴入小量杯，让学生感知1毫升有多少。

生：1毫升很少，只有一点点，太少了，看不清。

师：想象一下，10毫升大概有多少？

教师在小量杯中继续滴加水,让学生感知 10 毫升有多少。

师:你能不能通过这个 10 毫升想象一下 100 毫升有多少呢?

学生描述"10 个 10 毫升",教师往稍大些的量杯中倒入 100 毫升水,让学生感知 100 毫升有多少。

师:在这个容器里,100 毫升就是你们现在看到的这么多,那 1000 毫升呢?

学生边比划边感知,教师同步在量杯中倒入相应量的水。

师:刚才我们利用量杯中的水,感受了 1 毫升、10 毫升、100 毫升和 1000 毫升的量有多少。那生活中一些熟悉的物品呢?现在,你们的桌上就摆放着 10 毫升、100 毫升、1000 毫升的液体,读一读标签并找一找这些量。

生:老师,这瓶矿泉水没有标签。

师:那你们能不能估一估它大约有多少毫升呢?

……

概括以上教学路径,即:看(利用量杯来感知 1 毫升有多少、10 毫升有多少、100 毫升有多少、1000 毫升有多少;利用标签,感知一些熟悉物品的容量有多少)→估(一瓶撕去标签的矿泉水大约有多少毫升)。

看起来,教师为了能让学生建立量感作了精心的素材选择,学生对这些由教师选择的"量"的感知是顺畅的。可是,从"真问题"教学一贯强调的学生立场对这一教学过程作再一次的审视,我们不禁发出这样的疑问:学生的需求在哪里?为什么要安排先感知这些"量"的教学呢?当然,执教教师是清楚的:有了这些不同基准量的量感基础,才可以灵活选择它们作为参照,并借此解决各种具体情境中液体量的估测问题。问题是,这能自然转换成学生的认知吗?还是教师本就未曾想到要让学生意识到这些,而下意识地认为建立起这些量感的直观表象才是教学之重?

二、研究与行动

实际教学中,是让学生必须按照教师的思路来学习,还是教师循着学生的学习线索来设计和推进课堂教学,这对应着不同的教学价值取向。

● **教学路径和教学方式调整**

对上述教学片断中所呈现的教学路径作进一步梳理,并分析学生相应的学习方式与状态(表5-1)。接着,基于"真问题"教学模式对此教学过程作出相应调整,具体如表5-2所示。

表5-1

活动	具体任务(问题)	学习方式与状态
看一看	1毫升、10毫升、100毫升、1000毫升分别有多少(量杯量取)	教学顺着教师的思路进行,学习看似顺畅,但学生的学习热情不高,且最后解决问题不活跃
找一找	读一读一些熟悉物品包装上的标签,找出哪些分别是10毫升、100毫升、1000毫升	
估一估	没有标签的一瓶矿泉水有多少毫升	

表5-2

任务(问题)	学习方式与状态
任务一:估一估,这个装满水的杯子中含有多少水 1. 自主提问:1毫升有多少→感知(量杯量取) 2. 再估→发现问题(度量单位太小)→怎么办 3. 主动产生感知更大量的需求→感知100毫升、1000毫升→用较大的量估测并解决装满水的杯子中含有多少毫升水的问题(形成装满水的杯子中含有多少毫升水的量感)	在主动解决问题中形成关于"毫升"的量感,在实践中习得灵活选择参照标准进行合理估测的方法,积累活动经验
任务二:这些物品(教师提供)中,估测哪些液体的量是10毫升,哪些液体的量是100毫升 1. 目测估计,阐释想法合理性的依据 2. 根据标签进行自评、验证、修正 3. 再次估测没有标签的一瓶矿泉水有多少毫升(灵活选择参照对象,利用多种方法和策略合理估测)	

（续表）

任务（问题）	学习方式与状态
任务三：估一估，教室中桶装水的容量有多少 　1. 目测估计，自由发表想法 　2. 基于不同学生估测结果的较大差异，引导学生思考：为什么刚刚大家的估测结果（指任务二）都比较接近，现在却相差这么大 　3. 引导联想，回顾之前在解决"装满水的杯子中含有多少毫升水"的问题中认识毫升并运用毫升的经验，类比迁移到当下"一桶水有多少毫升"的问题解决中，从而进一步认识升并运用升	在问题解决中主动迁移知识与方法，形成关于"升"的量感，丰富灵活选择参照标准进行合理估测的经验

● **教学重构与解析**

【片断1】自主探求度量单位，认识毫升

师：（指着讲台上一个装满水的杯子）估一估，这个装满水的杯子中含有多少水？

生：大概是250g。

师：你是利用学过的"重多少"来估的，用的是质量单位g。

生：我喜欢喝饮料，看到过液体是用"mL"来表示的。

生：我知道，mL表示毫升。

师：对，液体量的多少经常会用毫升作单位，这正是我们今天要学习的新知识。（板书：毫升 mL）要学习毫升，你们觉得先要了解什么？

生：1毫升有多少。

师：1毫升究竟是多少？我们来看一看。

教师用量杯取出1毫升并让学生感知1毫升有多少，随后将其倒入与装满水的那个玻璃杯相同的空杯里，让学生再次感知1毫升的量。

师：现在知道这个装满水的杯子中含有多少毫升的水了吗？

有的学生发出了"啊"的疑惑声，有的学生说是200毫升，有的说是300毫升，大家都不置可否。

师：怎么了？

生：1毫升太少了，很难判断。

师：也就是说，用1毫升的量去估测这杯水的量，太少了。那该怎么办呢？

生：我觉得空杯里应该装150毫升的水。

生：我觉得只要装100毫升的水。

生：我觉得可以装50毫升或20毫升的水。

师：看来，大家都觉得需要找比1毫升更大的参照量。刚才有同学提到100毫升，我们就先来感受一下100毫升有多少。

教师用量杯量出100毫升的水，将其倒入相同的空杯中，并把它放在装满水的杯子旁。

师：现在能估了吗？（学生观察、思索）

生：我看高度，100毫升这么高，装满水的杯子中，水的量大概有3个100毫升这么高，所以约300毫升。（其他学生也认为差不多300毫升）

教师将这杯装满的水倒入量杯中验证，学生屏息凝神地观察，当显示的确是300毫升时，孩子们发出了"耶——"的欢呼声。

师：（在相同的空杯中倒入一部分水）这些水又有多少？

生：大概40毫升，因为它比100毫升的一半还要少一些。

师：他仍然用100毫升作参照，你觉得还可以用几毫升作参照呢？

生：10毫升。

……

〔简析〕教师的教不只是教授知识，更是引导学生经历对问题的探究与思辨，帮助学生主动形成解决问题的思路。课始，学生面对"一个装满水的杯子中大概有多少水"的现实问题，或调用已有知识作出"250克"的质量（重多少）估计，或唤起生活经验提出"看到过用'mL'来表示液体的量"，进而生成问题"这杯水大概有多少毫升"。接着，学生提出需要了解"1毫升有多少"。当学生感知了量杯中1毫升的量后，新的疑惑又生成了一个大问题：用杯中的1毫升来估一杯装满的水的量，该怎么估呢？在疑问的推动下，新的探究途径也出现了，即先在空杯中装20毫升、50毫升、100毫升、150毫升……一下子出现这么多可能！此刻，究竟哪一种更合适并不重要，学生是否能得出用100毫升作为参照标准也不重要，重要的是他们能自主寻找新的参照量作为度量单位进行估测。问题解决后，教师再次抛出新的问题，此时，是否得出10毫升这一参照标准也不重要，重要的是学生根据估测对象灵活选择参照量的意识已悄然萌芽。

【片断2】灵活选择参照量合理估测

师：(出示细长的保温杯)这个保温杯的容量会是多少？

生：大概280毫升吧，因为它虽然比玻璃杯高一些，但是要瘦一点。(学生自觉选择了之前验证过的300毫升容量的玻璃杯作参照，兼顾粗细、高低的比较，实则也是对三维空间的感知和体会)

师：有道理。刚才我们是在统一的玻璃杯里感知了1毫升、10毫升和100毫升，并通过选择合适的参照量估测出了一杯装满的水是300毫升。生活中，液体总是被装在容器里的，而容器可以是各种形状的。(出示撕去标签的眼药水、口服液、小瓶功能性饮料、小瓶矿泉水、乳酸菌饮品)你看，这些都是生活中常见的物品，现在你能试着找出哪些液体的量大概是10毫升，哪些液体的量大概是100毫升吗？

学生边目测边比划，踊跃发表意见。

生：矿泉水不可能是100毫升，它比刚才一杯300毫升的水还多。

生：大概是10毫升的有眼药水和口服液，但是眼药水应该不满10毫升，大概是七八毫升吧。

生：功能性饮料和乳酸菌饮品差不多是100毫升。

教师根据学生的反馈，分别将这些物品放到含有10毫升水和100毫升水的玻璃杯处。

生：我感觉乳酸菌饮品的瓶子比功能性饮料的要小很多，不会是100毫升吧。

师：究竟是不是呢？这些物品已经放在了你们课桌内的篮子里，快拿出来看看标签吧。

学生异常兴奋地验证自己的判断，发现功能性饮料和乳酸菌饮品的净含量果然是100毫升。

生：要是我不看净含量的话，我感觉这瓶乳酸菌饮品不像100毫升的，但是它确确实实标了"100mL"。(该生百思不得其解)

生：可能是厂家骗人的。(同伴冒出一种可能的解释)

师：究竟是不是骗人的，我们一起来验证一下吧！(将乳酸菌饮品倒入量

杯中）

生（惊呼）：还真是100毫升啊！

教师又将功能性饮料倒入乳酸菌饮品的空瓶里，"满了！满了！"——学生眼见为实。

生：功能性饮料瓶的玻璃壁厚一些，就看起来大了。（对错觉试图找出原因）

师：老师这儿还有一瓶驱蚊水，也是100毫升，你们信吗？

生：可以倒入功能性饮料的瓶子里验证一下。

随着液体的流动，学生再一次露出了激动的神情。

师：你们有什么想说的？

生：验证以后，才发现之前判断的结果错了，认识到不应该只看容器的大小和形状来判断含有的液体的量。（言外之意，不能仅根据容器的整体轮廓贸然判断，而需要进行多维度的观察、多方面的思考）

生：老师，我们的矿泉水上没有标签。

师：有办法知道它有多少毫升吗？

先小组活动，再全班交流反馈。

生：我们篮子里有一瓶标了"550mL"的矿泉水，觉得可以拿它来比较。（边比划边说）可以把它们瓶底对齐（图5-23），上方多出的部分差不多50毫升。所以，小瓶矿泉水大约是500毫升。

师：他选择了550毫升的矿泉水作参照。

生：我们也是选了这瓶550毫升的矿泉水作参照，因为它们的形状差不多。我们是把瓶盖对齐（图5-24），上面部分一样多，下面多出的部分比那个玻璃杯中的100毫升多一些，130毫升左右吧。所以，我们估计这瓶矿泉水大约是420毫升。

图5-23

图5-24

师：（转问前一位同学）你觉得呢？

生：他这样比更容易一些，误差也更小，我估 500 毫升有点多了。

生：我们篮子里没有大些的矿泉水，（拿出功能性饮料）我们用 100 毫升的作为参照。矿泉水瓶底的宽度大约是 2 瓶功能性饮料的宽度，高出的部分大约有 100 毫升。这样，估测出这瓶矿泉水大约是 300 毫升。

生：我们借了老师讲台上装有 300 毫升水的玻璃杯来比对，矿泉水瓶比玻璃杯粗一点儿、高一点儿，所以超过 300 毫升，应该不到 400 毫升。

生：（拿起矿泉水和乳酸菌饮品，底对底比划）矿泉水瓶下方差不多能挤下 3 瓶乳酸菌饮品，上方差不多能再挤 1 瓶，所以我估 400 毫升。（实则将乳酸菌饮品的量看作一个度量单位，用含几个这样的单位来估测）

师：（揭示答案"380mL"）看来，你们的估计都没有很离谱，还是蛮接近的。

〖简析〗较之于之前的做法，以上教学主要有两点改进：其一，更关注学习线索的形成。之前，在帮助学生建立了 1 毫升、10 毫升、100 毫升的量感后，直接提问："现在，你能估一估生活中的这些物品有多少毫升吗？"改进后，将这一问题逆过来提问："这些都是生活中常见的物品，现在你能试着找出哪些液体的量大概是 10 毫升，哪些液体的量大概是 100 毫升吗？"同样是实际估测，后者的隐性价值还在于：让学生体验如何去丰富参照量的直观表象，即由统一量具中的量感感知主动转向从生活中找寻各种形态的熟悉参照物，以便日后面对具体情境时能更灵活地选择，还可将这一方法推至其他"量"的学习中。其二，反馈更关注学生想法的交流。在估测的过程中，我们并不要求学生估得多精准，重在让学生思考用什么样的方法才能估得更准些，以形成有理有据、合情推测的自觉意识。因此，估测活动的反馈交流应更关注学生不同个性想法的描述，"让瓶盖对齐……""挤进 3 瓶乳酸菌饮品……"，鲜活的语言，灵动的方法，让学生在思维的不断暴露与碰撞中分享智慧与创造，在聆听与欣赏中学会自我评判和调整，从而积累更多的活动经验与策略方法。

【片断 3】类比毫升的认识，建立升的量感

师：（指桶装水）它的容量有多少？

生：2000 毫升。

生：5000 毫升。

生：3 升。

生：20 升。

生：15 升。

生：再选择 100 毫升作为参照就太小了。

师：你们说的"升"又是什么意思呢？

生：1 升就是 1000 毫升，有 10 个 100 毫升。（板书：1000mL=1L）

师：看来，大容量需要更大一些的单位"升"。那怎么有的估 3 升，有的又估 20 升？差了将近 7 倍。为什么这会儿差这么远了呢？这让你们想起了我们先前解决的哪个问题？

生：用 1 毫升来估一个装满水的杯子中含有多少水的问题。

师：对啊，都是参照量太小了，难估，怎么办呢？回想一下，之前我们是怎样一步步解决问题的？

在教师的启发下，学生提议可先从生活中找一找 1 升、10 升等物品来感受一下，再作为参照进行估判。随后，学生从生活中的常见物品中找到了 1 升的果汁，以此估测并验证了 4 升的桶装矿泉水，又将其作为参照估测并验证了 10 升的桶装油。有了这些经验，再次估测教室中桶装水的量，方法依然纷呈，答案也逐渐接近正确结果。

在师生对话中，教师完善板书（图 5-25）。

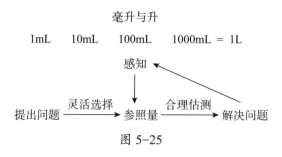

图 5-25

〖简析〗面对大容量桶装水的估计问题，部分学生的猜想很盲目，这是为什么呢？原因很简单。面对结构相似但容量一下子增大的现实问题，学生的量感差异是显然的，而这也是产生重新调整参照标准（选择适合的单位）的需求之际。让学生自觉运用刚刚获得的方法、途径、策略，也不是一蹴而就的，且对不同的学生来说，其发展也是不均衡的，有的是有意识地运用，有的则是无意识地运用。此时，教师的点拨提炼与启发引导就显得格外重要。于是，教师不再就问题本身让学生思考相应的方法，而是话锋一转——"看来，大容量需要更大一些的单位'升'……这让你们想起了我们先前解决的哪个问题"，引导学生回顾"用1毫升估一杯装满水的量"的问题解决过程，并形成提纲挈领的板书。即：面对估测容量的现实问题，灵活选择合适的参照量作为标准进行度量，先感知该参照量的"多少"，再有理有据、多策略地获得大概的度量结果，接着让学生运用所学方法、策略解决新的问题，帮助他们主动运用方法、发展策略。问题解决后，对这些现实中常见物品容量多少的感知，又可以积累成为下一次估测时新的参照标准，从而形成解决容量估测问题的良性循环。

三、体验与随想

"量感"是"课标2022年版"中强调的核心素养之一，其内涵主要是指对事物的可测量属性及大小关系的直观感知。知道度量的意义，能够理解统一度量单位的必要性；会针对真实情境选择合适的度量单位进行度量，会在同一度量方法下进行不同单位的换算；初步感知度量工具和方法引起的误差，能合理得到或估计度量的结果。建立量感有助于养成用定量的方法认识和解决问题的习惯，是形成抽象能力和数学的应用意识的经验基础。

这一课例虽然已经过去了九年，但对照"课标2022年版"的阐述，可以发现我们将"量感"培养的内涵都有融入其中，可见"真问题"教学一直朝着核心素养的落地在努力着。

"量"是抽象的，估测出准确值对成人来说也是较难的，因此学生估不准也在情理之中，且我们的目标也并不是估得越准越好。教学主要是让学生在尽量估得准些（避免数量产生较大偏差）的情况下展开合理估测，这就需要学生直观感知量的大小关系，具有灵活选择参照进行合理估测的意识，掌握估测方法，而这些往往是在问题解决中不断积累并逐步发展的，从而形成较好的量感。

实践中，我们感受到：基于真问题，让学生经历问题解决的课堂，其氛围是宽松民主的，思维是紧张且聚焦的，互动是积极主动的，体验是深入而愉悦的，成长是自然又真实的。

第五节　求相差量的比较应用问题

一、缘起与问题

上海版《数学》二年级第一学期"加与减"（图 5-26）的教学涉及常见的数量关系"分量 + 分量 = 总量（总量 – 分量 = 分量）"。

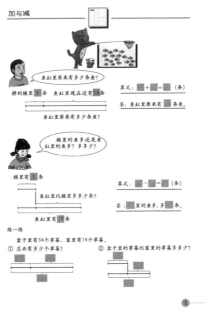

图 5-26

教材上的第 ② 个问题"鱼缸里有 18 条金鱼，桶里有 5 条金鱼，鱼缸里的金鱼比桶里的金鱼多多少条"是一道求相差量的一步比较应用问题，用减法解决，即"总量 – 分量 = 分量"的数量关系。更具体些，就是"较大量 – 较小量 = 相差量"。教材上给出了线段图模型及算式解答。

针对学生的学习过程，我们思考：其一，关于数量关系。学生只要知晓"较大量 – 较小量 = 相差量"，还是需要展开类似如下的数量关系分析？即：鱼缸里的鱼可看作两部分，与桶里同样多的一部分和比桶里多的一部分；从鱼缸里的金鱼总数中取走与桶里金鱼同样多的部分，剩下的就是比桶里多的部分,所以用减法。其二,关于线段图。如果学生已能较容易地列出减法算式并能正确解答,是否还需要画图、看图? 如果需要,怎样教学才能促进学生有效学习?

二、研究与行动

● 从学生认知发展出发,明确学习价值

对学习内容育人价值的高度关注和充分挖掘,是引领学生进行有效学习的前提和基础。

1. 分析数量关系的学习价值

对于求相差量的比较应用问题,虽然解决问题的思维过程最终会被"压缩"为"较大量-较小量=相差量",但让学生经历有过程性理解的学习(相比求差,其实相当于将较大数量看作总体,去掉其中与较少数量相等的部分,求剩余部分的数量),不仅是数学知识本质学习的需要,也是学生认知结构发展的需要。

一方面,当学生依托具体问题情境,从实物操作开始,经由表象操作,最后达到形式化的符号操作(减法算式模型)的数学化过程中,学生需要真正理解"为什么用减法计算"的数学本质,从而才能理清数量关系并展开运算,充分发挥应用题学习的认知功能,获得高水平的解题策略(抓住数学本质,思维操作由具体数量过渡到数学概念)。另一方面,将相差关系推理图式整合到部分与总体关系推理图式中,是学生关于加减法认知结构的进一步完善,在思维水平上形成知识的整合有助于让学生的认知能力获得质的变化。因此,在学生学习求相差量的比较应用问题过程中,展开如前所述的数量关系分析是重要的。待学生熟练后可逐渐简化,将其"压缩"为"较大量-较小量=相差量",需要时则可以重新"解压缩"进行意义解释。

2. 运用线段图的学习价值

相差问题的数量关系比较难分析,而通过线段图,即画两条线段来表征两个量的比较,能让学生比较直观地解决问题(剖析题意,理清数量关系,寻找算法),明确哪个是较大量,哪个是较小量,从较大数量中去掉与较小数量相

同的部分，剩下部分就是两个数量的相差量。

进一步地，线段图作为一种重要的数学模型，通过形象化的图形来展示事物各部分之间的数量关系（几何直观），以此帮助学生更好地理解问题，提高解决问题的能力。线段图不只是作为一种解题的辅助手段，还作为打通形象思维与抽象思维之间的"思维通道"的重要解题策略，而问题解决策略本身也是学生学习的重要内容。因此，在求相差量的比较应用问题中，让学生学习运用线段图进行分析与解释是很有价值的。

● **从学生认知实际出发，分析学生的认知困难**

对学生认知困难及障碍的准确把握和有效解决，是指导学生经历有效学习的出发点和归宿。那么，学生经历上述学习过程时，又会有哪些认知困难或障碍呢？

1. 客观上的认知困难

据相关研究，儿童在学会了部分与总体关系之后，并不能立即自主迁移到求相差量的比较问题中，相差关系推理图式的建立仍需经历建构部分与总体关系时相似的过程，这是由小学生的认知特点所决定的。在求相差量的比较问题中，既不像变化题（原来有 15 只小鸟，飞走 3 只，还有几只）那样含有外显操作并有暗示（增）减量的动词，也不像合并题（红、白两种花共有 20 朵，其中红花有 7 朵，白花有几朵）那样具有包含关系，而是三个量之间呈静态关系，且其中的相差量是一个比较抽象的关系量。这对学生的认知形成了客观上的困难。

2. 主观上的认知障碍

针对实际情境中求相差量的比较问题，学生基于生活经验或实物操作，经由对具体数量的运算，可以较容易地列出减法算式。表面看来，已顺利解决了问题，但在认知上却未受到挑战，对数量关系的分析缺乏内在需求，当然也不能充分感受到运用线段图进行分析的必要性。学生意识不到停留于原有的解题策略将对后续学习产生的不适应，且不利于思维的发展。

● 引发学生的认知参与，收获学习实效

引发学生产生强烈的探究需求，激发其主动深入的认知参与，是让学生获得有效学习的关键和保证。那么，怎样才能引导学生在求相差量的比较应用问题学习中，真正经历数学理解的过程，关注并把握数学本质，主动建构新的认知结构呢？

学生是否具有"理解"的心向是影响其数学理解的首要因素，即如果学生在心理上由于好奇、感兴趣等而自发产生"理解"新知识的倾向，从而就能积极主动地调用自己认知结构中与所学知识相应或相关的认知图式，全神贯注地投入到新的学习中去。于是，本内容的教学就从这一方面入手寻求突破，即精心设计数学学习任务，引领学生经历问题解决，激发学生主动积极的认知参与，促进其数学理解。

1. 巧设形式，引导学生自觉分析并表达数量关系

（1）化静态为动态

任务一：仔细观察，你可以收集到关于黑棋、白棋的数据信息吗？

出示：一个透明盒中装有许多黑白棋子。

生：黑棋、白棋都混在一块儿，看不清黑棋有几颗，白棋有几颗。

生：黑棋、白棋都有好多颗，光用眼睛看，数不清它们有几颗。

教师快速取出一对对黑白棋，直至瓶中剩下 3 颗黑棋。

生：太快了，来不及数清有几颗黑棋，有几颗白棋。

生：但我们可以知道黑棋比白棋多 3 颗。

师：数不清黑棋、白棋各有几颗，却能知道黑棋比白棋多 3 颗，他所收集到的这个数据信息准确吗？为什么？（学生争先恐后地想要表达自己的意见）

生：对的。我刚才看到老师在拿走黑棋和白棋的时候是有规律的，每一组里有 1 颗黑棋和 1 颗白棋，最后瓶子里还有 3 颗黑棋，就说明黑棋比白棋多 3 颗。（这是学生在一年级第一学期通过一一对应理解数的大小关系时所积累的经验）

生：因为是 1 颗黑棋配着 1 颗白棋一对对拿走的，所以拿走的黑棋和白棋同样多，剩下的黑棋就是比白棋多的 3 颗。（实则将黑棋的总量分成了与白棋同样多的分量与相差量这两个部分）

……

"一一匹配"的操作程序和"一样多"的概念，是学生学习求相差量的比较应用问题的重要基础。将静态的比较以动态的操作形式呈现，并予以学生收集数据信息的任务，学生在不经意间自然参与其中，自然唤起"一一对应"的思想、"一样多"的概念（在一年级已有所涉及），实则已开始自觉理解相差量的含义，开始分析并表达各数量之间的关系。

（2）从直接到间接

任务二：说一说，谁比谁多多少？你是怎么想的？（图5-27）

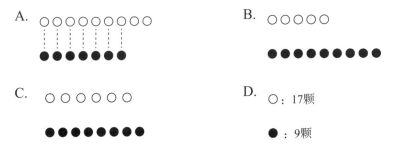

图 5-27

以上任务的设置，引导学生经历"可以直接观察进行一一匹配，获得比较结果→经由脑中操作进行一一匹配，获得比较结果→利用算式计算获得比较结果"的学习过程。针对学生在自主探索中生成的丰富资源，教师进行跟进引导，并提出相应的反思性问题。

例如，在反馈问题C时，故意站在错误学生的一边反问道："不是黑棋'超'出白棋1颗吗，那怎么不是黑棋比白棋多1颗呢？"学生解释道："上面排得松，下面挤得紧，不是1颗对着1颗的。""6颗白棋应该和6颗黑棋对齐，就能一眼看出黑棋比白棋多2颗了。""黑棋中去掉和白棋一样多的6颗，才是比白棋多的颗数。"

又如，在讨论问题D时，教师作出如下引导："有的小朋友是画图（图5-28左）解决的，有的小朋友是列式（图5-28右）解决的。说一说，为什么这样列式？算式和图示之间又有怎样的联系呢？"

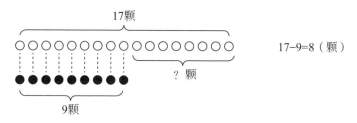

17-9=8（颗）

图 5-28

生：从 17 颗白棋中拿走与黑棋同样多的 9 颗，剩下的白棋数就是比黑棋多的，所以用"17-9"来计算。

从直接到间接，对学生思维的挑战逐步提升，持续调动学生积极的认知参与，激发其主动交流想法的欲望，从而让学生自觉分析并表达数量关系。

2. 稍作改变，激发学生自主选择直观模型作出描述与解释

任务三：如果将题中的白棋、黑棋分别改成 70 颗、90 颗，比一比，结果怎么样？可以怎样列式？你也能画图解释你的算式吗？

学生列出算式并尝试画图，但发现太麻烦了，数量太多了。怎么办呢？沉默片刻后，有学生提出："可以画线段图。"立刻有许多学生应和："对啊，我怎么没想到呢？"于是，学生迫不及待地想要画出线段图，教师适时出示小组内尝试画图的任务。

针对学生作品，教师引导："利用你们自己画出的线段图，是否也能清晰地解释算式呢？"（图 5-29）

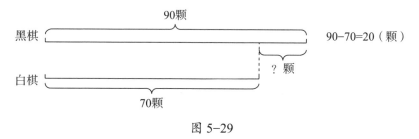

90-70=20（颗）

图 5-29

当追问"体会到画线段图有什么好处"时，学生自信地说道："不管数据有多大，在比较时只要画一根长一些的线段，再画一根短一些的线段，并画出对齐线，就可以看明白较大数量、较小数量和相差数量。"

对数据稍作改动，就能激发学生自己"造"出线段图，从而自主选择这种直观模型来描述题意、解释关系，并逐渐领悟到线段图模型的特点及优点。

利用线段图表征题意、分析数量关系、解决实际问题，是几何直观的重要内容，有助于学生建立形与数之间的联系，把握问题本质，明晰思维路径。若在教学相对简单的内容时不关注线段图的作用，那么在需要借助线段图解决复杂问题时，学生就用不来。几何直观作为一种素养，其意识、习惯与能力的形成都不是一朝一夕的，教师应尊重学生个体之间的差异，用问题和任务驱动循序渐进地将几何直观素养的培育渗透在日常教学中。

三、体验与随想

学生的数学学习，不仅是获得数学知识，还需要掌握一定的数学思想方法，让学生学会数学地思考，并能获得积极的情感体验。唯有如此的有效学习，才更有可能促进学生核心素养的养成。

我们在"真问题"教学实践研究中也深深地体会到，要想让学生能够生动、主动、有兴趣地展开数学学习，需要关注该年龄段学生的认知特点，把握其认知发展规律，精心设计与之相符的并能激发学生积极参与学习、不断深入思考的问题情境，用适度的挑战性任务触发他们自主理解与表达，促成有效学习、深度学习的发生。

第六节 倍的认识

一、缘起与问题

"倍"是上海版《数学》二年级第一学期要学习的一个重要概念（图5-30），是学生对数量关系认识的一次飞跃。我们在实践中发现，对于这个年龄段的学生来说，他们不只是在对"把 ×× 看作一份，××× 有这样的 × 份，就说 ××× 是 ×× 的几倍"的含义表述上存在困难，更是在理解"倍"概念表示两个数量之间的一种相对关系方面存在困难。倘若在概念还没有理解到位的情况下就让学生应用概念解决问题，只能是一种盲目操作，学生难免会感到混乱并出错。

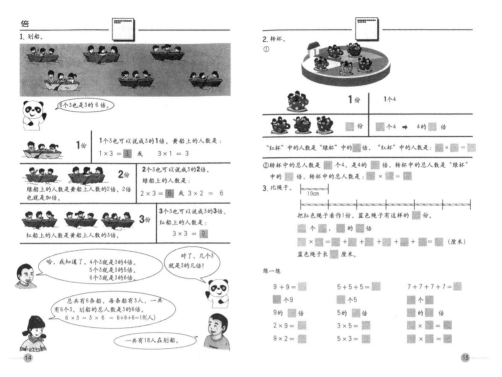

图 5-30

个体对概念理解的结果(头脑中的概念意义)既非来自外部的信息,也不是原来的长时记忆,而是思维过程的产物,有认知心理学家将其称为"精致的概念"。"精致"实际上是指对数学概念的内涵与外延进行尽量详细的"深加工"。那么,为使更清晰准确地把握概念本质及其细节,在"倍"概念的教学过程中,该如何引导学生尽可能主动地思维,以展开概念的"深加工"过程,从而能在多彩的课堂经历中实现概念的"精致"建构呢?

二、研究与行动

● 课堂实录

【片断1】认识"倍"

师:(出示图5-31)老师这里有一个数学魔盒,仔细看,它究竟有怎样的魔法呢?

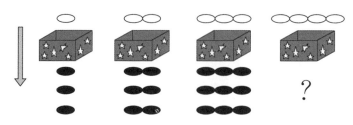

图 5-31

学生仔细观察、凝神琢磨,片刻后,想要表达自己的想法。

师:你们破解了魔法,那也一定知道如果把 4 颗白棋放进去,出来的会是什么呢?请先试着用学具(黑白围棋)摆出结果,再说说为什么。

学生思考、尝试、调整,教师巡视。

生:放进去 4 颗白棋,出来的是 12 颗黑棋,黑棋的数量每次都增加 3。

师:你不仅观察到了颜色的变化,还发现了黑棋数量的变化,这可是一个大发现。

生:每次都增加 3 颗是不对的,那不是 7 颗吗?

生:不是 3 颗,我说的是每次都增加 3。(感知到了增加,也感知到了 3 倍关系,但没有合适的语言来表达)

师:每次增加 3?他是什么意思?(很多时候,学生能互相理解彼此之间的语言)

生:就是说,如果把 1 颗白棋放进去,就会增加 2 个 1;如果把 2 颗白棋放进去,就会增加 2 个 2;按这样的规律,把 4 颗白棋放进去,就应该增加 2 个 4。

生:魔盒里放入 1 颗白棋,出来的黑棋有 3 个 1 颗;放入 2 颗白棋,出来的黑棋有 3 个 2 颗;放入 3 颗白棋,出来的黑棋有 3 个 3 颗;放入 4 颗白棋,出来的黑棋就有 3 个 4 颗。

生:不管白棋放进去多少颗,出来的黑棋总有 3 个这么多。

教师随着学生的发现及对话,分别在课件上的白棋、黑棋旁呈现"1份""3 份"字样,并指着图引导学生表达:

把 1 颗白棋看作 1 份→黑棋的数量(3 个 1 颗)就是这样的 3 份;

把 2 颗白棋看作 1 份→黑棋的数量(3 个 2 颗)就是这样的 3 份;

把 3 颗白棋看作 1 份→黑棋的数量（3 个 3 颗）就是这样的 3 份。

师：我们在这个魔盒中有个大发现，不管放进去的白棋有几颗，只要把白棋的数量看作 1 份，出来的黑棋的数量总有这样的 3 份。这个意思在数学上可以用一句简洁的话来概况——黑棋的颗数是白棋的 3 倍。所以，把 4 颗白棋放进去，出来的黑棋的数量也应该是白棋的——3 倍（板书）。刚才我们是用图来表示的，那如果用数和算式，又该怎么表示呢？

教师随着学生之间的对话同步完成板书（图 5-32）。

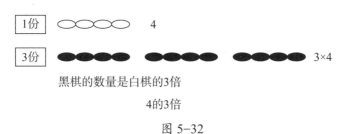

黑棋的数量是白棋的3倍

4的3倍

图 5-32

【片断 2】巩固"倍"的认识

连续变换情境：① 将上述黑白棋图变成黑白小兔（仍是 3 倍关系）→ ② 跑走 4 只小黑兔（2 倍关系）→ ③ 又跑来 12 只小黑兔（5 倍关系）→ ④ 黑白小兔全场跑（仍是 5 倍关系）。

针对每种情境，请学生从倍的角度比一比、说一说两种兔子的数量关系，并试着用算式表示。随着学生的回答，教师借助多媒体进行数量的圈画（图 5-33），将几倍关系更清晰地表征出来。

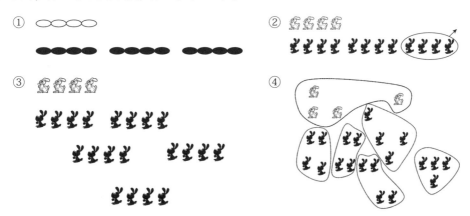

图 5-33

小结:"几倍"说的是两个数量之间的相互关系,与位置无关。这里,把4看作1份,有几个4就是4的几倍。

【片断3】深化"倍"的认识

学生完成练习纸上的习题,反馈过程中,对两道题的结果出现了不同的意见。

习题1:如图(图5-34),有_____只天鹅在岸上,水中天鹅的只数是岸上天鹅只数的_____倍。

图 5-34

对于这题,一位填8倍的学生在与同伴对话后这样反思:我现在认为是填4倍,我刚才是把1只天鹅看作1份,所以错了。岸上有2只天鹅,应该把2只天鹅看作1份,水中的天鹅2只2只一圈,就有这样的4份。

习题2:如图(图5-35),有_____颗草莓,樱桃的个数是草莓的_____倍。

图 5-35

有部分学生看到樱桃有5个2,由此认为应该填5倍。一位学生这样辩驳:"因为草莓的数量是5个,樱桃的数量也应该是5个1份,所以樱桃的个数是草莓的2倍。

小结:今天我们是从"倍"的角度去比较两个数量,抓住一份量很重要,且每一份都必须相等。

【片断4】提升对"倍"的认识

师:你也来创造一幅"2倍"关系的图,用黑白小圆片代替你所想象的物品,画一画、说一说。

学生作品纷呈,想象出的物品也各种各样。教师请几位学生上黑板展示、表达,针对各种"2倍"关系的图,引导学生展开深入思考。

师:像这样3的2倍、5的2倍、10的2倍等表示"2倍"关系的图,可以画出多少幅?

生:很多很多,无数幅。

师:能不能想个办法把这么多幅图用一幅图表示出来呢?

生:可以用线段图来表示。(学生在认识相差关系时有过类似的经验,但并不是所有学生都能自主迁移)

生:对啊!我怎么没想到。

在接下来的师生对话中,师生共同完成线段图(图5-36)的绘制。

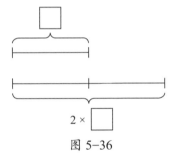

图 5-36

师:在这两个框里可以填哪些数?

生:什么数都可以。

……

【片断5】完善"比较"认知结构

师:(出示图5-37)小巧有2支铅笔,小丁丁有6支铅笔。比较一下他们铅笔的数量,你可以得到哪些结论?

图 5-37

生:小丁丁铅笔的数量是小巧的3倍。

没有学生再举手。

153

师：只能从倍的角度进行比较吗？我们之前还学过什么？

生：比多少，小丁丁铅笔的数量比小巧多 4 支。

生：小丁丁铅笔的数量比小巧多 2 倍。

师：很棒！你还会把相差比较和倍数比较结合起来看。

师：通过今天的学习我们知道，两个数量的比较，既可以从相差的角度思考，还可以从几倍的角度思考。

师：如果每个人都增加 1 支铅笔呢？相差关系变了吗？倍数关系呢？有兴趣的小朋友可以课后想一想。

● 教学反思

1. 在多样情境的体验中感知概念本质

通过魔盒创设了两个量同时改变的情境，即一个量变化，另一个量也发生相应的变化。在有规律的变化中，隐含了倍的含义。魔盒探秘吸引学生集中注意力进行观察、琢磨，在破解魔法解决问题的过程中，学生展现出了对倍概念不同程度的理解：每次都增加 3（黑棋数摆对了，但表述这一模糊感知时词不达意，实则是增加到 3 倍）；不管放进去几颗白棋，出来的黑棋总是 3 个这么多。在情境变化，位置变动，以及一个数量不变、另一个数量不断变化的过程中，学生巩固了对倍的本质认识：把一个数量看作 1 份，看另一个数量有这样的几份。紧接着，让学生进行巩固练习。从"形"上看，1 份的量比较隐蔽（天鹅图），甚至有干扰的情境（樱桃图），在思维碰撞中进一步引导学生感悟："倍"表示两个数量之间的相互关系，抓住一份量很重要，且每一份都必须相等。在多样的情境及思维活动体验中，让学生认识概念的本质属性，且由此获得的概念更深刻。

2. 在多元表征的交流中彰显对概念的理解

学生对数学概念的理解存在于他们自己的头脑中，需要通过某种形式将这些内隐的想法外显出来，以达到交流的目的，即概念表征。对于魔盒中两类数量所隐含的倍的关系，通过实物操作和语言表述的形式，可以帮助教师了解学生不同的感知状态：有些学生没有发现其中的变化规律（实物摆错），有些学生感知准确（准确摆出实物）但词不达意（自然、真实），有些则能清晰地用语言进行表述,这些资源在交流互动中又可成为推动课堂发展的重要思维材料。在进一步倍概念的理解与运用中,继续引导学生用口头表述、圆片图、线段图、算式等多种表征方式进行表达与交流。

多元表征不仅可以让不同个性特点、不同思维层次的学生充分彰显自己对概念的理解情况,而且不同表征之间的转译和转换亦有助于促进学生对概念的精确理解,从而能更好地把握概念本质。

3. 在多维考量的思辨中完善认知结构

在数学概念教学中,不仅要让学生掌握单个概念,更为重要的是让学生掌握相关的概念体系,建立良好的认知结构。在魔盒探秘之初,对于黑白棋数量的比较,很多学生试图以"增加几个"来描述,这是他们原有认知结构中所具有的关于两个数量相差关系的旧概念。当他们发现没有一致的规律时,认识到需要变换思考的方向,从新的角度去考量黑白棋之间的数量关系。在经历了一节关于倍数关系的探究课以后,思维定势又让许多学生一时忘记了相差关系。课的最后,教师开放式的提问、适时的点拨,引导学生分别从相差关系和倍数关系两个角度对两个数量展开比较,从而使学生在多维考量的思辨中不断完善关于两个数量比较的认知结构。

三、体验与随想

概念形成的核心是理解,教师应采用合适的教学方式帮助学生建立更清晰的概念表象,获得更多的概念例证,理解概念的各个方面,从而改进学生的概念理解水平。

上述低年级课例中,关于倍概念理解水平上的要求,我们同步通过中高年级的调研评价来检测其达成情况,调研结果引发了教师的反思,并促使其作出针对性的教学改进。下面,以四、五年级的几道调研试题为例作简单说明。

【调研试题 1】检测是否有自觉从倍的角度展开比较的意识

下面的统计表记录的是某辆汽车连续五个月的用油量情况。

月份	6	7	8	9	10
用油量 / 升	100	120	210	180	150

某辆汽车连续五个月的用油量统计图

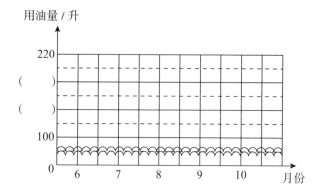

请根据统计表完成折线统计图的绘制。

◆ 该车五个月用油量变化情况总体上是（   ），其中变化幅度最大的是（   ）月到（   ）月。

◆ 请从不同角度比较 6 月和 8 月的用油量情况。

比较一：

算式：＿＿＿＿＿＿＿＿＿＿＿＿＿＿＿＿＿

结论：＿＿＿＿＿＿＿＿＿＿＿＿＿＿＿＿＿

比较二：

算式：＿＿＿＿＿＿＿＿＿＿＿＿＿＿＿＿＿

结论：＿＿＿＿＿＿＿＿＿＿＿＿＿＿＿＿＿

> 回忆一下，可以从哪些角度进行两个量的比较呢？

学生作品如图 5-38、图 5-39、图 5-40 所示。

◆ 请从不同角度比较 6 月和 8 月的用油量情况。

比较一：

算式：210-100 = 110（升）

结论：8月份比6月份多用了110升 。

> 回忆一下，可以从哪些角度进行两个量的比较呢？

比较二：

算式：210÷100 = 2.1（倍）

结论：8月的用量是6月的2.1倍 。

图 5-38

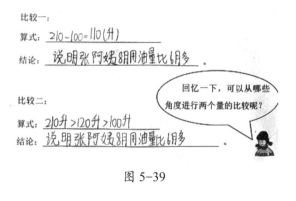

比较一：

算式： 210-100=110(升)

结论： 说明张阿姨8月用油量比6月多 。

比较二：

算式： 210升>120升>100升

结论： 说明张阿姨8月用油量比6月多 。

回忆一下，可以从哪些角度进行两个量的比较呢？

图 5-39

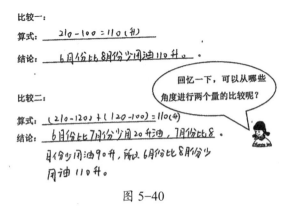

比较一：

算式： 210-100=110(升)

结论： 6月份比8月份少用油110升。

比较二：

算式： (210-120)+(120-100)=110(升)

结论： 6月份比7月份少用20升油，7月份比8

月份少用油90升，所以6月份比8月份少

用油110升。

回忆一下，可以从哪些角度进行两个量的比较呢？

图 5-40

〖简析〗尽管已有友情提示"从不同角度来比较两个数量"，但总体而言，相当一部分学生是缺少倍的意识的，无法想起可以从倍的角度进行比较。也就是说，他们在认识倍时，只是单纯地认识了倍的表层含义，没有建构"倍是关于两个量比较"的认知。着眼于现实生活，学生大都对两个数量之间的比较缺少敏感性。并且，就像很多教师的教学反思一样，自己在教学时也没有将倍的认识上升到这一层次。

【调研试题2】检测倍数关系中对标准量的理解和辨析

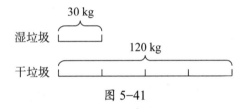

图 5-41

① 根据以上线段图（图 5-41），判断小亚和小巧的说法是否正确。正确的打"√"，错误的打"×"。

干垃圾的数量比湿垃圾多 90 千克，也就是湿垃圾的数量比干垃圾少 90 千克。

干垃圾的数量比湿垃圾多 3 倍，也就是湿垃圾的数量比干垃圾少 3 倍。

(　　)　　　　　　　　　　　　　　　　(　　)

小亚　　　　　　　　　　　　　　　　　　　　小巧

② 你认为谁的说法不正确，请说说理由。

学生作品如图 5-42、图 5-43、图 5-44 所示。

② 你认为谁的说法不对，请说说理由。

我认为小巧说的不对，因为只有多几倍没有少几倍，那要按她的方法正确的是湿垃圾比干垃圾少苦。

图 5-42

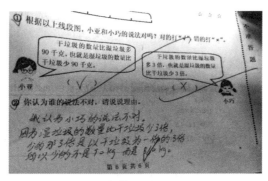

图 5-43

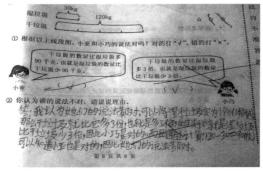

图 5-44

〖简析〗许多学生想当然地认为小亚和小巧的说法都是正确的。显然，学生在理解一个数量比另一个数量多几倍时，对以谁为标准量的认知是模糊不清的，而这恰恰是将来学习分数应用问题中的理解重点。当然，学生的认知误区反映出日常教学的不足，学生存在的问题激发教师又一轮的"真问题"教学探索。

【调研试题3】检测对倍数关系中两个量共同变化时的深度理解

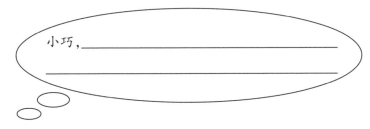

我今年12岁，妈妈今年36岁，妈妈的年龄正好是我的3倍。

我们学过用字母表示数。如果小胖的年龄用 a 岁表示，那么小胖妈妈的年龄总是可以表示成 $3a$ 岁。

小胖

小巧

➤ 你同意小巧说的吗？请说说理由。☆ ☆ ☆

➤ 你想对小巧说什么吗？

小巧，_____

学生作品如图 5-45、图 5-46、图 5-47 所示。

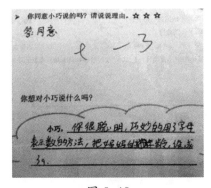

图 5-45

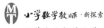
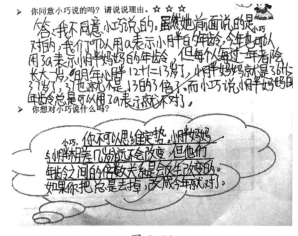

图 5-46

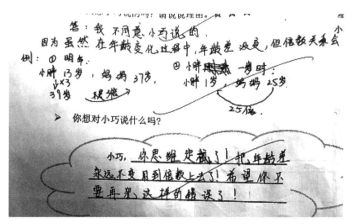

图 5-47

〖简析〗用抽象的字母表示数量关系，更加考量学生对数量关系本身的理解程度。小胖的年龄和妈妈的年龄这两个数量之间不变的是相差关系，而不是倍数关系（在上述低年级课例教学中就有涉及）。本题中，理解不透彻的学生要么误判，要么说理不清。

学生的表现常常是我们持续研究"真问题"教学的切入口。在"真问题"教学实践研究中，我们始终把学生的"理解"作为教学的核心要务，并作为评价教学、改进教学的重要关注点。

第七节　分数的初步认识

一、缘起与问题

判断：涂色部分是整体的 $\frac{1}{3}$。（图 5-48）

生：不对。

师：为什么？

生：因为不是将整体平均分成 3 份。

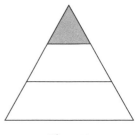

图 5-48

这样的对话在日常课堂中很普遍，教师也常常一笔带过。然而，其中恰恰出现了逻辑错误。"不是平均分"并不是"涂色部分不能用 $\frac{1}{3}$ 表示"的充足理由。我们只能说：因为不是平均分成 3 份，所以无法就此断定涂色部分可否用 $\frac{1}{3}$ 表示。"不能断定涂色部分可否用 $\frac{1}{3}$ 表示"和"断定涂色部分不能用 $\frac{1}{3}$ 表示"是两种不同的含义。根据"不是平均分"只能推出前者，而不是后者。

这样的逻辑错误有违数学教学培养人的理性思维的价值追求。当然，如上的逻辑思辨属教研对话，而不能拿来直接向小学生告知。着眼于学生，首先需要清楚的是：错误的表述背后，究竟潜藏着学生对于分数概念怎样的认知偏差？课堂中大量使用的直观例子中，描述平均分的分割线在帮助学生形成分数概念的同时，是否也给学生带来了对分数概念本质理解的干扰？如果是，又将如何跟进有效的例子，引发学生主动思辨、自主表达，从而在思维碰撞中走出认知误区，让认识更加清晰，更深刻地理解分数概念之"部分与整体关系"的本质？用怎样的教学思路引导学生经历生动活泼、富有个性的分数概念的主动建构过程？

二、研究与行动

【片断 1】

1. 引入

师：上节课，我们已经认识了"整体和部分"。（出示课件）我们把这个蛋糕看成一个整体，平均分成 2 份，每一份是这个蛋糕的部分，那每一份是这个蛋糕的多少呢？如果把它平均分成 3 份，每一份也是这个蛋糕的部分，那每一份又是这个蛋糕的多少呢？今天这节课，我们继续来研究"部分与整体"。先

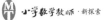

来看第一种情况，你认为每一份是这个蛋糕的多少呢？

生：每一份都是这个蛋糕的一半。

师：生活中，我们经常听到"一半"这个词。（板书：一半）

生：我认为这两边的部分都是这个蛋糕的二分之一。（板书：二分之一）

师：什么是二分之一呢？

生：二分之一就是"二"的一半。

生：二分之一，"二"的意思是这个蛋糕的2个部分，分成2个1份，所以二分之一就是2个部分中的1份。

2. 自学

师：真像他们说的那样吗？请同学们带着问题自学材料（图5-49），看看刚才同学说得是否正确、完整。

把一个蛋糕看作1个整体，将这个整体平均分成2份，每一份是这个整体的多少？

把一个蛋糕分成同样大小的2份，每一份就是这个蛋糕的一半。

把一个蛋糕看作1个整体，平均分成2份，每一份就是这个整体的$\frac{1}{2}$。

我知道$\frac{1}{2}$是一个分数。

$$\frac{1}{2}\begin{array}{l}\text{--------分子}\\\text{--------分数线}\\\text{--------分母}\end{array}$$

读作：二分之一。

2个$\frac{1}{2}$合成1个整体。

图 5-49

学生先独立阅读,再同桌交流。

3. 反馈

师:之前,有同学凭感觉谈了自己对"二分之一"的想法,现在学了材料之后,你们又是怎么想的呢?

生:我觉得是把一件物品分成2份,其中的1份就是二分之一的意思。

图 5-50

师:(随手撕成2份,如图5-50所示)哪一份是这个蛋糕的二分之一呢?

生(自主纠正):噢,把这个蛋糕分成相等的2份,每一份才是这个蛋糕的二分之一。

生:把整体平均分成2份,就是我们平时说的"对折起来",每一份是整体的二分之一。

师:(课件出示图5-51,并板书)请同学轻声说说"二分之一"的含义。

图 5-51

生:把一个蛋糕看作一个整体,平均分成2份,每一份是这个整体的 $\frac{1}{2}$。

师:除了知道"二分之一"的含义之外,通过自学,你们还知道哪些相关信息?

……

师:如果把这个蛋糕平均分成3份,每一份是这个蛋糕的多少呢?

生:三分之一。

师:怎么想的?

生:把这个蛋糕看作一个整体,平均分成3份,每一份是这个整体的 $\frac{1}{3}$。(图5-52)

图 5-52

师:能否继续联想 $\frac{1}{4}$ 的含义呢?同桌互说并评价。

生:把这个蛋糕平均分成4份,每一份是这个蛋糕的 $\frac{1}{4}$。

师:只能是蛋糕吗?

生:只要是将一个整体平均分成4份,每一份就是这个整体的 $\frac{1}{4}$。

〖简析〗学生初识分数，是从份数定义引入的，反映的是部分与整体之间的关系。学生对分数表示关系量的理解是抽象的，因此教师常常会通过高频次的问答，带着学生在一个个直观情境中获得"整体、平均分、几份、一份"这些信息，并规范学生的语言表述，即：将一个整体平均分成几份，每一份是这个整体的几分之一。然而，总觉得教学时机械的模仿更多些，思维的成分少了些。而个体对概念的理解（头脑中自主建构的概念意义），既非来自外部的信息，也不是对概念内容的机械复述，而是思维过程的产物。何不放开让学生基于经验说一说对分数的理解，放手让学生独立学习信息多元的资料呢？并且，让学生在阅读材料的基础上思考：我和同伴最初是怎样理解的？材料给我提供了怎样的信息？我对最初的理解将作出怎样的解释或修正？这样，学生是不是能够更加自然地主动理解概念？教师是否也能从中判断出哪些是学生已经知道的，哪些是他们能独立学会的，从而教在不会处，点在易错、易混淆、易忽略处？

例如，第一位学生的自学反馈中，将情境中具体的"一个蛋糕"主动理解成"一件物品"，但忽略了"平均分"，教师随即呈示反例（任意分成2份的直观图），马上激发了他作出积极的回应与调整——应分成相等的2份，也带动了其他学生的跟进解释——把整体平均分成2份，启发学生初步感知分数基于"平均分"的意义。从中我们也可以发现，原来学生并不是觉得分数表示"平均分"不重要，而是往往词不达意，口中说出的话语没有与头脑中的图式相匹配，将"分成2份"与"平均分成2份"等同理解了。在进一步引导学生推想 $\frac{1}{3}$、$\frac{1}{4}$ 的含义时，学生就可以更有意识地运用规范语言进行表达。

【片断2】

出示练习（图5-53）：下列各图中，涂色部分分别是整体的几分之一？

  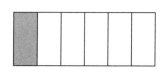

图5-53

学生能快速并正确解答前 3 题，而对第 4 题的反馈出现分歧：有的不填；有的看了一眼，随后填上分数；也有的试着先以草图的方式添上一些分割线，再填上分数。

学生对前 3 题的反馈总体是顺畅的。第 1 题：因为是将一个圆平均分成 2 份，所以涂色的 1 份是这个圆的 $\frac{1}{2}$。第 2 题：因为将这个整体平均分成了 5 份，涂色部分是其中的 1 份，所以涂色部分是这个整体的 $\frac{1}{5}$。第 3 题：将这个长方形分成了相等的 6 份，所以涂色那份是这个整体的 $\frac{1}{6}$。

教师根据学生的回答，借助多媒体，通过转动色块的方式验证前 3 题的结果。接着，聚焦第 4 题展开交流。

师：这题有些同学没有填，请说一说你的理由。

生：因为不是平均分，不能用分数表示。

很多学生急着要表达想法。

生：我目测了一下，是 $\frac{1}{8}$，1 份、2 份……（从涂色的那一份开始，对着屏幕用手势一份一份地比划，到第 4 份时）不对，我估错了，应该是这样的 6 份，所以应该是 $\frac{1}{6}$。（学生一份一份数的过程，实则就是用分数单位度量的过程）

生：我添了虚线（画草图），结果是 $\frac{1}{6}$。

教师借助多媒体，将上述两位学生的思维过程通过转动色块、同步添上分割线的方式加以呈现（图 5-54）。

图 5-54

师：（课件出示图 5-55）再来看一题。

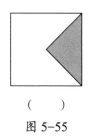

（　　）

图 5-55

165

生：$\frac{1}{4}$。

生：把那两条线（对角线）连起来，就是把整体平均分成了4份，涂色部分是整体的$\frac{1}{4}$。（图5-56）

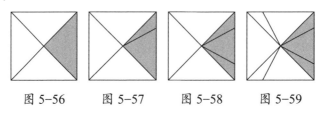

图5-56　　图5-57　　图5-58　　图5-59

师：（出示图5-57）涂色部分还是整体的$\frac{1}{4}$吗？

生：是。

生：不是。

师："是"还是"不是"，得讲道理。先请认为"不是"的小朋友来说说。

生：因为不是分成4份了，不可能是$\frac{1}{4}$。

生：因为不是平均分，就不能用分数表示。

认为"是"的一方早已急不可待，手越举越高。

师：你们想要说——

生：仍然是$\frac{1}{4}$。你看，把总的涂色部分看成1份，整体还是这样的4份，所以涂色部分还是整体的$\frac{1}{4}$。（教师借助多媒体，将色块随之转动）

生：部分还是那个部分，整体还是那个整体，当然还是$\frac{1}{4}$。

师：讲得太好了！分数表示的就是部分与整体之间的关系，部分没变，整体也没变，它们之间的关系当然不会变，表示这个关系的数还是$\frac{1}{4}$。

继续随意添上分割线（图5-58、图5-59），学生思辨、表达。

……

师：分数表示的是部分与整体之间的关系，与分割线的位置无关。当然，合适的分割线可以帮助我们更好地判断应该用哪个分数来表示。

〖简析〗前3道练习，以"标准态"的形式呈现，有板书的支撑，无语言一致性的强求，学生没有表露出困难与疑惑。但要知道，正确作答的背后可能是一种模仿，而大凡是学生真实思考后的产物，哪怕是错误作答，也可以成为教学过程中的转折点。错误潜藏在哪里？怎样才能暴露出来？对此，我们设计了变式练习，让学生充分感知概念的本质属性，排除一些由具体对象本身的非本质属性所带来的干扰。

可以看到，当第 4 题未出示等分分割线时，认知差异便开始呈现：不能用分数表示了；试图进行平均分再确定用哪个分数表示（直接从概念定义出发）；将涂色看作 1 份去数（分数单位度量思想萌芽）。当出现随意分割的图示时，学生展现出了多种状态："不是分成 4 份""不是平均分"，学生因对概念点状、割裂的认识而不能正确理解概念本质的问题暴露无遗；"你看，把总的涂色部分看成 1 份，整体还是这样的 4 份"，自主排除分割线的干扰而回归基本含义，体现了学生对概念的清晰理解；看似童真的语言"部分还是那个部分，整体还是那个整体"道出了分数之"部分与整体之间的关系"的深刻本质。认知的失衡、思维的落差，正是让学生自由表达观点的好时机，教师鼓励学生勇敢地发表自己的见解，即便是错误的回答，也能够给其他学生带来一定的启示。针对同伴的错误，不直接用概念中的语句去说服，而是努力另辟蹊径，或调用在"倍的认识"中已储备的语言来辩驳，或直击概念本质，这是一种怎样的觉察和创造！

顿悟自然令人欣喜，渐悟值得也更需要教师耐心等待。孩子们在来回的对话中分享智慧，一起走向对概念更深入的理解，每个人都在自己的发展路径上获得了思维的提升。

【片断 3】

判断：（出示图 5-48）每一份都是这个整体的 $\frac{1}{3}$，对吗？

生：错。因为 3 份不相等，怎么可能都是 $\frac{1}{3}$？

师：其中哪一份有可能是 $\frac{1}{3}$ 吗？

生：（边比划边说）最上面那份不可能，太小了，3 个这么多铺不满整个大三角形。

生：最下面的那份也不可能，3 个这样的部分会"冲出"整体的。

师：那中间那份呢？

生：有可能，因为它不大不小。

师：中间的这份真的会是整体的 $\frac{1}{3}$ 吗？你们有什么好办法能找到它是 $\frac{1}{3}$ 的证据吗？

先独立思考,再小组交流。学生作品如图 5-60、图 5-61 所示。

图 5-60　　　　　　图 5-61

生:先在下面分出一个和涂色部分相同的梯形,再把旁边两个三角形翻上去,又得到一个一样的梯形,所以涂色部分是整体的 $\frac{1}{3}$。

生:我们把大三角形分成这样 9 个相同的小三角形,3 个 1 份,共分成 3 份,涂色部分就是其中的 1 份,所以是 $\frac{1}{3}$。

〔简析〕一路积累,此刻抛出本节开头提到的问题,孩子们会是怎样的表现呢? 针对"每一份都是 $\frac{1}{3}$ 吗"的提问,学生理直气壮地反问:"3 份不相等,怎么可能都是 $\frac{1}{3}$?" 看来,学生已充分感知分数基于平均分的前提。于是,教师顺势追问:"哪一份有可能是 $\frac{1}{3}$ 吗?" 学生开始了"我行我素"的表达:"太小了,铺不满整体""太大了,会'冲出'整体""有可能,因为它不大不小"。针对学生认为中间部分可能是 $\frac{1}{3}$ 的猜测,教师紧追不放:"真的会是整体的 $\frac{1}{3}$ 吗? 你们有什么好办法能找到它是 $\frac{1}{3}$ 的证据吗?" 学生安静地进入自主探索的状态中,观察、尝试、失败、调整,再加上同伴的互助交流,终于自信地亮出证据充足的作品,言之凿凿间,反映出他们已能基于概念理解,实现对知识的自主运用。其中,第二幅作品(图 5-61)更显现了学生对分数意义的理解逐渐从连续模型(一个物体看作整体)迁移至离散模型(一群物体看作整体)。

【片断 4】

师:涂色三角形的个数还是整体的 $\frac{1}{3}$ 吗? (图 5-62②)

生:是的,因为部分还是 3 个三角形,整体还是 9 个三角形。

生:部分没有变,整体也没有变,3 是 9 的 $\frac{1}{3}$。

生:一共有 9 个三角形,3 个 1 份,共 3 份,所以涂色部分还是整体的 $\frac{1}{3}$。

师:现在呢? (图 5-62③、图 5-62④,即不断变换涂色三角形的位置)

生:是! 还是整体的 $\frac{1}{3}$。

师:这里将 9 个三角形看成一个整体,平均分成 3 份,每份是这个整体

的 $\frac{1}{3}$ 。那如果要使这 3 个涂色三角形的个数是整体的 $\frac{1}{4}$ ，你们觉得应该怎么办？

生：再添上 1 份。

生：添上 1 份，也是 3 个。（图 5-62⑤）

师：互相说说，为什么涂色三角形的个数是整体的 $\frac{1}{4}$ ？

生：因为部分是 1 份，整体有这样的 4 份。

生：把 12 个三角形平均分成 4 份，涂色三角形的个数是 1 份，所以是整体的 $\frac{1}{4}$ 。

课件演示将三角形隐去，取而代之为 12 个水果的过程。（图 5-62⑥、图 5-62⑦）

师：现在，哪种水果的个数是水果总数的 $\frac{1}{4}$ ？怎么看？

生：梨的个数是水果总数的 $\frac{1}{4}$ ，因为……（多媒体同步圈画）

师：那么菠萝、桃、苹果的个数又分别是水果总数的几分之一呢？圈一圈，说一说，填一填。（教师提供练习纸，将其作为课后作业）

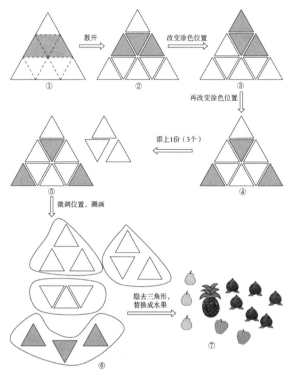

图 5-62

〖简析〗学生在数学概念的学习过程中，只有真正理解了知识内涵，才能将其内化为自己的知识和经验，并灵活运用到解决具体问题的情境中去。教学中，正因为关注了学生在连续模型中对分数意义的本质理解，面对离散型的问题情境时，才能让大部分学生的自主迁移成为了可能。当教学再次由情境的系列微变化（位置变化、数量增减、同异质转换）向纵深推进时，学生得以一次次以不变应万变，不仅夯实了对分数概念本质的理解，也提升了思维。

三、体验与随想

直面真问题，创设机会，尽可能地引导学生在主动表达观点的过程中自然而然地暴露真实的思维活动，并立足学生因生动思考而产生的丰富资源展开高质量的互动交流，让学生在内隐与外显的良性学习中逐步走向对概念本质的理解。"真问题"教学一路走来，师生分享着创造的欢愉，也滋养着彼此的心灵。

【作业链接】

一年后重返执教班级，偶然获得学生完成的长作业漫画作品（图 5-63）。

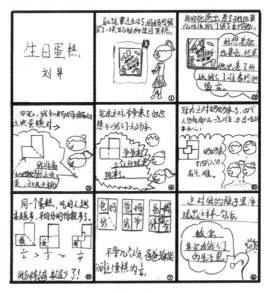

图 5-63

"真问题"教学研究中，这样的实践教研和命题评价互相呼应，支撑教师们作出指向落实核心素养的教学改进。

【命题链接】

四年级第一学期期末调研时,教师创设了一道模拟真实情境的思辨题(图5-64),让学生基于问题及不同的观点给出自己的判断,并说明理由。

我拿这串葡萄总颗数的$\frac{1}{2}$。

我拿这串葡萄总颗数的$\frac{5}{6}$。

不够吧!

不知道这串葡萄共有几颗,无法判断够不够。

图 5-64

分析现行上海版教材关于分数内容的编排(图5-65、图5-66),学生在四年级末结束小学阶段的分数学习,初步认识了分数的意义,会进行同分母、同分子分数的大小比较,以及同分母分数的加减法。鉴于现行上海版教材在小学阶段不涉及分数的基本性质、异分母分数的大小比较及加减法,因此解决上述问题没有规则可套,而是需要综合对所学知识的理解灵活解决问题。

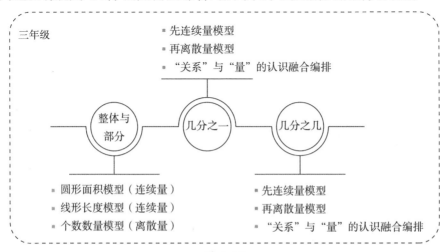

三年级

· 先连续量模型
· 再离散量模型
· "关系"与"量"的认识融合编排

整体与部分   几分之一   几分之几

· 圆形面积模型(连续量)
· 线形长度模型(连续量)
· 个数数量模型(离散量)

· 先连续量模型
· 再离散量模型
· "关系"与"量"的认识融合编排

图 5-65

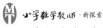

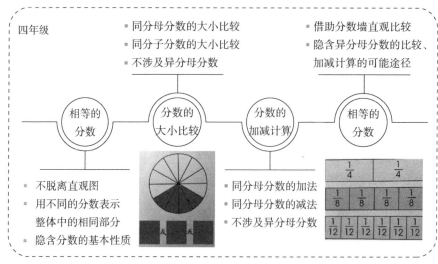

图 5-66

分析发现，学生对这一问题的反馈资源十分丰富，尽显智慧。

作答 1：能清晰地表述分数的意义，并能有条理地推理。（图 5-67）

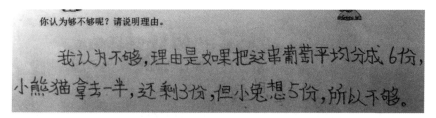

图 5-67

作答 2：未能说清分数的意义，且结论错误，但从字里行间可以感受到学生对这两个分数的相对大小是有一定感知的。（图 5-68）

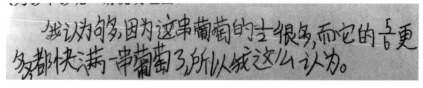

图 5-68

作答 3：用生活中的语言表达对任务的整体理解以及对分数意义的理解。（图 5-69）

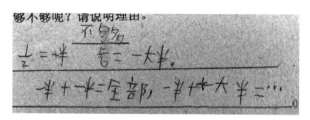

图 5-69

作答 4：能调用离散模型来分析并表征对问题的理解，推理过程有理有据。（图 5-70）

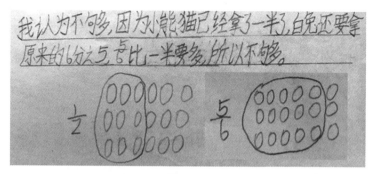

图 5-70

作答 5：能调用面积模型来分析并表征对问题的理解，用一个整体中的重叠部分表征"不够"。（图 5-71）

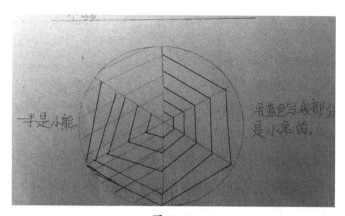

图 5-71

作答 6：能调用面积模型分析并表征对问题的理解，有别于借助"一半"来思考并解决问题，此处利用了"同分母分数的减法"和"同分子分数的大小比较"等知识。（图 5-72）

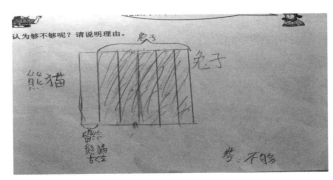

图 5-72

作答 7：能调用长度模型来表征解决问题的过程，利用的知识内容有相等分数、同分母分数的加减法，算式、图形、文字多种表征相结合，且逻辑顺畅。（图 5-73）

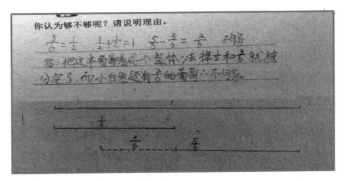

图 5-73

作答 8：采用假设法，基于分数的意义展开推理与计算，实质就是分数应用题解答。列举三个例子后进行归纳总结，意识到这样还是不严密，又进行了一般的推理以验证结论。（图 5-74）

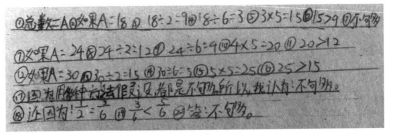

图 5-74

作答 9：即便是在测试中，也意犹未尽地用不同策略来解决问题，并取名为"假设""转换"。可以看出，该名学生对分数墙学习时积累的等值分数印象深刻，同分母分数相加，得到的 $\frac{8}{6}$ 是假分数，而假分数概念要之后才学习。但基于直观情境及对分数意义的理解，似乎并不影响学生对其与整体之间的大小关系作出判断。（图 5-75）

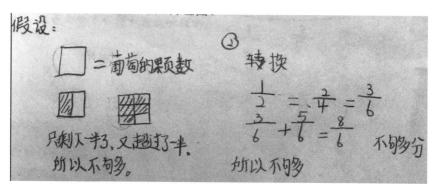

图 5-75

作答 10：学生尚不知晓带分数又何妨，不就是"$1+\frac{2}{6}$"吗？这是学生基于真实情境，在主动解决问题的过程中自主回到概念内涵而作出的理解和对知识的运用，素朴而又鲜活。（图 5-76）

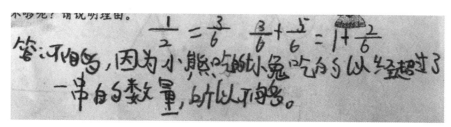

图 5-76

作答 11：整体的解题思路和说理表达都较清晰，虽然计算错了、结论错了，但鉴于尚未学习异分母分数的加法，因此学生对此的初次尝试也是"合情之错"。（图 5-77）

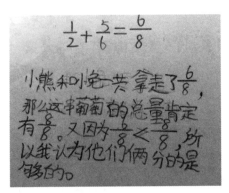

图 5-77

作答 12：不理解任务，不能识别问题，表述缺乏逻辑性。（图 5-78）

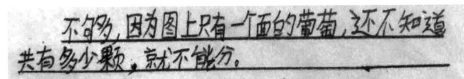

图 5-78

作答 13：尽管最终没能解决问题，但学生认真探索的态度跃然纸上。（图 5-79）

图 5-79

面对学生展现出的参差状态，我们根据多维视角的评价框架（表 5-3），对学生解决问题的过程和结果作出"等第＋评语"的评价。

表 5-3

评价视角	表现水平参照
任务理解	A——能识别出任务中的数学概念并能建立联系，整体理解任务 B——能识别出任务中的数学概念但联系不够，大致理解任务 C——能识别出任务中的部分数学概念，理解任务有偏差 D——识别不出任务中的数学概念，作答与任务没有关联

（续表）

评价视角	表现水平参照
策略运用	A——能有效整合信息，并能选择合适的工具和方法解决问题 B——能提取有用信息，并能选择合理的工具或方法，但不够适切 C——能捕捉部分信息，但工具或方法选择不够合理 D——不能运用信息，无从着手
思路表达	A——能有针对性地进行清晰、有效地表达 B——可以有针对性地作出适当的解释，但条理不够清晰 C——试图作出解释，但表述不连贯、不完整 D——没有表达的意图或者答非所问
情感态度	A——对解决问题有充足的信心，能主动思考、积极作答 B——面对问题的挑战不失信心，能努力思考、努力作答 C——对问题的探究缺乏信心，审题马虎，潦草答题 D——放弃思考，不作答

为学生回归概念本质而展开主动推理提供机会；关注任务设计能否呈现学生的多元解题思维，乐见不同的学生展现其个性思维和表达；关注能否透过学生的表现"看见"其学习经历和情感体验。这些都是与课堂教学一脉相承的。教师应时刻关注"教—学—评"的一致性，而"真问题"教学一直在努力践行着这一点。

第六章

"图形与几何"教学日常研究案例

第一节 三角形和四边形的认识

一、缘起与问题

"三角形与四边形"（图6-1）是上海版《数学》二年级第二学期的学习内容。

图6-1

教学时，教师通常提供一组静态图形引导学生观察、分类，并提炼、归纳图形特征，从而认识三角形和四边形。课堂推进看似顺利，但对二年级学生来说，认知活动似乎有些单调，且缺乏趣味性，没能很好地调动低年级学生的课堂参与热情。我们思考：可否更多地激发学生的浓厚兴趣，进一步放飞思维呢？于是，我们开始了教学实践。

二、研究与行动

● 课堂描述

【片断 1】复习引入

师：（出示大小不同的长方形）看，认识它们吗？

生（众）：长方形。

师：谁来介绍一下长方形有什么特征？

生：长方形有四个角，它们都是直角，还有四条边，它们的对边相等。

师：（将其中几个长方形变化成正方形）变化后的这些图形还是长方形吗？

生：是！因为变化后的图形是正方形，而正方形是特殊的长方形。

师：说得有理有据。今天，我们就从长方形开始，继续研究新的图形。

【片断 2】初识四边形

师：（出示图 6-2）看，钉子板上有一个长方形。如果从长方形的一个顶点出发，向外拉伸，拉伸后会变成一个怎样的图形呢？（学生想象）

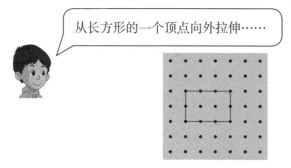

从长方形的一个顶点向外拉伸……

会变成一个怎样的图形呢？

图 6-2

师：脑海中有画面了吗？它还会是长方形吗？为什么？先自己在钉子板上拉一拉，再同桌之间互相说一说。

师：谁来展示一下你的图形，说说你的想法？

生：（边说边操作）我从这个顶点（左下顶点）出发，拉成这样一个图形（图6-3），它不是长方形了，因为有个角跑到其他地方去了。

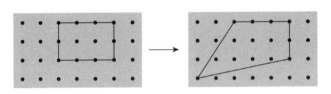

图6-3

生：长方形一定要符合四个条件。先看第一个条件，有四个角，这个条件是符合的；再看第二个条件，四个角都是直角，现在的图形只有一个直角，所以它不是长方形。

师：他是从角出发，发现在拉伸的过程中，原来"四个角都是直角"的特征不成立了，所以拉伸后的图形不是长方形。还有其他理由也能说明它不是长方形吗？

生：我是从边的角度来看的，它确实有四条边，可是对边不相等，所以它不是长方形。

师：在拉伸的过程中，大家从不同角度发现，和原来的长方形相比，有的特征变了，有的没变。通过刚才的交流，你能完整地说一说什么变了，什么没变吗？

先同桌互说，再全班交流。

师：不管拉动哪一个顶点，又往什么方向拉伸，原来长方形"对边相等"和"四个角都是直角"的特征都被"破坏"了，但哪些特征没被"破坏"呢？

生：都有四条边、四个角。（教师板书"四条边""四个角"）

师：（出示形状各异的四边形）像这样的图形，你们认识吗？

生：四边形。

师：对。像这样有四条边、四个角的图形，在数学上都叫做四边形。（出示图6-4）

图 6-4

师：之前那些大大小小的长方形是四边形吗？

生：有四条边、四个角的图形都是四边形，长方形也有四条边、四个角，所以长方形也是四边形。

生：四边形具备的特征长方形都有，且长方形具备的特征比四边形更多、更严格，它有自己独有的特征。

生：长方形是特殊的四边形，和"正方形是特殊的长方形"的道理差不多。

师：是的。长方形除了具备四边形的所有特征之外，它还具备自己独有的特征。所以，我们说——

生：长方形是特殊的四边形。

教师完善"四边形"集合圈（图 6-5）。

图 6-5

【片断 3】再识四边形

师：刚才我们认识了四边形，两个小伙伴给我们带来了两个任务，敢不敢接受挑战？

呈现问题情境：小丁丁带来的任务是围一个没有直角的四边形；小亚带来的任务是围一个四条边相等的四边形。

师：每人有两块钉子板，请大家独立完成两个任务。

教师巡视后呈现学生作品，并组织全班反馈。

师：（出示图6-6）观察这位同学完成的作品，谁来评价一下？

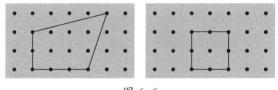

图 6-6

生：他第一个任务没有成功。你看，小丁丁要我们围一个没有直角的四边形，他围的四边形有一个直角。第二个任务成功了，正方形的四条边都相等。

师：看了这位同学的作品，你觉得在完成任务的过程中有什么要提醒大家的吗？

生：我完成第一个任务时，是先围一个方方正正的图形，再进行调整。（演示自己作品的完成过程，结果如图6-7所示）

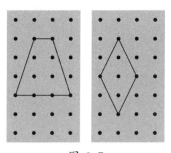

图 6-7

师：他刚才是怎样成功完成第一个任务的？

生：他是先围出一个正方形，再改变了图形"四个角都是直角"的特征。

师：在完成第一个任务时，一个小朋友失败了，一个小朋友成功了，你有什么想说的？

生：我想要提醒大家，围好后要检查一下，先数边的数量，看是不是四条边，再看角，看是不是没有直角。

师：是啊！一个任务中含有两个要求，要同时关注，不能顾此失彼。他的第二幅作品（指图6-7右）呢？

生：他也成功完成了第二个任务，这个图形是四边形，且四条边都相等。

生：老师，这个图形也没有直角，既符合第一个任务的要求，也符合第二个任务的要求。

师：刚才我们围的这些图形都可以放入圈中吗？

教师进一步完善"四边形"集合圈（图 6-8）。

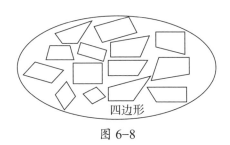

四边形

图 6-8

师：看来，大家对四边形又有了新的认识。小胖给我们带来了一个更有挑战性的任务，让我们一起来看看。

呈现问题情境：小胖带来的任务是围一个只有三个直角的四边形。

生：简单！

师：有人已经有想法啦？说说你准备怎么围。

生：先围一个没有直角的四边形，再进行调整，变成有三个直角的四边形。

生：先围一个全是直角的四边形，再变成有三个直角的四边形。

师：看来大家都很有想法。不管你的思路是怎样的，请你试着动手围一围吧！

学生操作，不久就有学生"成功"了。

师：有同学说他已经完成了，一起来看看他是怎么围的。

生：我先围了一个长方形，再改变一个直角，就成功了（图 6-9）。

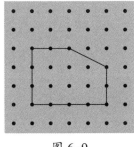

图 6-9

生：他没有成功，这不是四边形，都有五条边了。

生：它的角也有五个，所以不是四边形。

生：他只注意了三个直角的要求，没有考虑到还要是一个四边形，所以没有成功。

师：虽然他没有成功，但他能从我们熟悉的图形出发展开思考，也是一个不错的思路。

操作中，又有学生兴奋地喊着"成功了"。

生：我先围了一个正方形，再把这个顶点（右下顶点）往下拉（图6-10）。

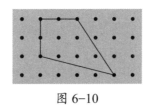

图6-10

生：她也没有成功，现在只剩下一个直角了。

生：她是一心想着要拉出四边形，但又忘记了要有三个直角的要求了。

师：你现在有什么话要跟大家说吗？

生：我想说，在认为自己成功之前，一定要检查一下，看看两个条件是不是都满足。

师：你的话很有说服力！想不想再尝试一下？

学生意犹未尽，继续尝试。

师：老师看到大家不断尝试，又不断否定自己围出的作品。在若干次尝试后，有人成功了吗？

生（众）：没有！

师：一直尝试却总是失败，你有什么想说的吗？

生：我只能围出四个直角的四边形，三个直角的四边形怎么也围不出来。

生：（边说边比划）这样拉，四边形有一个直角；这样拉，四边形有两个直角。要拉出有三个直角的四边形好像不可能。

师：你的意思是——

生：题目是不是出错了呢？

生：为什么一直围不出来？围不出来一定有原因！我试了很多次都没有

成功，我也怀疑小胖的题目出得有问题。

师：带着你们质疑的眼光，一起来看一看。大家起初认为，长方形有四个直角，只要把其中一个直角变一变，不就行了吗？如果改变长方形的这个直角（图6-11）——

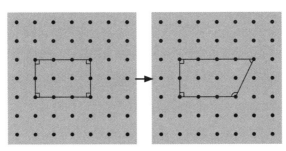

图 6-11

生：不成功！在改变这个直角的时候，下面的一个直角也跟着改变了。

师：刚才是向右拉伸，想象一下，如果向右上方拉伸呢？

生：那就会有两个角都跟着它改变了，更不可能是三个直角的四边形了。

师：是啊！在变化其中一个角的时候，总会有另外的角跟着它一起改变。所以，你现在有什么想对小胖说的吗？

生：小胖，这个世界上根本就不存在只有三个直角的四边形。

……

师：大家对小胖提出了建议，有觉得佩服小胖或要感谢小胖的吗？

生：小胖给我们提了一个非常有难度的问题。

生：小胖在学习的过程中敢于提出挑战。

生：小胖的问题让我们有了更多的思考。

师：小胖的问题让我们在思考解决问题的过程中，对四边形的认识更加清晰、更加深入。

【片断4】认识三角形

师：（出示图6-9）刚才在挑战的过程中，有同学围出了这样的图形，它叫——

生（众）：五边形。

师：由此你联想到，可能还会有——

生：六边形、七边形……

师：这些图形都可以叫做多边形。（出示图 6-12）如果把它们排成一排，那么在队伍的最前面，边数最少的多边形会是几边形呢？画画草图，表达自己的想法。

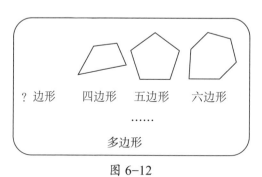

图 6-12

生：（展示圆）我认为是一边形。

生：不对，圆没有角，而这些多边形都有角。

生：而且圆的边是弯的，多边形的边应该是直的。

师：也就是说，多边形的边都是直直的线段。看来，圆不是多边形。

生：（展示角）我觉得是两边形。

生：不对，多边形没有缺口，要封闭，角没有封闭。

师：那边数最少的多边形是——

生：三边形。

师：确实，一条线段无法围起来，两条线段也不行，至少得有三条线段才能围起来，也就是三边形。不仅有三条边，还有三个角，我们通常把这样的图形叫做三角形。（板书：由三条线段围成、三条边、三个角、三角形）

【片断 5】巩固提高

师：（出示图 6-13）像这样把长方形分成两个三角形，如果固定这根线上的一个点，让这根线绕着这个点转动起来。在转动的过程中，这个长方形被分割成的两部分会是什么图形？有几种情况？先想象，再操作。

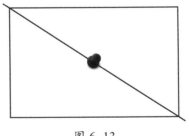

图 6-13

生：（边说边演示）我们认为有无数种情况。因为只要把这根线稍稍转动一点点，就会产生一种新的情况。

生：我觉得不一定。你看，先转动一点点，分割成的图形有一、二、三、四，四条边，也就是分割成了两个四边形。如果再转动一点，还是分割成两个四边形。所以，我觉得只有分割成两个三角形、两个长方形、两个四边形这三种情况。

师：有同学认为有无数种情况，现在又有人说只有三种情况。你们觉得呢？

生：他们俩之所以会产生不同的想法，是因为思考的角度不同。一个是从图形运动的角度思考的，因为哪怕是转动一点点，得到的图形也是不同的；而另一位同学是从图形形状的角度思考的，在转动过程中，大多数情况都是四边形，四边形的范围比较广。

师：第一位同学是一个个图形来看的，转动一下，图形的样子就有变化；第二位同学是一类类来说的，尽管前后图形的具体形状有变化，但仍然是四边形。

教师借助多媒体动态演示连续转动的情形，过程中学生反馈"三角形——四边形——长方形"。

师：现在能不能清楚地说一说，在这根线绕着这个点转动的过程中，分割成的两部分图形究竟有几种情况？

生：两种，不是被分割成两个三角形，就是被分割成两个四边形。其中，长方形也是四边形。

● **课堂解读**

1. 静态观察与动态感知相融合

通常，相较于静态的对象，变化的对象更易于吸引学生的注意，激起他们观察的兴趣。需要时，可在静止的情境中呈现运动着的对象，以增强感知效果。另外，不同学生有着不同的认知风格和思维特点，有的偏好以文字、符号、图、表等形式的静态表征，而有的则偏好以语言、动画、实际情境等形式的动态表征。这就启示我们，对同一问题要提供多元的外在表征形式，让每一位学生都能选择适合自己内在认知风格的外在表征方式。由此，本课试图作出另一番尝试，化静为动，让静态图形在动态变化中一幅幅呈现，将静态观察与动态感知相融合，以期更好地引起每一位学生的兴趣，充分发挥他们各自特有的思维方式，让学习变得更有吸引力和趣味性。

本课以"如果从钉子板上长方形的一个顶点出发，向外拉伸，会变成一个怎样的图形呢"这一探究性问题切入，让学生边想象边操作，借助钉子板上橡皮筋的拉伸，引起图形的边、角等几何特征的变化，使得学生的好奇心被最大限度地激发。透过"形"的变化，围绕"拉伸时，什么变了，什么没变"展开讨论，在自然地归纳出新图形——四边形特征的过程中，不断勾连新旧图形之间的特征，学生也得以在变化过程中持续感知图形之间的联系。在进一步追问"之前那些大大小小的长方形是四边形吗"这一问题时，学生脑中"正方形是特殊的长方形"的经验被激活，自主类比解释"长方形是特殊的四边形"，积累了更多关于图形之间一般与特殊这一包含关系的认知经验。最后呈现图形类别判断的综合练习，同样创设了动态分割的情境，从中我们可以窥见学生基于不同角度的不同认识。有的学生表达了动态过程中对图形变化的直观感受，认为有无数种情况；有的学生则关注到了图形的静态特征，发现了图形的变与不变；另有学生能对这两种表达作出解释。我们惊喜地发现，不同视角的思维资源，蕴含着学生多样的几何经验。

2. 变一次性提炼为逐步完善

根据教材编排逻辑，对于四边形概念的归纳不宜一次性作出提炼。从长方形的拉伸变化中得到一般四边形，在角与边的变化中凸显图形"四个角、四条边"的不变特征。但是，按这个路径产生的都是四边形的正例，缺少反例的支撑，且学生对"直边（线段）""封闭"这些隐性特征的感知存在差异，而缺少感知基础的概念提炼可能导致强行"贴标签"。因此，我们顺着学生的认知，采用逐步完善的方式进行提炼。

在"拉伸图形"环节，对拉伸得到的一系列图形给出如下描述：像这样有四条边、四个角的图形，在数学上都叫做四边形。在"认识三角形"环节，让学生想象并描绘"如果把它们（多边形）排成一排，那么在队伍的最前面，边数最少的多边形会是几边形呢"。果然，部分学生的认知偏差被充分暴露了出来：一边形（圆）、两边形（角）；"不对，圆没有角，而这些多边形都有角""而且圆的边是弯的，多边形的边应该是直的""不对，多边形没有缺口，要封闭，角没有封闭"。于是，在学生的对话思辨中自然提炼出"直边（线段）、围成"，无疑给他们留下了更为深刻的印象。

最初拉伸长方形时，虽然通过选择不同的顶点和不同的方向，产生了丰富多样的一般四边形素材，但还是存在一定的局限性，即总含有一个或两个直角，这是四边形的非本质属性，容易引起学生的误解。于是，我们融后续的练习于概念形成过程中，不断完善"四边形"集合圈：原来那些大大小小的长方形、正方形是四边形吗—围一个没有直角的四边形—围一个四条边相等的四边形（突破只有正方形的认识）。在这个过程中，学生需要不断"创造"出图形，且伴随着各种不同的完成路径，有成功也有失败。可喜的是，学生面对挑战时都是乐在其中的。

3. 变单调回答为灵动表述

本课在提问方面，更多地指向对观点的自主表达。例如，"谁来介绍一个熟悉的长方形""你认为拉伸后还是长方形吗？为什么""什么变了，什么没变""你能围出符合这些要求的四边形吗？你是怎么围的呢""如果把它们（多边形）排成一排，那么在队伍的最前面，边数最少的多边形会是几边形呢""在转动的过程中，这个长方形被分割成的两部分会是什么图形？有几种情况"。在反馈时，也注意指向学生对思考的自主评价："一个小朋友失败了，一个小朋友成功了，你有什么想说的""有同学认为有无数种情况，现在又有人说只有三种情况。你们觉得呢"。总而言之，我们期望能变"是什么图形，有什么特征"的单调回答为学生更加灵动的表述，让学生能够结合材料和自己的观点展开分析,淋漓尽致地展现他们的思维过程和个体感悟。

以"能否围一个只有三个直角的四边形"这一问题为例,学生从一开始的"简单"到后来的"困难",从起先顾此失彼的"轻易地假成功"到"慎重地反复尝试",从"笃信能够围成"到"开始质疑围成的可能性",从"带着疑惑再观察"到"终于发现不可能并给出充分理由",以及对小胖提出建议并佩服、感谢小胖,生动呈现了学生真实的学习过程。诚然,"是否存在只有三个直角的四边形"并不是小学要掌握的知识内容,这一探究的重要价值在于让学生能够在对问题的探究过程中,经历思维的不断碰撞,获得更多对图形的直观感悟。

三、体验与随想

边和角是研究图形的两个基本视角,三角形和四边形的认识是学生在低段学习中对平面图形的初步认识。基于此阶段学生的认知特点,我们在引导学生整体、直观地识别这两类图形的过程中,创设挑战性问题情境,设计有趣的任务,以拓宽他们的思维空间,积累更多的几何学习活动经验。

学生生动的语言,跳脱的思维,欢快的情绪,既显现理性思考的张力,又富含感性体验的乐趣,这既是学生的课堂学习,也是他们的课堂生活。我们享受这样的"真问题"教学。

第二节 线段、直线和射线

一、缘起与问题

"线段、射线、直线"是上海版《数学》四年级第一学期的学习内容(图6-14)。关于线段、射线、直线这三者的定义,教材将线段(一年级初步认识线段)作为原始概念,并由线段出发,分别定义射线和直线:一条线段,将它的一端无限地延长,所形成的图形叫做射线;将一条线段的两端无限地延长,所形成的图形叫做直线。

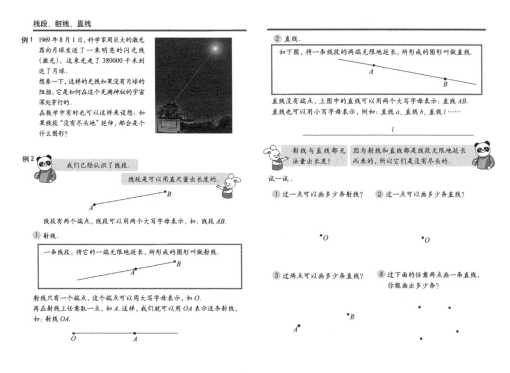

线段、射线、直线

例1 1969 年 8 月 1 日，科学家用巨大的激光器向月球发送了一束明亮的闪光线（激光），这束光走了 380000 千米到达了月球.

想象一下，这样的光线如果没有月球的阻挡，它是如何在这个充满神秘的宇宙深处穿行的？

在数学中有时也可以这样来设想：如果线段"没有尽头地"延伸，那会是个什么图形？

例2

我们已经认识了线段.

线段是可以用直尺量出长度的.

线段有两个端点，线段可以用两个大写字母表示，如：段段 AB.

① 射线.

一条线段，将它的一端无限地延长，所形成的图形叫做射线.

射线只有一个端点，这个端点可以用大写字母表示，如 O.
再在射线上任意取一点，如 A. 这样，我们就可以用 OA 表示这条射线，如：射线 OA.

② 直线.

如下图，将一条线段的两端无限地延长，所形成的图形叫做直线.

直线没有端点，上图中的直线可以用两个大写字母表示：直线 AB.
直线也可以用小写字母表示，例如：直线 a、直线 b、直线 l……

射线与直线都无法量出长度！ 因为射线和直线都是线段无限地延长而来的，所以它们是没有尽头的.

试一试.

① 过一点可以画多少条射线？ ② 过一点可以画多少条直线？

③ 过两点可以画多少条直线？ ④ 过下面的任意两点画一条直线，你能画出多少条？

图 6-14

通常，教师在课堂上会安排学生动手画一画；在初步构建射线、直线的概念时，也较为关注对线段、射线、直线三者特征的比较. 射线与直线都有"笔直地无限延伸"的含义，教材通过介绍激光在"这个充满神秘的宇宙深处穿行""没有尽头地延伸"，以便让小学生能更加形象地想象并体会"无限延伸". 那么，对小学生来说，真正的挑战是对"无限延伸"的想象，还是怎样用一个有限的图形来表征"无限延伸"的含义？关键是，学生今后看到射线、直线时，能否自觉"看"（想象）到它们"无限延伸"的状态？又能否意识到三种线的记录方式与其各自的本质属性相互关联呢？

二、研究与行动

【片断 1】线段的再认识、几何表征和符号记录

师：（出示图 6-15）这些不同的笔，如果不看它们的形状、粗细等，只关注它们的长短，可以用学过的哪种数学图形来表征它们的长短呢？想一想，这个图形有怎样的特征？（同桌交流）

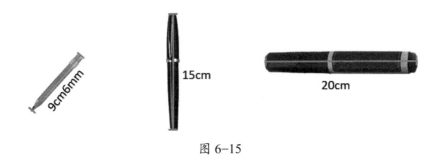

图 6-15

生：我想到了线段。

生：线段是直直的，可以用直尺量出长度。

师：在画线段时，为什么两端要画两条"小竖杠"呢？

生：表示线段的两个端点。

师：是的。线段上有无数个点，一个点对应唯一的一个位置。"小竖杠"所表示的这个位置就是线段的端点，有时也用粗且深的点来表示（图 6-16）。

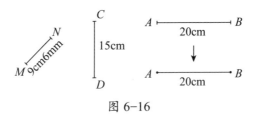

图 6-16

师：以这里最长的一条线段为例，两个端点分别用字母 A、B 来表示，可以怎样来表示这条线段呢？

生：AB。

师：我们要说完整，应该是"线段 AB"。大家猜一猜，可不可以表示为"线段 BA"？为什么？

生：可以，因为点 A 和点 B 都是端点，哪一个字母写在前面都一样。

师：有道理，这两个点的"身份"是一样的。想象一下，从点 A 开始一直画到点 B 结束，或者从点 B 开始一直画到点 A 结束，是不是同一条线段？

生：是的。

生：不是，我可以用细一点的笔画出两条线段。

师：对于数学上的点，它的大小并不是我们所要关心的，我们只关心它所在的唯一位置。

生：那我懂了，从点 A 到点 B 和从点 B 到点 A，画出的是同一条线段。所以，线段 AB 也可以记作线段 BA。

师：不管是以哪个点为始，哪个点为终，因为线段有两个端点，使其有始有终，也就可以测量它的长度了，我们就说线段是可以度量的。请试着记录一下另外两条线段。

〖简析〗点、线是构成图形的基本要素。遵循学生的认知，在低段时通过直观感知已初步认识了线段（通过直观图形，用"这些都是线段""线段可以用直尺量出长度"等方式进行描述，目标定位是"识记"）；到了这一阶段，开始由直观感知过渡到分析线的特征，且通过学生已经认识的线段来引入新知则显得十分自然。

那么，用什么样的任务（问题）既能唤醒学生的已有认知，又具有一定的挑战性，让学生能产生新的思考？教学时，我们创设"三支不同长度的笔"的情境，以唤醒学生在先前学习中积累的测量经验，并通过逆向设问"如果不看它们的形状、粗细等，只关注它们的长短，可以用学过的哪种数学图形来表征它们的长短呢"，让学生聚焦"度量长度"，主动搜寻和联想相应的图形对象，并隐含了线段没有粗细的抽象属性。

"线段是直直的，可以用直尺量出长度"，这是学生在低段时的认知。进一步追问"在画线段时，为什么两端要画两条'小竖杠'呢"，引导学生从熟悉的线段画法出发，进行再思考、再分析，提炼出线段有两个端点的特征，并将端点的认识和端点的表征联系起来。

在线段符号记录的探讨过程中，再一次深化对两个端点的认知（"身份"相同、区别于线段上其他位置的点）。关于记录线段时两个字母是否可以交换的讨论则从另一个角度展开，即辨别从点 A 到点 B、从点 B 到点 A 画出的线段是不是同一条，隐含了两点之间只能画一条线段的事实。

虽然"点没有大小、线没有粗细"对小学生来说有些抽象，不宜刻意讨论，但学生对此的真实疑惑也是无法避免的，如学生提出可以用细一些的笔来画。在教学策略上，我们基于具体情境，不断引导学生想象并进行抽象，由点表示位置的唯一性推演出两个点之间的线段是唯一的，且学生对此是可以接受的。

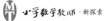
以上，基于数学本质对线段展开进一步思考和探讨，也为后续直线和射线的认识奠定了知识和思维的基础。

【片断2】直线的特征认识和几何表征

师：如果去掉线段上所画的两条"小竖杠"，让这条直直的线没有端点，你能想象出是怎样的图形吗？请你边想象边在空中比划，然后试着把它画下来。

学生在空中比划，示意延伸线段的两端。

师：你们有什么体会？

生：这条直直的线的两端可以一直延伸下去，无穷无尽。

生：还可以朝相反的方向无限延伸。

师：很好，大家把想象中的这条直直的线的特点都说出来了。既然是"无穷无尽""无限延伸"，那么你们在把它画到纸上时，遇到什么问题了吗？又是怎样解决的呢？（出示学生作品，如图6-17所示）请这位同学说说你的想法。

图6-17

生：我画到纸的边缘了，但它还能不断向两边延伸。

师：那换一张大一点、再大一点的纸呢？够不够？

生（众）：不够。

生：纸不可能大到无穷无尽。

师：是的。纸的大小总是有限的，那么要画出这个"无限延伸"的图形，该怎么办呢？请在小组内讨论一下你们刚才的这些作品，思考这样画合适吗？

呈现学生作品（图6-18）：

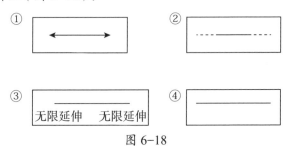

图6-18

生：我们小组认为 ①②③ 都是合适的，④ 不合适。因为 ① 号是用两个箭头，② 号用省略号，③ 号用文字，都是在表示这条直直的线的两端是无限延伸的。④ 号没有体现"无限延伸"这个特点。

师：你们牢牢把握住了从两端"无限延伸"的特点来观察并作出评价，那么绘制 ④ 号作品的同学，你有什么解释吗？

生：之前画线段时，用"小竖杠"表示端点，现在没有"小竖杠"这一标识，不就表示没有端点吗？既然没有端点，不就是表示"无穷无尽"吗？

师：这位同学能联系先前学习的内容展开思考，你们觉得他说的有道理吗？

生：哦！没有端点，也就意味着没有开始、没有结束，无限延伸。

师：是的。既然我们约定用"小竖杠"来表示直直的线上的端点，那么没有这个标识就可以表示没有端点，没有端点也就意味着这条直直的线的两端是无限延伸的，只是我们无法在有限的纸上画出这个无限的图形。这个图形可以代表我们头脑中想象的这条"两端无限延伸的直直的线"吗？

生（众）：可以。

师：看来，这四幅作品的表示方法都是有道理的，都在表示"两端无限延伸的直直的线"。大家猜一猜，数学上一般会选用哪种表示方法？

生：我猜是 ④ 号，因为它最简洁。

师：像这样两端无限延伸的直直的线，我们把它称为直线。以后，我们就可以通过画这样的图形来代表直线。现在，也请你在纸上任意画一条直线。

呈现学生作品（图 6-19）：

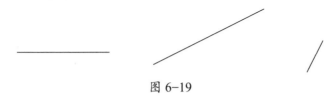

图 6-19

师：同学们都尝试画了直线，你们画的直线是不是有长有短呢？

生：看起来有长有短，其实不是的。它们都是无限延伸的，没有长短。

师：我们画的这个图形代表直线，肉眼看到的只是它的一部分，需要我们用数学的眼光赋以想象，才能"看"到真正的直线。直线向两个相反的方向无限延伸，没有端点，也就是无始无终，是不可以度量的。

〖简析〗直线、射线的无限延伸性，需要学生借助数学想象加以感知。实践中发现，从线段的"有限"发展到直线、射线的"无限"，这样的想象对学生而言并不难，而要把眼睛看到的"有限"自觉想象成"无限"，则有点难。

在教学推进方面，我们思考：可以设计怎样的任务让学生能在解决真实问题的过程中充分经历把想象中的"无限"转化成"有限"，即用"有限"的几何表征表达直线的"无限延伸"？于是，教学的核心问题就是：无法在有限的纸上画出这个无限的图形，那么哪种图形可以代表脑海中想象的这条"两端无限延伸的直直的线"呢？

任务分两个层次：首先，让学生想象并比划线段没有端点后会怎样，学生能够比划并描述出"两端无线延伸""无穷无尽""朝相反的方向无限延伸"等。然后，让学生把想象中的这个图形在纸上画下来，并追问"在画的过程中遇到了什么问题？又是怎样解决的"，学生基于自身想法，纷纷作出个性化表达。在对不同学生作品的思辨中，至于线的两端具体是用省略号、箭头、文字，还是什么都不标注，这些都不是重要的，重要的是让学生在这个过程中感受数学语言的表达，即借助相关符号在有限的纸上表征"无限的图形"。

当然，"直直的线上什么都不标"显得有点格格不入，从而成为争议的焦点。此处恰恰是关联线段表征的一个联结点：在线段中约定用"小竖杠"来表示异于其他点的端点，那么不作任何标记的时候则约定为没有端点，表示两端无限延伸。这是符合逻辑的解释，学生可以接受，且不会产生歧义。这里的表征不在于简单的对与错，重要的是一种逻辑自洽的思考方式的渗透。比如，"直线"概念系统中，如果约定两端什么也不标记的线为线段，那么用箭头来表征无限延伸也是合理的。

任务伊始，从去除"小竖杠"切入，引导学生想象线段没有端点会是怎样的，再讨论如何用"有限"表达"无限"，最终回到没有"小竖杠"的状态。不同的是，最初是教师给出任务引导学生想象（在一年级直观认识线段时，教师设计的判断练习中也经常会出现没有端点的线，但对端点的判断往往就题论题），最终学生在明白了来龙去脉之后，清晰地认识到用"有限"的画法来表征直线"无限延伸"的必要性和可行性，从而形成把看到的"有限"想象成"无限"的自觉意识。这也是后续学生自主提炼出直线"无限长、不可度量"属性的重要基础。

【片断3】直线的符号记录

师:(出示图6-20)请你试着在图中分别画出直线 OA、线段 OA。

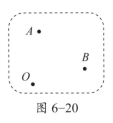

图 6-20

学生操作后,展示部分学生作品(图6-21):

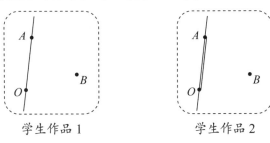

学生作品 1   学生作品 2

图 6-21

生:作品2是不对的。之前已经说过了,数学上的点不管画大还是画小,只表示唯一的一个位置,所以点 A 和点 O 之间的连线只有一条。作品1是对的。

师:作品1中,不是只画了一条直线 OA 吗?

生:线段 OA 就在这条直线上,是其中的一段,点 O 和点 A 就是它的两个端点。两端延伸出去后,整个就是一条直线了。

师:没错,线段 OA 是直线 OA 上的一部分。想一想,直线 OA 还可以怎么表示?

生:直线 AO,这与线段的表示有点类似。

师:是的。两点之间确定一条直线,这时点 A、点 O 都表示直线上的任意一点,记作直线 OA 或直线 AO。

师:想一想,过两点画一条直线,刚才的图中还可以画出哪些直线?请在旁边记录。

学生尝试画直线并记录。

师:记录直线时,可以用直线上任意两个点所对应的大写字母来表示,且字母不分顺序,如直线 OA 也可以记作直线 AO。除了可以用两个大写字母来表示以外，直线还可以用一个小写字母来记录，如直线 OA 还可以记为直线 l。有时还会用小写字母和数字相组合的方式来区分不同的直线。（出示图 6-22）比如，这幅图中的三条直线就可以分别表示为直线 l_1、直线 l_2、直线 l_3。

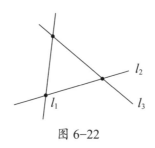

图 6-22

〖简析〗继续通过动手画的活动，让学生充分暴露对线的已有理解。基于对学生作品的思辨，引出"两点确定一条直线"，类比线段的记录方式得到直线的表征，在操作中感知并认识"线段是直线的一部分"。这里的任务设计，也将教材上的部分练习融入知识的形成过程中。更重要的是，思辨过程中的思考角度和逻辑思维也将直接影响学生对射线的自主认知。

【片断4】射线的特征认识、几何表征和符号记录

师：刚才，我们进一步认识了线段，又认识了直线，它们都有"直直的"这一特征。线段有两个端点，有始有终，可以度量；直线没有端点，向两个方向无限延伸，不可以度量。由此，你们又会联想到什么样的线呢？它又可以怎样画呢？试一试。

学生尝试画图，部分学生冒出"射线"的兴奋声音。教师收集学生作品（图 6-23），向全班展示。

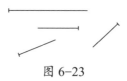

图 6-23

师：老师听到有同学在说"射线"，请解释一下你的想法和画法。

生：射线也是直直的，但它只有一个端点，向一个方向发射出去。

师："向一个方向发射出去"，很形象，谁能用数学语言来说说射线的这一特征？

生：从一个端点出发，向一个方向无限延伸。

师：原来射线也是无限长的呀！不过它有方向性，画的时候该如何体现射线的方向性呢？

生：用"小竖杠"来标识这一个端点，另一端不画"小竖杠"，就表示朝着这一端无限延伸。

师：想法很合理，把握住了射线的特征，也学会了如何画出这一无限长的图形。那么，射线又该怎么记录呢？我们可以将端点字母记为 C，再在射线上任取一点 D，就可以将其记为射线 CD。（出示图 6-24）思考一下，这条射线能记为射线 DC 吗？

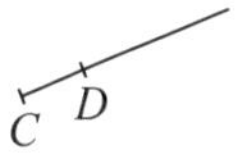

图 6-24

生：不可以，因为这幅图中点 C 才是端点，只能在这里，而点 D 可以随便在哪里，应该记为射线 CD。射线 DC 应该是以 D 为端点，它和射线 CD 是不一样的。

生：如果记为射线 DC，就是另外一条射线了。

师：你们理解他所说的"射线 DC 是另外一条射线"吗？能把它画出来吗？说一说体会。（学生尝试画图）

生：在三种线中，射线比较特别，它是有方向的，所以射线的记录方式只有一种，且端点字母写在前面。

师：（出示图 6-25）我们已经知道这幅图中有射线 CD、射线 DC，那么只有这两条射线吗？

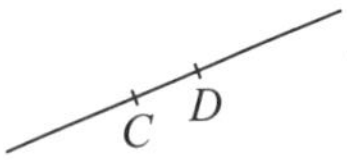

图 6-25

生：还有两条。以 C 为端点，向左下方不断延伸的也是一条射线；以 D 为端点，向右上方无限延伸的又是一条射线。

师：说得很好。如果要记录这两条射线，我们可以在相应的射线上再任取一点，把它表示出来。

师：那么在这幅图中，你还能看到其他的线吗？

生：还有线段 CD、直线 CD。

师：所以我们可以说，线段、射线都是直线上的一部分。

【简析】从标记线段的两个端点，引向没有端点而想象两端无限延伸的直线，并学会绘制、表征直线，再到主动联想和表征只有一个端点、另一端无限延伸的射线，这是逻辑上的必然，也是学生必须要经历的认知深化过程。

在主动建构的过程中,自然融入线段、直线、射线之间的联系和比较。相较于教材编排时先出示射线、再出示直线,实际教学时先教学直线,是因为考虑到在是否存在端点方面,两端都有端点、两端都没有端点这两种对称情况更易于学生把目光聚焦在如何用"有限"表达"无限"上,从而看到"有限"能自觉想象出"无限"。在此基础上学习射线,且学习的方法结构与直线是一样的。学生在将认识直线中的相关经验迁移至认识射线的学习中时,进一步加强了对射线两端不对称情况的关注,凸显射线的方向性。

【作业设计】

1. 这节课,我们研究了三种直直的线,请你将下表补充完整。

名称	特征		图形	记录
	直直的	两个端点(有始有终,可以度量)		
		0个端点(向两个方向无限延伸)		
		一个端点(向一个方向无限延伸)		

跟进访谈:射线为什么没有第二种记录方式?

2. 填一填:下图(图6-26)中,有_____条直线,_____条射线,_____条线段。

$$A \quad\quad B \quad C$$

图 6-26

跟进访谈:直线 AB、射线 AB、线段 AB 有怎样的关系?图中的三条线段之间有怎样的关系?记录时可否写成"$AB+BC=AC$"?为什么?

3. 根据要求,在图(图6-27)中画一画:

① 延长线段 MN,得到直线 MN;

② 延长线段 ON,得到射线 NO;

③ 反向延长射线 MO,得到直线 MO。

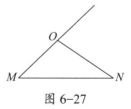

图 6-27

〖简析〗延伸是对象本身的一种状态,延长是对象所做的动作。本课例中没有直接说将线段延长,而是以端点的数量为线索,由端点数量及是否存在端点，引出学生对"无限延伸"的思考和表征，过程中突出对直线、射线"无限延伸"这一本质属性的理解与表达。通过跟进作业，让学生在独立思考中再次体会由线段无限延长而获得射线和直线，反向延长射线可获得直线，体会"延长"与"延伸"的不同。同时，再次体会直线、射线、线段之间整体与部分的关系。

【作业访谈】

1. 关于线的记录方式

问：射线为什么没有第二种记录方式？

答：直线和线段的两个点不管先写哪一个都可以，顺序可以交换。射线只有一种记录方法，（指自己画的射线 EF）因为它是从点 E 出发发射出去的，换成 FE 的话，出发点就不对了，就是另一条射线了。

追问：记录直线和线段时，两个点的顺序为什么可以交换？

答：因为它们不像射线那样，（指自己画的射线 EF）你看，这条射线是从点 E 出发往右发射的，只能往右，所以必须先写点 E。而直线和线段的方向没有限定，往右、往左都可以。

追问：也就是说，你觉得点 E 比较特别？

答：是的。你看，F 就是这条射线上随意的一个点，（在射线上随意指除端点 E 以外的其他位置）我让它在这儿、这儿都可以。（指自己画的直线 CD）直线可以向两个方向无限延伸，它没有出发点，所以点 C 和点 D 的位置可以随便在哪里。（指自己画的线段 AB）虽然线段上的这两个点——点 A 和点 B 并不随意，但它们都是端点，先写谁都可以。

问：你知道哪种线可以用一个小写字母来表示吗？

答：我知道直线可以用一个小写字母来表示。

追问：那你为什么不用这种方式记录呢？不是更简洁吗？

答：简洁是简洁，但我还是喜欢都用两个大写字母来表示，因为这三种线都是两个点确定了，线的表示方法也就确定了，这样记录比较统一。

问：还有一种线也可以用一个小写字母来表示，你认为是哪种？

答：线段。

追问：能说说你的理由吗？

答：因为射线比较特别，和其他两种线比较起来，它有方向上的区别。如果不考虑是不是能向两个方向无限延伸的话，其实线段和直线很像。

2. 关于线与线关系的表达

教师针对图 6-26 对学生进行访谈。

问：直线 AB、射线 AB、线段 AB 有怎样的关系？

答：射线 AB 是直线 AB 上的一部分，线段 AB 又是射线 AB 上的一部分。

问：图中这三条线段的关系可以怎么表示？

答：线段 AB+ 线段 BC= 线段 AC。

问："线段"都去掉，写成 $AB+BC=AC$，可以吗？

答：不行吧！这样写怎么知道是线段呢？说不定是直线或是射线呢？（学生自己停顿两秒，开始自言自语）不对啊，直线和射线又没办法量出长度，那就没法相加。（改变想法）我觉得"线段"省略也可以。

〖简析〗完成作业，是学生课后独立思考、自主再学习的过程。通过合适的任务，让学生在解决问题的过程中主动回顾概念本质，既检测了学生对线段、直线、射线的掌握程度，又引导学生基于已有的理解产生新的思考。

三、体验与随想

从教学内容来看，"直线"概念蕴含着直观与抽象的关系、有限与无限的关系、整体与部分的关系，是认识图形的重要基础。虽然学生在低年级时已接触过线段，但只是初步的直观认识。此阶段学习线段、直线、射线，学生对图形的认识开始从直观感知转向内涵分析、逐步抽象；目标定位也不再是"知道"，而是"理解"。

从日常教学反馈来看，学生对概念的理解是有偏差和困惑的。比如，"线段有两个端点，不能延长；射线只有一个端点，可以无限延长；直线没有端点，也可以无限延长"这一段描述，我们让已经学过这一内容的学生判断正误，54 人中有 48 人认为是正确的，仅有 6 人认为是错误的。这样的描述会引发概念的逻辑矛盾，是否未在课堂上引起足够的重视？习惯性描述的背后是否也透露出学生在理解上的浅显和偏差？几乎所有学生都可以很流利地回答直线的特点是"没有端点，也可以无限延长"，可是对于以下这样的问题（图6-28），部分班级的得分率只有 35.7%，错误集中在 A 选项，学生不能自觉想象第三个图形中直线无限延伸的状态。

下列两条直线互相垂直的有（　　　）组。

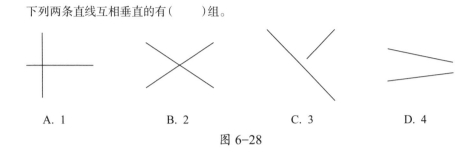

A. 1　　　　　　　B. 2　　　　　　　C. 3　　　　　　　D. 4

图 6-28

又如，一位已经进入下一学期学习"垂直与平行"的女孩在完成"过一点画一条已知直线的平行线"这一回家作业时，百思不得其解："我知道答案是只能画一条，但往上挪一点不就又可以画出一条吗？你看，数学书上的点还都这么大，稍微挪一挪，可以画好多条呢！"看来，课堂上没有被关注的"真问题"，终究压藏在学生的心里。

直面教学中的"真问题"，把对问题的思考有机融入教学任务的设计和实施中，力求情境、问题和活动能真正引发学生的"真思考"，让其在经历想象、画图、辨析、记录的一系列动手、动脑过程中，主动建构线段、直线、射线的意义，理解它们的本质属性、区别和联系。

第三节　角的认识

一、缘起与问题

边和角是组成平面图形的基本要素。上海版《数学》四年级第一学期紧接着"线段、直线、射线"内容之后学习"角"（图 6-29）。角的概念含义丰富，形状上表现为两条射线相交于一点，在度量意义上表示张开的程度。教材直接给出抽象的角的定义：一点（O）和从这一点（O）出发的两条射线（OA 和 OB）所组成的图形叫做角（静态）；角也可看作由射线绕它的端点旋转而成（动态）。并且，直接给出了角的记录方式（字母符号和数字符号）。

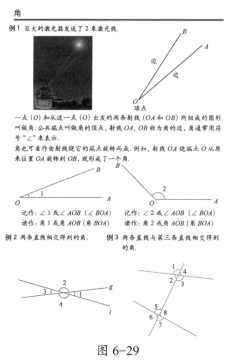

角

例1 巨大的激光器发射了2束激光线.

一点(O)和从这一点(O)出发的两条射线(OA和OB)所组成的图形叫做角.公共端点叫做角的顶点,射线OA、OB称为角的边,角通常用符号"∠"来表示.

角也可看作由射线绕它的端点旋转而成.例如,射线OA绕端点O从原来位置OA旋转到OB,就形成了一个角.

记作:∠1或∠AOB(∠BOA)
读作:角1或角AOB(角BOA)

记作:∠2或∠AOB(∠BOA)
读作:角2或角AOB(角BOA)

例2 两条直线相交得到的角.

例3 两条直线与第三条直线相交得到的角.

图 6-29

那么,如何设计并实施相应的活动任务,让学生能够在低段初步直观认识了"角有一个顶点、两条直边",初步感知"角的大小是张开程度的大小,与边的长短无关"的基础上,进一步在主动解决问题的过程中形成角的概念,并自主联系已有的知识和经验丰富角的含义?如何结合材料,迁移"线段、直线、射线"学习中符号记录的相关经验和思考逻辑,灵活、准确地用符号记录角?如何让学生能够对角的大小比较和大小刻画形成初步的感知,以为后续角的度量学习奠定较好的理解基础?

二、研究与行动

【片断1】从静态看"角"的概念

师:(出示图6-30)认识它们吗?它们有什么特征?

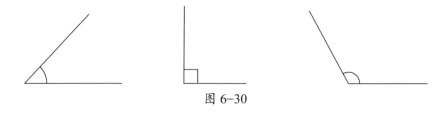

图 6-30

生：它们都是角。角有一个顶点，两条直边。

师：这是我们二年级时学过的图形，角是由一个顶点和两条直边组成的图形。（板书）今天，我们继续来学习角的知识。

师：现在四年级了，教材中对角又有了一个新的描述——角是由一点和从这一点出发的两条射线所组成的图形。（板书）比较一下，你有什么发现或有什么问题？

生：现在的说法中，在描述一个顶点的时候，说成了"一点"，两条直边说成了"从这一点出发的两条射线"。

生：为什么要将角的两条直边描述成两条射线呢？

师：问得好！两条线段能组成角吗？（能）为什么要将角的两条直边描述成两条射线呢？（学生一时无法应答）

师：不急，我们将一根小棒看成一条线段，用两根小棒搭一搭，边搭边思考。

学生很快搭出了角，教师组织同桌讨论。

生：两条线段可以搭出角，不过像这样把两条线段不断延长（图 6-31），变成两条射线后，角看起来"长大了"，但角度没有变。

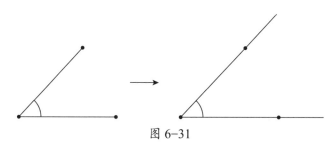

图 6-31

师：他所说的角"长大了"指的是什么？"角度"又是什么意思？

生：他说的角"长大了"指角的两条边变长了，角度是指两条边张开的程度。

生：我们二年级就学过了，角的两条边张开的程度越大，角就越大，与边的长短无关。

师：看来，两条线段确实可以组成角。但对于角来说，我们关心的是它的大小，即两条边张开的程度，与边的长短无关，所以我们将它的两条直边描述成射线。

〖简析〗同样是认识角，二年级的说法和四年级的说法有什么不一样？不一样的背后又有着怎样的联系？于是，课始教师直接提供两种说法，让学生自己进行对比、分析、提问。

"为什么要将角的两条直边描述成两条射线"，这是部分学生的真实问题。二年级学习角时，经常会利用小棒来搭角，学生眼中见到的"角"的直边也是有限长的。在此之前，学生刚刚学过线段、射线和直线，那两条线段能组成角吗？既然能，为什么角的两条边不说成"线段"呢？

另一方面，学生在二年级时就已初步感知了角的大小与边的长短无关，而这又与射线有什么联系呢？对此，部分学生能够自主勾连对射线的已有认知，并激活关于角度大小与边长短无关的经验作出解释，即：两条线段可以搭出角，不过像这样把两条线段不断延长，变成两条射线后，角看起来"长大了"，但角度没有变。在教师的追问与提炼下，更清晰地传达了"角的本质属性是角的大小，在这个意义上，将角的边描述为射线是有道理的"的意蕴。

【片断2】从动态看"角"的概念

师：（课件出示外滩灯光秀）灯光秀中你看到角了吗？请指出角的顶点和两条直边。

师：（播放一束光线旋转的画面）在这束光线转动的过程中，你还能看到角吗？

生（众）：能看到。

师：刚才有好几束光线，所以你们能很容易地看到角。现在只有一束光线，也能看到角吗？你们看到的角在哪里？

生：从发出光线的起点开始，转到终点的时候，就形成了一个角。

师：你们听懂他说的了吗？这个角的两条边在哪里？

生：这束光线刚要开始转动时的位置是一条边，转动后停下的位置是另一条边。

师：你们用数学的眼光看到这束光线在旋转的过程中形成了角。我们把这束光线开始转动时的位置称为角的始边，结束转动时的位置称为角的终边。

师：数学上，还这样来描述角——由射线绕它的端点旋转而成的图形。想象一下，刚才在这束光线转动的过程中，实际上形成了多少个角？为什么？

生：无数个角。任何一个位置都可以成为始边，任何一个位置也都可以成为终边。

生：转动时，只要一条边的方向改变一点点，就形成了一个角。

〖简析〗只要有合适的情境和问题，学生基于自身理解所作出的个性化表达总是那么鲜活。在此基础上，对概念的抽象与提炼就变得水到渠成了：角也可以看作由射线绕它的端点旋转而成。

真正参与问题的思考中，也更容易激发学生的感知能力。"想象一下，刚才在这束光线转动的过程中，实际上形成了多少个角？为什么"这一问题一经抛出，学生不仅能展开想象，还能自主运用概念作出解释，表明对概念已做到真正理解。基于问题驱动及学生的积极参与，角的丰富含义自然形成。

【片断3】角的符号记录

师：角用符号"∠"来表示。（出示图6-32）这个角可以记作∠O（字母符号），也可以记作∠1（数字符号）。

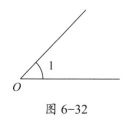

图6-32

教师出示学习单，组织学生独立完成。

学习单

1. 请你用符号分别表示下面三角形中的三个角。

记作：_____或_____

记作：_____或_____

记作：_____或_____

2. 下图中的∠1、∠2分别还可以怎么记录？你会提出什么问题？

∠1还可以记作：_____

∠2还可以记作：_____

问题：_____

学生完成后互动交流，主要疑惑出现在第2题。

生：如果用字母来表示，怎么都是∠A呢？这样就分不清谁是谁了呀。

师：很会思考。一个记录∠A，但所对应的角却不是唯一的，看来需要调整记录方式。想一想，这时该怎样用字母符号记录角，才能辨识清楚这些不同的角呢？

讨论一：用一个字母不行了，那么应该用几个字母？

生：两个字母。

生：不行的，那是角的一条边。

师：是的，而且如果是公共边的话，如AC是∠1和∠2的公共边，这样也区分不清谁是谁。

生：角有一个顶点、两条边，那就用三个字母。

师：有道理。一起来看一看，用三个字母是否可以区分这几个角呢？如果能，你们还可以提出什么问题吗？

讨论二：需要考虑这三个字母的顺序吗？为什么？

师：思考这个问题时，请大家结合第1题三角形中三个角的表示。

讨论后学生发现，用三个字母表示，如果不规定字母的顺序，对于第1题表示三角形三个角的问题时，又会出现同一种记录方式对应几个角的情况，使得所要表示的角难以辨识。由此引出数学上的规定：用三个字母表示角时，顶点字母放中间，两条边上的两个字母分别放两旁。

追问：（指第2题图）点A是这些角的顶点，那么，另外的点B、点C、点D又分别点在哪里？为什么可以不标记出来？

生：因为它们是角的边（射线）上的任意一点，随便在哪里都可以。

〖简析〗角的符号记录是数学符号语言的表达，虽然是一种规定，但规定背后又有着怎样的思考逻辑？逻辑链上又关联着哪些概念本质？这样的思考和经历，对学生素养的培育颇具价值。因此，在进行学习活动设计时，我们将角的符号记录这一知识，变直接获取为以问题为导向的自主探索。

在简单介绍用数字或一个字母符号表示角后，学生能很容易地完成第1题，可在第2题中产生了认知矛盾：不同的角用一个字母表示出来的结果是一样的。这显然不符合"数学符号所指对象的确定性"，进而提出进一步讨论的问题：用几个字母？两个行吗？三个？看似用三个字母可以区分不同的角了，教师引导学生联系第 1 题，再次产生认知矛盾，由此生成"需要考虑这三个字母的顺序吗？为什么"的问题。对这些问题的思考，与"线段、射线、直线"学习时对符号记录的思考是一脉相承的，而这样的数学思考需要让学生体验多次，由此才能真正内化为学生的素养。

【片断 4】角的大小比较和刻画

师：（出示图 6-33）从这些彩色纸片上，你看到了什么图形？请将它们按从小到大的顺序摆一摆。

图 6-33

学生观察、操作，并在桌面上摆出自己的比较结果。

师：（呈现两类学生作品，如图 6-34 所示）比较一下这两种摆法，你有什么想说的？

作品一 作品二

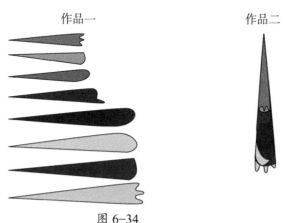

图 6-34

生：作品二从上到下叠在一起，可以看出这些角都是相等的。

师：怎么看出这些角都是相等的呢？

生：角的两条边都分别重合在一起，它们张开的程度都是一样的。作品一的同学是按照边的长短从小到大排的，这是不对的，因为角的大小跟边的长短无关。

生（作品一）：我就是根据纸片的大小来摆的。

师：那你们觉得如果是像他这样从小到大排，比的是什么呢？

生：是在比面积的大小。

师：是的。如果你们眼里看到的是一个个不规则的平面图形，那么这样排就是在比这些图形的面积。如果你们看到的是一个个角，知道比的是角的大小关系，那么通过重叠，可以发现这些角的大小都是相等的。关于角，我们重点研究的是角的大小。

师：（课件出示图6-35）你能在练习纸上画一个和它同样大小的角吗？有没有困难？

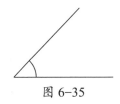

图6-35

生：在练习纸上画的话，可能角度不准，边的长短也会画得不一样。

生：老师说的是画一个和它同样大小的角，角的大小跟边的长短没有关系。只是，这个张开的程度不太能画得一样。

师：你很会倾听，也说到了关键。你们说角度很难画准确，就目前屏幕上有的材料，你有什么办法吗？

学生观察思考，教师耐心等待。

生：我想用我们刚刚比过的相等的小角，先把它们的顶点和要画的角的顶点重合，然后把这些相等的小角塞到这个大角里去，最后把它们在练习纸上拼出来。

师：好一个"塞"字！听懂他的意思了吗？按照他的方法估一估，这个大角里可以塞几个相等的小角呢？

生：全部放进去是不可能的。

生：我觉得可以放三个。

师：我们来验证一下！（请学生在课件上拖动小角并形成图6-36）正好塞进四个！现在你能把这个角"搬"到练习纸上了吗？试一试。

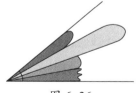

图 6-36

学生在练习纸上拼角，并想办法把拼出的角描画下来。

师：在画的时候，有什么要注意的？

生：拼好以后，要用手或橡皮压住，要不然很容易移动，角度就不准了。

生：小角的顶点要对准在一个点上，还要一个一个紧挨着摆放，不能有空隙。

师：刚刚大家说了很多注意点。想一想，把这四个小角拼成的大角画下来时，怎样可以不受小纸片移动的影响？（小组讨论交流）

生：先把一条边画好，再一个一个紧贴着拼，在最后一个小角的边上点上一点，连起来。这样就不会歪来歪去了。

师：真会动脑筋。你来示范。大家边看边想，他的方法好在哪里？（图6-37）

图 6-37

生：他先画好始边，再拼，最后画终边。

生：画终边时，他先沿着纸片在终边上点一个点，再和顶点连起来，就画出这个大角了。

师：对，他用到了两点确定一条直线的知识！

生：噢，这样的话，小角移来移去就没关系了，不需要小心地压住它们画了。

师：想一想，这四个相等的小角，可以画出几种不同大小的角？

生：四种，分别是用一个、两个、三个和四个小角拼成的。

师：那如果有五个、六个……更多相等的小角呢？（出示图6-38）

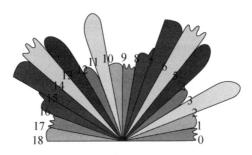

图6-38

〔简析〕角的大小的含义、定性比较以及定量刻画都是本课重要的学习内容。在正式进入量角学习之前，通过创设给彩色纸片角按大小排序并拼出作品的活动任务，引导学生用数学的眼光观察图形，并进行相关思考与表达。

学生基于真实的作品展开观察、比较和对话，厘清图形的面积大小与角的大小这两个不同的概念。学生在操作过程中自然地复习了用重叠法（顶点重合、边重合）比较角的大小，明白了两边完全重合表明两边张开程度是一样的，也就是角的大小相等。

进一步，创设画角任务，学生根据当下情境智慧地想到将小角塞到大角中去，实则是"用单位角度量"这一思想的萌芽。在拼角、画角的过程中，学生亲历了纸片容易移动、角画不准确的现实问题，"用手或橡皮压住""拼的时候不能有空隙""先画一条边—拼角—画一个点—两点连线"，这些都是学生自主解决问题的智慧体现，既不断回溯相关概念，又为后续学习量角、画角打下了思想方法的基础。而事实上，由若干个小角拼成的形象就是量角器的雏形。

三、体验与随想

线与角是几何学习的重要基础内容，但这部分内容比较抽象，相对枯燥。因此，更加需要我们基于单元整体视角精心设计学习活动，在具体教学时关注学生的真实思维状态，让学生在解决问题的过程中能够自主形成概念、理解概念并运用概念,学会用数学的眼光观察现实世界,用数学的思维思考现实世界,用数学的语言表达现实世界。我们在"真问题"教学实践中能真切感受到,若问题能成功驱动学生进行主动理解与表达,学习就不再是枯燥的,且这样的学习往往也是有深度的。

第四节　角的度量

一、缘起与问题

上海版《数学》四年级第一学期"角的度量"的教材编排如图 6-39 所示。"角的度量"的学习,着眼核心素养导向,主要涉及量感和空间观念。量感方面,主要包括对角的大小的直观感知,对统一度量单位的认知,以及对角度的估计等;空间观念方面,主要包括对不同位置或开口方向、边的长短不一时的角的大小关系的感悟。

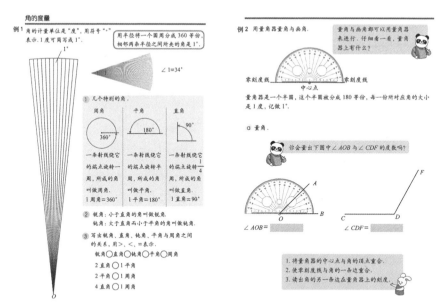

图 6-39

"角的度量"属于"图形与几何"领域"图形的认识与测量"主题,由于角的大小属二维特征,与长度的一维特征相比有着较大差异,因此"角的度量"是一个难度较大的教学内容。日常教学中常见这样的现象:学生读不懂量角器，只会按步骤机械操作；读数时搞不清该看哪一圈的刻度；对于非水平位置的角，不知该如何放置量角器……我们认为，由单纯地以知识技能为目标的测量教学转向对学生核心素养的培育，是解决上述问题的现实需要。

量角技能背后所指向的量感，需要对知识本质（角的大小、量角、量角器的本质）有充分的过程性理解，对概念的深刻把握又需要空间思维作支撑；同时，概念的理解、技能的形成又可促进学生空间观念的发展。当然，这些目标的达成都离不开有效的学习活动设计。

二、研究与行动

● 读"角"——在空间位置变换背景中建立1度角的大小观念，形成由单位角累积成不同度数角的认知

1. 1度角有多大

引入：上节课我们经历了用多个同样大的小角拼成一个大角的过程，这其实是把一个小角的大小作为度量角大小的临时单位。我们在测量长度时，有统一的长度单位，如厘米；在测量面积时，有统一的面积单位，如平方厘米；而在测量角的大小时，也有统一的计量单位——"度"。那么，1度角有多大呢？

课件动态呈现教材中"用半径将一个圆周分成360等份，相邻两条半径之间所夹的角是1度"的规定（先将整个圆周均分成36份，如图6-40所示；再将每份均分成10份，如图6-41所示），并引导学生观察、感知和想象：用以平分的这些半径在哪？为什么不全部画出？进而通过对不同位置1度角的展示和想象（图6-42），帮助学生建立1度角大小的表象。

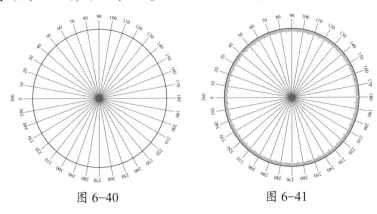

图 6-40   图 6-41

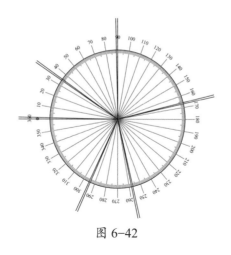

图 6-42

2. 它们各有多大

教师借助课件，先固定角的一边，另一边旋转到任意位置时立即暂停（图 6-43），请学生尝试读出角的度数，体会含有几个 1 度角就是几度，并在此过程中认识一些特殊角。然后不再固定一边，随机出示不同方位、任意度数的角（图 6-44），请学生读角并进一步体会含有几个 1 度角就是几度，角的大小与角所在位置、开口方向无关。

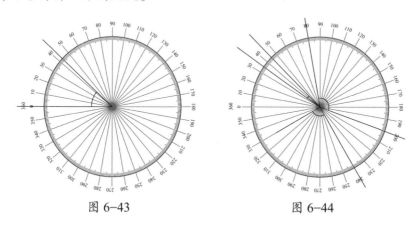

图 6-43   图 6-44

〔简析〕关于 1 度角的规定，教材中的文字描述和图示较为抽象，不利于学生形成整体感知和丰富表象。于是，我们充分利用课件，将抽象的材料转换成直观鲜明的具体形象，引导学生经历知识的形成过程。

先由可视半径将圆周均分成 36 份（视觉形象），再将每一份均分成 10 份，即把圆周均分成 360 份。让学生想象这些半径分割线在哪里，并分析不全部画出的原因（视觉表象）。进而出示 1 份所对的角，明晰 1 度角；然后显示不同位置的 1 度角（视觉形象），并引导学生想象其他位置的 1 度角（视觉表象）。在这些丰富素材的支撑下，学生形成了 1 度角大小的表象并发现：1 度角两边张开程度很小，其大小与角所在的位置无关。

角的度量的本质之一是看角中包含多少个单位角即 1 度角，包含几个就是几度。教师借助课件，引导学生对动态角的大小进行认读，想象 1 度角的不断拼合、累积过程，从而读出相应度数，其间让学生认识一些特定的角（如 30°、60°、90°、120°、150°），留下相应的大小印象；开展读不同方位静态角的活动，请学生先利用头脑中已有的一些角度进行估计，再读出角的度数。

通过以上活动引出结论：角的大小与角两边的相对位置有关，即与角两边张开的程度有关，而与角的位置、开口方向、所画边的长短无关，从而使学生对"角的度量"建立起正确的空间位置观念。

● 找"角"——从量角器上灵活地找出不同位置且度数已知的角，在"已知角"与"未知角"的重合中体会量角器量角的原理

1. 你能在量角器上找到 40 度角吗

师：（出示量角器，如图 6-45 所示）量角器上有角吗？

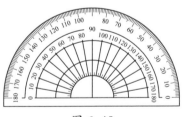

图 6-45

生：（指量角器的曲边）没有角，这儿是弯的。（只关注外形）

生：（指量角器中心点处左右两个直角）有两个直角。（看到了显性的角）

生：有许多已知度数的角。（有的学生只看到刻度，对应的角的表象是模糊的；有的学生已关注到隐性的角，表象清晰）

师：能试着在量角器上找到 40 度角吗？

学生在纸片量角器上尝试画出，教师呈现学生作品（图 6-46），即只画了

一条指向"40"刻度线的边。

生：角应该有一个顶点、两条边，他漏画了零刻度线上的那条边，应该补上。（图 6-47）

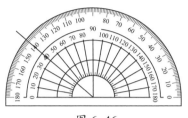

图 6-46   图 6-47

师：只能补上这一条吗？

生：还可以是反方向的。

生：不行，那样就是钝角了，看外圈的刻度，是 140 度。（图 6-48）

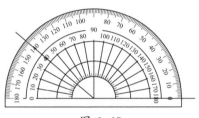

图 6-48

师：怎么知道该看内圈刻度还是外圈刻度呢？

生：一条边指向的零刻度线在哪圈，另一条边的读数就看哪圈的刻度。

师：我们来观察一下量角器的两圈刻度，同圈刻度从 0 到 180 有序排列。角的大小是指两条边张开的程度，所以要看同一圈的两条边所对的刻度，看清零刻度线在哪圈很重要。（指图 6-47）两条边分别指向内圈刻度 0 和 40，说明所形成的角包含 40 个 1 度角，所以是 40 度。（指图 6-48）刚才有同学说这个角是 140 度，谁来解释一下？

生：一条边指向外圈刻度 0，另一条边指向外圈刻度 140，说明包含 140 个 1 度角，所以是 140 度。

师：回到之前的问题，40 度角的另一条边真的不能在其他位置了吗？

217

生：可以在内圈，指向80那里！（图6-49）

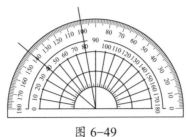

图 6-49

师：为什么这个角也是40度？

生：从内圈刻度40到内圈刻度80，包含了40个1度角，所以它也是40度。（图6-50）

生：也可以沿着外圈刻度看，从100到140，也是40个1度角拼合在一起，所以它也是40度。（图6-51）

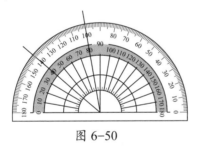
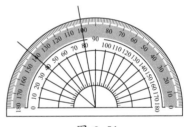

图 6-50   图 6-51

师：想一想，你能在量角器上找到几个40度角呢？

生：能找到很多，只要同圈两个刻度差是40就可以。（课件出示图6-52、图6-53）

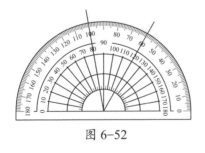

图 6-52   图 6-53

教师引导学生观察实物量角器，有序想象一些不同位置的40度角，边观察边用手比划。随后课件演示，对接想象。

师：这些角跟你想象中的40度角一样吗？量角器上有许许多多的40度角，不过刚才我们找到的都是开口向上的，能不能找到开口向下的40度角呢？（学生沉默片刻）

生：将量角器倒过来就可以了！

请学生观察倒放的量角器，有序想象一些不同位置的40度角。有困难的学生可借助纸片量角器上已有的形象进行思考。

课件出示（图6-54）：

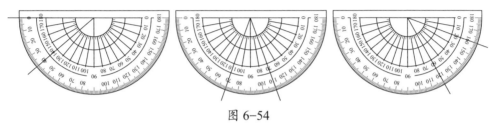

图 6-54

师：刚才我们通过量角器上不同的刻度线得到了不同方位的40度角，现在你能否利用量角器上的同一个40度角，得到不同方位的角呢？（学生讨论）

生：不停地转动量角器就可以！

学生再次操作、想象，有困难的仍可借助纸片量角器上已有的形象来思考。

课件出示（图6-55）：

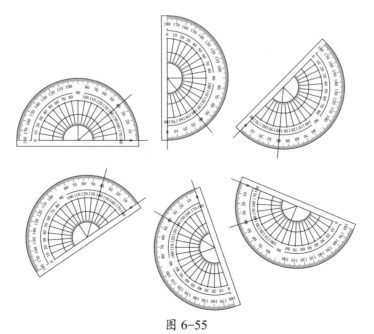

图 6-55

师：现在你们有什么体会？

生：40度角可以在量角器上的许许多多位置，只要包含40个1度角就行。

生：转动量角器，量角器上的同一个角的度数不变，方位改变。

师引导总结：其实，量角器上有各种已知度数的角，"看"到它们，并灵活地转动量角器，就可以得到不同方位的这个度数的角。

2. 你能在各种图形中找出40度角吗

师：你能运用手中的量角器，找出下列图形（图6-56）中的40度角吗？

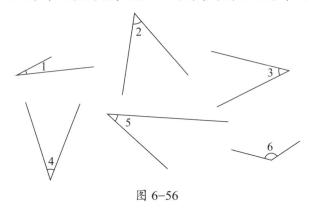

图 6-56

学生尝试操作，教师巡视并适时指导。学生找角的过程大致为：利用40度角的已有表象，可以马上判断∠1、∠6明显不符，剔除；剩下四个角看起来与40度角比较接近，且方位各异，需要借助量角器逐一度量并判断。学生在操作比较中发现，一般情况下，利用量角器上的零刻度线读数较方便。教师进而组织学生估一估先前剔除的两个角的大小，并度量检验，最后概括量角的操作方法。

〖简析〗角的度量的本质之二是所要度量的"角"与"标准的角"（已知度数的角）的重合。而量角器的本质就是在0度～180度的范围内各测量单位（各种已知度数的角）的集合。因此，对于学生来讲，概念理解层面的"角的度量"的真正方法是：先"看"到量角器上各种已知度数的角，再将其与要测量的角重合，读出量角器上角的度数，即为要量的角的度数。学生唯有对此进行具体的学习，建立起丰富的表象，才能更好地掌握并概括量角的操作技能：角的顶点和量角器的中心点重合，一条边和零刻度线重合，看另一条边所对应的刻度，从而更自觉、更灵活地运用工具。

上述活动中，学生经历了"从量角器上初步找角—在纸片量角器上画（找）出不同方位的40度角—借实物量角器动态想象不同位置的40度角—转动量角器想象性地'看'（找）到不同方位的40度角—找（量）出不同图形中的40度角"。

只能补上这一条吗？40度角的另一条边真的不能在其他位置了吗？你能在量角器上找到几个40度角呢？能不能从量角器上找到开口向下的40度角呢？……在不断追问与课件辅助的引导下，持续激发学生的空间想象力，去进行形象与表象的不断对接，进而抽象出操作方法。

● 猜"角"——开放性的想象推理，引导基于量角本质思考问题并提升空间思考力（课后作业与互动讲评）

1. 被纸遮住的角（图6-57）可能是几度（课后作业，学生先独立完成，再互动讲评）

图 6-57

生：可能是60°，这时被遮住的边与量角器上右边的零刻度线重合。（图6-58）

生：还可能是120°，这时被遮住的边与量角器上左边的零刻度线重合。（图6-59）

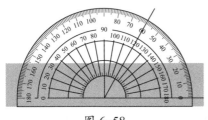 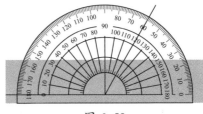

图 6-58　　　　　　　　　　　　图 6-59

生：如果被遮住的边与量角器上其他（非零）刻度线重合，这个角的度数就有很多种可能了。

师：可能的度数有范围吗？

生：小于180度都有可能。

生：不对，最大只能是120度。

生：另一条边如果在这条露出边的右侧刻度线上，这个角可能是0度~60度；如果在左侧刻度线上，这个角可能是0度~120度。

课件动态演示可能情况中的任意一种（图6-60），与学生的想象对接。

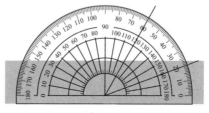

图6-60

2. 最大只能是120度吗

师：这个角最大只能是120度吗？（课件闪现静态画面，如图6-61所示）

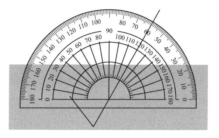

图6-61

学生恍然大悟：如果角的顶点不在中心点上，另一条边不在刻度线上，那就读不出角度，所以哪个度数都有可能！

课件继续动态演示被遮一边不在量角器任一刻度线上的各种情况，再次验证学生的想象与推理。

〖简析〗"被纸遮住的角可能是几度"的活动中不仅涉及图形的测量，还涉及图形的特征、位置和运动，解决问题的过程是一个融入观察、想象、分析、推理和表达的过程。

在这样一个充满挑战性和趣味性的活动中，学生先通过空间想象、空间推理在头脑中形成表象，再通过语言、动作尝试描述所思所想，进行生生、师生间的交流互动，并借助课件演示进行验证，学生从中得到启示，进而反思、调整，并进一步抽象推理、归纳概括。

在一次次具象与抽象的碰撞中，学生的思维不断深入，言语信息与视觉信息的灵活转换促进了想象能力、推理能力及抽象概括能力的发展，提升了空间思考力。

三、体验与随想

看懂量角器，用转量角器。有效的操作技能背后是深刻的概念性理解。

首先，帮助学生形成概念性理解需要教师具备单元整体意识，从线段、直线、射线的认识到角的认识，再到角的度量，始终用问题、任务、活动激活学生的原有经验，使其主动调用已有认知，初步形成个性化的理解，并在解决问题的过程中产生新的关联、思考、碰撞、对话、反思、提炼，不断深化对概念的理解，发展核心素养。

其次，不能灵活地用转手中的量角器，与学生的空间感不强有着密切关联。在深入认识"角的度量"相关概念并运用这些概念的过程中，蕴含着诸多训练学生空间思维的契机。教师应尽可能地提供丰富的素材，创设适宜的学习活动，激活学生的空间思维，引导他们在形象、表象与抽象的来回穿梭中发展空间观念。

【命题链接】

我们设计了如下题目，以检测学生对"角的度量"知识内容的理解和掌握情况。

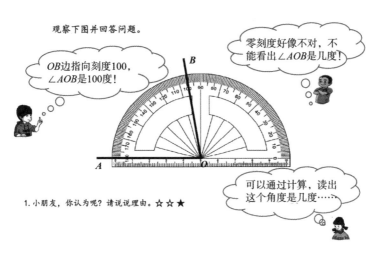

观察下图并回答问题。

OB边指向刻度100，∠AOB是100度！

零刻度好像不对，不能看出∠AOB是几度！

可以通过计算，读出这个角度是几度……

1. 小朋友，你认为呢？请说说理由。☆ ☆ ★

2. 我们平常使用的量角器一般有两圈刻度，这有什么好处呢？☆ ★

学生作品如图 6-62、图 6-63、图 6-64 所示：

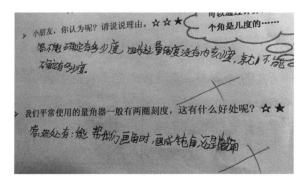

图 6-62

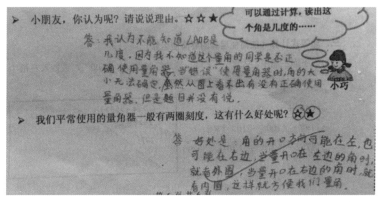

图 6-63

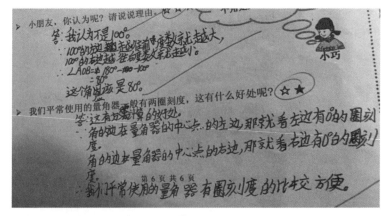

图 6-64

有教师说道，他的学生答题时写的是"让小胖去重新买一把量角器"。该名教师反思：这是我的问题，教学时学生一开始买来的量角器五花八门，我就让他们重新买一把统一规定的量角器。关键是，他们只学会了技能，没有掌握原理，这个只有一圈刻度的量角器他们就看不懂、不会用了。

在"真问题"教学实践研究中，我们经常通过命题以及弹性、灵活的评价方式撬动并激励教师进行教学反思，进而作出改进。

第五节　体积单位的认识

一、缘起与问题

"动手出智慧"源于皮亚杰的认知发展理论，强调儿童与环境的互动，让儿童通过动手操作、探索环境来获得经验，从而促进其认知的发展。"指尖上的智慧"也常被教师作为教学中促进学生理解和掌握知识的有效策略。上海版《数学》五年级第二学期"体积单位的认识"一课，有教师试图让学生在充分的动手操作中经历体验式学习，形成立方厘米、立方分米、立方米概念，并认识相互之间的进率关系。

教师为学生准备了很多可以操作的学具（图6-65）。利用学具展开教学，主要环节有：体验1立方厘米，用1立方厘米正方体拼搭组合体，并说一说组合体的体积；体验1立方分米，自制一个1立方分米的正方体，通过拼搭，研究1立方分米与1立方厘米之间的关系；学生4人手拉手，体验1立方米大约有多大……

图 6-65

体验活动密集，但学生似乎只是在"奉命"行动，缺乏主动思考和深度参与。执教教师反思：虽然我有意识地想放手让学生自己研究，他们确实也在动手操作中感知并形成了本节课的相关知识，但教学节奏还是掌控在我手里，带着学生一步步地认识立方厘米、立方分米，直至立方米，他们的思维还是被我"牵着走"，没有充分打开。那么，该如何改进呢？

二、研究与行动

我们认为，对于活动，不应只是显性的操作实践活动，更要融合学生内隐的思维活动；课堂教学不应只是形成数学概念，更要让学生在主动建构意义的过程中积累活动经验。基于此，我们作出如下改进。

● 细化目标设计

原来的教学目标：① 初步认识体积单位立方厘米、立方分米、立方米；② 在实践操作中领会立方厘米与立方分米、立方分米与立方米之间的关系；③ 培养学生的空间想象能力，积累体积经验。

改进后的教学目标：① 在操作活动中经历类推、说理等过程，建立立方厘米、立方分米、立方米的概念，初步形成量感；② 在直观感知中积累体积单位进率推算的经验；③ 在解决问题的过程中，增强关于体积的三维空间观念，积累用统一单位度量以及具体情境下选择适当单位的初步经验。

改进后，目标更清晰、具体，更具教学的导向性。

● 改变任务呈现方式

1. 不复习，直接设问

（1）关于体积，我们已经知道了什么？还要研究什么？（聚焦体积单位）

（2）能否联系之前学习的长度单位和面积单位，想一想：会有哪些体积单位？请记录你的想法。（主动勾连，类比推想，表达交流）

2. 改变原先三个体积单位分三个环节教学的模式，调整为大问题驱动

你能否利用盒中的材料，找到或做出 $1cm^3$、$1dm^3$、$1m^3$ 呢？并说说理由。（拓宽任务空间，提升思维挑战性，关注到全体学生的差异性，促丰富思考资源的生成）

● 聚焦学生反馈

大问题、大任务驱动下，课堂被充分激活。放手让学生自主研究，差异资源自然生成，且教师需要关注并理解学生的不同反馈。自主探究后的全班分享，则是课堂的聚焦环节。

1. 探究 1cm³

生：我是直接从学具中找了 1cm³ 的小正方体。

生：我用橡皮泥捏出 1cm³ 的小正方体，然后与 1cm³ 的小正方体学具比对。

生：我从吸管上剪出几段 1cm，想把它们连接成 1cm³ 的小正方体，快完成时发现不行，太大了。

师：依据是什么？

生：边长是 1 厘米的小正方形面积是 1 平方厘米，所以我认为棱长是 1 厘米的小正方体的体积就是 1 立方厘米。

2. 探究 1dm³

学生探究 1dm³ 的表现更是丰富、多元。

场景一：直接从盒中取出大正方体学具，有的学生用尺量边长，也有的学生沿着一条边数小正方块的个数，再确定长度。

场景二：也是取出这个大正方体学具，且直接取下最上层黄色的一板（10cm×10cm×1cm，如图 6-66 所示），认为这就是 1dm³，并用 1cm³ 的小正方体拼搭出这一图形。

图 6-66

场景三：有学生取出小棒，起初直接搭了一个正方体后就认为完成了任务，而后把 $1dm^3$ 的大正方体学具放入其中后意识到不对（图 6-67），于是再作调整，明确需要先剪出 1dm 长的小棒。有的学生从一开始就将小棒剪成 1dm 长的一段进行拼搭，之后将 $1dm^3$ 的大正方体学具放入框架中，发现有缝隙。而有的学生在搭了两三根小棒后，就发现小棒联结处有点粗，这段长度不能忽略不计，因此需要将每根小棒再剪短 2 毫米。

图 6-67

面对学生展现出的丰富差异状态，教师该如何组织反馈呢？

首先，对于直接寻找学具确定 $1dm^3$ 的学生，有学生找的是 10 层的正方体学具，有学生只取其中的 1 层，应该取哪一种？对此，教师鼓励学生自主说理。对比中，有学生已经意识到自己找的一层其实是 $100cm^3$，并不是 $1dm^3$，明白了"棱长 1dm 的正方体体积是 $1dm^3$，因此需要这样的 10 层"。

其次，对于起初用 15 厘米小棒拼搭，后来又剪短调整的情况，教师组织学生分享操作过程。学生反思：一开始只觉得 1 立方分米是一个大一些的正方体，学具盒里有老师提供的长一些的小棒，想当然地认为是老师事先准备好了的，肯定是对的。但搭着搭着就发现不对了，想到"棱长 1 分米的正方体体积是 1 立方分米"，而手中小棒的长度根本不是 1 分米。教师跟进：用棱长是 1 分米的正方体与搭成的这个正方体进行比较，发现所搭的这个正方体大了。想象一下，如果要测量出这个搭成的正方体究竟有多大，你们准备用什么单位去摆？学生初步感受：不能再摆棱长是 1 分米的正方体，可以用 1 立方厘米的小正方体去度量。

最后，针对学生明明是用 1 分米长的小棒来拼搭的，而拼搭后将 $1dm^3$ 的大正方体学具放入框架中发现有缝隙的情况，教师组织全班交流分析。学生发现：接缝处有厚度，实际搭成的不是棱长是 1 分米的正方体，应该再剪短 2 毫米。教师跟进：如果要测量出实际搭成的正方体的体积，你们打算用哪个单位去摆放？有学生联想到用比 1 立方厘米更小的单位——1 立方毫米去度量。

分享反馈学生的不同差异资源，在比较、反思、表达、交流、倾听、改进中，达成对 1 立方分米的共识，并形成相应的量感。同时，也不断积累了用统一单位度量以及具体情境下选择适当单位的初步经验。

3. 为什么没有人做出 $1m^3$

学生自然地感叹道：盒子中没有 1m 长的材料。由此出示任务：小组合作，试着利用教室中的已有材料找出 $1m^3$。

场景一：拿了 11 把米尺，并用围巾代替最后一条棱，拼搭出 $1m^3$。

场景二：拿了 4 块海绵垫子，将它们围起来，学生站在其中，感受 $1m^3$ 的大小。

......

师：所用材料不尽相同，但你们思考时有什么共同之处？

生：我们都是在想方设法搭出一个棱长是 1 米的正方体，棱长 1 米的正方体体积是 1 立方米。

师：老师看到有同学还用到了围巾，这条围巾表示什么？没有这条围巾行不行？

生：用围巾代替最后一条棱。如果没有这条围巾，就搭不成一个正方体，因为正方体有 12 条棱。

师：说得很好。那么，虽然不能搭成一个正方体，但影响你们想象这个正方体有多大吗？

生（众）：不影响。

师：如果再减少棱的数量，你们觉得减少到什么程度也可以让你们通过想象，确定这是一个 1 立方米的正方体呢？

......

三、体验与随想

收放之间，关切的重点不再只是对与错，更是对学生各种真实差异状态的关切。材料的提供、任务的设计、活动的组织、多层次的反馈,学生得以放飞思维。其间,更多关注的是学生操作背后的思考。

在后续的独立作业"想一想,$1cm^3$、$1dm^3$、$1m^3$ 这些体积单位之间的进率是多少?你是怎样推算的?请试着说明"中,缘于课堂上的体验和思维活动经验,学生再次展开自主探究,并进一步积累了相关经验。学生作业反馈如图6-68、图6-69所示。

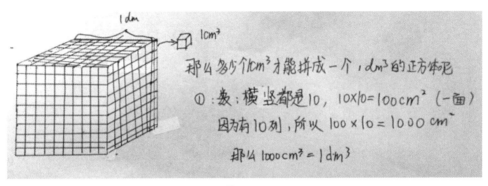

图 6-68

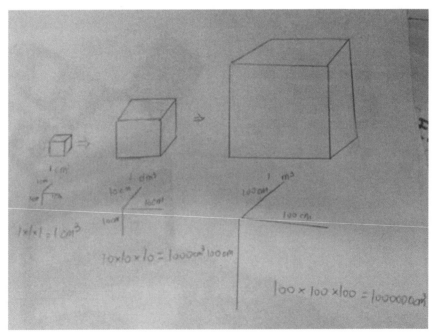

图 6-69

　　"真问题"教学的设计和实施，始终关注课堂结构中的收与放，收放的聚焦点就是如何启发学生思考，促进学生思维的发展，让学生在持续发展的过程中不断积累思维活动经验，提升思维品质。

第七章

"统计与概率"教学日常研究案例

第一节 统计表与条形统计图

一、缘起与问题

学生在一年级学习了分类计数,已获得了初步的统计体验,在此基础上于二年级第一学期(上海版)学习统计图表(图 7-1)。

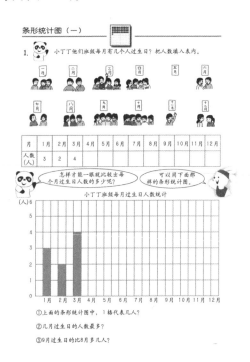

图 7-1

教材先编排"统计表初步",由调查每人最喜欢的水果这一任务引入,学生经历画"正"字或"册"逐一记录调查数据的过程,学会整理数据并掌握统计表的填写。后一节内容则由统计学生生日这一任务展开,学生先通过分类计数收集数据;再整理数据、填写统计表,进而引出条形统计图以直观呈现数据,并在回答问题中进行简单的数据分析;最后,要求学生能在格子图上画出简单的条形统计图。

日常教学中,对这两节内容若不加以整合地分课时教学,并直接提出两个任务,而没有对"为什么要统计"进行简单介绍或意义讨论,容易使得教学更多地侧重在为统计而统计的技能方面,不利于学生真正形成数据意识,即感悟数据的意义,知道借助数据可以解释和分析实际问题。那么,指向数据意识这一核心素养的培育,教学可作怎样的调整与尝试呢?

二、研究与行动

● **凸显过程,概知全貌——对"统计"的整体感知**

解释或解决现实问题,是统计的意义所在。用统计的方法解决问题,需要经历收集数据、整理数据、表达数据、分析数据的一般过程,这是一个基于全局的对统计过程的整体把握。如何实施上述流程中的每一步,每一步中又包含哪些方法、要点、视角等,需要在整体感知下作出更深入、更具体的理解。第一个环节,不妨凸显用统计解决现实问题的需求,以及用统计方法解决问题的一般流程,聚焦分析数据、作出判断这一核心点,让学生能对通过统计解决问题有初步的整体感知,初步建立用统计解决问题的意识。

【任务一】开车的教师到底在哪个时间段进校门比较合适呢

课始,出示学校大队部拍摄的同学们早上进校门的场景:人车混杂。车若试图绕开学生进校门,则不安全;车若不进校门,停车等待学生入校,又会造成道路拥挤。那么,开车的教师到底在哪个时间段进校门比较合适呢?

学生讨论后得到,如果让开车的教师都在全校学生进校前或进校后再入校,这在现实生活中并不可行。因此,需要找一个相对合适的时间段。那么,该怎么找呢?简短商议后,慢慢集中到"调查全校学生早上进校时间"这一需求上。紧接着生成"如何收集全校学生早上进校时间的数据"这一问题,学生由此联想到大家每天进校门需要刷卡,所以可以找负责老师从电脑记录中调取相关数据。

师:大队部的同学们从电脑记录中选择了某天全校学生早上进校时间的统计数据,并整理形成三份报告。(出示图7-2)你们能看懂吗?

报告一　某天早上学生进校时间统计

7:35—7:45 到校学生 34 人,7:45—7:55 到校学生 483 人,7:55—8:05 到校学生 408 人,8:05—8:15 到校学生 85 人。
建议:开车的教师在 7:45 之前到校。

报告三　某天早上学生进校时间统计

报告二　某天早上学生进校时间统计

时间段	7:35—7:45	7:45—7:55	7:55—8:05	8:05—8:15
人数	34	483	408	85

建议:开车的教师在 7:45 之前到校。

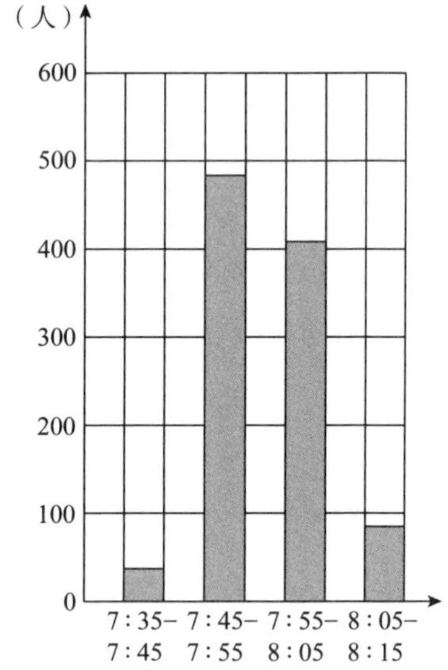

建议:开车的教师在 7:45 之前到校。

图 7-2

学生先独立观察三份报告,再小组讨论。

生:我们觉得第一个报告和第二个报告讲的是一回事,只是报告一是用文字来描述的,报告二是用表格来描述的。

生:报告二中的表格里,把时间段一个个列出来,再把数据一个个填进去,这样看起来更清楚。

师:像这样记录统计数据的表格,我们称为统计表。大队部的同学们将全校学生进校时间划分成这样四个时间段,这四个时间段称为统计项目,并在每个项目所对应的格子中填入相应的人数。

生:第三个报告,我们看到时间段写在下面,第一个直条最短,也就是说

7∶35—7∶45 的进校人数最少。

师∶谁再来说说其他的直条?

生∶第二个直条最长,说明 7∶45—7∶55 的进校人数最多,其次是 7∶55—8∶05 的进校人数,8∶05—8∶15 的进校人数要少一些,但还是比第一个时间段的人数多出一半还多。

师∶他的"多出一半还多"是什么意思?谁再来解释一下?

生∶(边说边比划)第一个直条只有这么点,最后一个直条的高度比第一个直条的两倍还要多出一点。

师∶你们怎么能一眼就看出了这么多信息呢?

生∶因为看直条很方便。

师∶哦,原来你们一眼就看到了这些直条。确实,直条直观、形象,方便比较各个时间段所对应的数量,能一目了然就知道谁多谁少。那么,直条上能看到具体的数量吗?

生∶看不到。

生∶我知道,看旁边的数(指纵轴刻度处的数)可以估计每个直条所表示的人数。比如,7∶35—7∶45 的进校人数不满 50 人,也就是报告二表格里的 34 人。

师∶根据他给大家的启示,再来说说其他时间段的人数情况。

生∶7∶45—7∶55 的进校人数将近 500 人,也就是报告二表格里的 483 人。

生∶7∶55—8∶05 的进校人数比 400 多一点点,也就是报告二表格里的 408 人。

生∶8∶05—8∶15 的进校人数不到 100 人,也就是报告二表格里的 85 人。

师∶大家都很善于观察、分析,能将直条的长短与左侧格子旁的刻度联系起来,还能联系报告二表格里的数据展开思考。确实,这个图就是根据这张统计表制作而成的,称为条形统计图。有时根据需要,我们也会把具体数据标在直条的上方（课件出示图 7-3）。

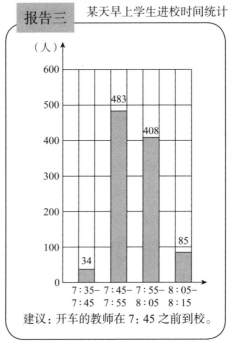

图 7-3

师：既然已经有了统计表，一眼看过去，数据也很清楚，那么为什么还要制作条形统计图呢？（学生讨论）

生：在条形统计图上，哪个多、哪个少看起来更方便。

师：是啊，通过直条的长短来表示数量的多少，使数量比较更加直观、鲜明，这就是条形统计图的特点。

师：大队部的同学们最后把报告三提交给了学校，你觉得他们给出了什么建议？

生：我觉得他们会建议开车的教师要在 7:45 前到校。

师：你认为这个建议合理吗？

生：我认为这个建议很合理，因为 7:35—7:45 进校的同学最少。

师：让我们一起来回顾一下。针对"开车的教师在哪个时间段进校门比较合适"这一问题，我们经历了调查数据、分析数据的过程，进而提出解决问题的合理建议。在这个过程中，我们认识了统计表和条形统计图，它们都能方便我们读取信息。相比之下，统计表简洁、明了，条形统计图则更为直观、形象。在表示数据时，我们可以根据需要灵活选择。

〖简析〗选择学生身边真实的问题作为素材，以真问题"开车的教师在哪个时间段进校门比较合适"为引领，在自然对话中引发学生产生调查统计的真实需求，即收集数据、整理数据。

至于收集数据、整理数据的过程，教师只是简单交代了大队部同学们的做法，并未作深入阐述。而后直接呈现文字描述、统计表、条形统计图三份表达数据的报告，引导学生通过阅读理解的学习方式，重点聚焦对数据的分析，将数据分析与统计表、条形统计图的认识融合在一起。

在具体教学中，对于如何生成统计表、条形统计图的细致过程，教师并未组织学生展开研究，比如关于统计表的表头、条形统计图横纵轴的名称以及纵轴刻度一格表示几等结构要素。即：对统计图表的一些结构要素的深入学习作后置处理，此处先不作具体讨论，而是先给予学生整体感知、解读信息的自主学习空间，让学生感知统计表、条形统计图在数据表达方面的特点，感受统计表、条形统计图在数据分析方面的便利，知道分析统计数据可以获得相对可靠的信息，进而解决问题。

在本单元学习的首次任务中，让学生形成初步的统计意识，初步感知统计的全流程也是首要的，即：让学生经历用统计的方法解决问题的过程，感受数据分析的一般过程和方法，体会数据蕴含信息的特征。

● 着眼整体，放大局部，品味细节——统计的具体操作

当学生对运用统计来解决实际问题有了整体认知，形成了统计过程的整体框架后，那么在后续的学习中，学生主动的思考和思维的生长也就有了更大的可能。怎样在具体情境中实施收集数据、整理数据、呈现数据、分析数据这四个过程，并对数据进行灵活处理与合理判断？过程中又有哪些注意点？对此，需要让学生在丰富的实际情境中多见识、多经历，逐步积累经验，进一步感受统计的意义和价值。第二个环节，就是在着眼整体的前提下，放大局部，引导学生在统计的各个具体操作中品味细节。

【任务二】怎样在不同情境中收集、整理、呈现和分析数据呢

问题：要调查我们班小朋友每月过生日的人数，该怎样来收集和整理数据呢？（将数据的表达和分析融在反馈跟进中）

生：让同一个月过生日的同学站起来，数一数有多少人。

生：我们只要举手数人数就可以了。

生：统计好人数后，再把数据填在统计表里。

师：那我们就来举手统计一下。（出示表7-1）上面一行写项目，也就是月份，下面一行填入相应的数据。

表7-1

月份	1月	2月	3月	4月	5月	6月	7月	8月	9月	10月	11月	12月
人数												

想一想：这些数据信息可以用来解决哪些问题？（口头作业）

〖简析〗数据蕴含丰富的信息，择取哪些信息进行分析判断，常常与所要解决的具体问题有关。此处为学生提供一个独立发散思维的空间，继而完成口头作业。

问题：二（5）班40位同学上周通过摁亮小灯的方式，选择了自己最喜欢的作业类型。现在，老师在屏幕上模拟小灯闪烁的过程（图7-4），你们又准备怎样来收集数据呢？

图 7-4

教师演示，随着小灯的闪烁，学生开始骚动起来，直呼"太快了，来不及"。

师：那你们有什么好办法吗？互相商量一下。

学生讨论后，提出前后4人合作，一人盯着一个灯数数。教师再次演示，4人合作收集数据，并将结果填入统计表。在汇报数据时，出现了不同的答

案，教师引导学生通过合计结果检查数据是否有误，并再次统计、更正数据，结果如表7-2所示。

表7-2

作业类型	动手实践	趣题分享	口头编题	速算盒子
人数	13	14	3	10

之后，让学生根据统计表判断下面两幅图（图7-5、图7-6）中，哪一幅是对应的统计图。

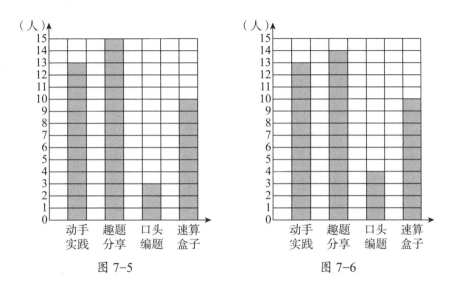

图 7-5   图 7-6

两幅图中均有不准确的数据，学生容易发现第一幅统计图中出错的直条数据，但会想当然地认为第二幅统计图就是正确的。此时，教师应引导学生仔细观察项目及其对应数据是否相匹配，并及时纠正不准确的数据。

〖简析〗调查本班学生的生日月份，了解其他班级最喜欢的作业类型，让学生在不同的统计情境中学会选择相对合适、高效的方法来收集信息，有时只要举手统计，而有时则需要多人合作。利用信息整理过程中学生的差异资源、错误资源，培养学生统计数据要真实准确的意识。

师：通过这些数据，你们可以得到哪些信息？

生：二（5）班小朋友最喜欢的作业类型是趣题分享，最不喜欢的是口头编题。

生：喜欢动手实践的也很多，只比趣题分享少1人。

师：他们班那天有两位同学请了病假，没有参加统计，假如他们补选后，会影响调查结果吗？（同桌互相说一说）

生：如果两位同学都选动手实践，那么动手实践就变成他们班最喜欢的作业了。

生：哪怕他们都选口头编题，这一作业还是他们班最不喜欢的作业类型。

……

师：从统计数据上看，总体来说，他们班更喜欢动手实践和趣题分享这两种作业类型。那能不能说，我们班最喜欢的作业类型情况也和他们班一样呢？整个年级也是如此呢？

学生有的说应该差不多，有的则说不一定。

师：那么，怎样才能得到可靠的结论呢？（学生讨论）

生：要想知道我们班最喜欢的作业类型情况，就应该统计我们班的数据；要想知道全年级最喜欢的作业类型情况，就应该统计全年级的数据。

师：说得很好！认为差不多的，只是一种凭经验的估计。二（5）班小朋友最喜欢的作业类型情况是否具有代表性，需要我们用数据来说话。

〖简析〗进一步进行数据分析，没有使用一一问答"谁多谁少、谁比谁多多少"之类的方式，而是设置了"两位学生请病假还未选"的情境，始终引导学生根据统计背景自由解读信息，并作出简单判断，比多少、求相差则在学生主动解读信息、判断信息的对话中自然生成。同时，学生也进一步体会了统计的意义与价值，知道数据能说话以及要用数据来说话。

问题：（出示图7-7）这是上周数学节活动中，学校为了调查大家最喜欢的2项数学游戏而让你们填写的选票（数学游戏共计5项，如图7-8所示）。想一想，这又是通过什么方式来收集数据的？（在选票上打"√"）

图7-7

① 数字定位棋　② 数字钟　③ 旋风魔方阵　④ 勾股树　⑤ 乘法罗盘

图7-8

师：我们班填好的选票就在这儿，该怎么来整理这些数据呢？（学生讨论）

生：先把5个编号写在黑板上，一个人读，一个人记。

师：这种统计方式我们在生活中也经常用到，叫做唱票。你听过吗？可以怎样来记呢？

生：我看到过，是用写"正"字的方式来记录的。

师：下面我们就现场来试一试，请两位同学合作，一人读，一人记。再请一位同学负责检查唱票同学是否读对了，台下的同学边听边检查记录的同学有没有写错。

学生统计，结果如图7-9所示。

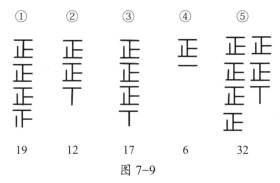

图 7-9

教师将数据填入统计表（表7-3），并借助电脑画出条形统计图（图7-10）。

表 7-3

数字游戏编号	①	②	③	④	⑤
票数	19	12	17	6	32

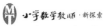

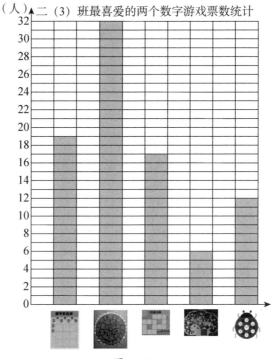

图 7-10

师：读一读统计图，你有什么想说的？

生：我们班最受欢迎的两个数学游戏分别是数字定位棋和乘法罗盘。

生：在画统计图的时候，乘法罗盘的位置和数字钟的位置要换一换，和统计表里的顺序不一样。

师：观察得很仔细。大家想一想，可以不换吗？为什么？如果要换，要注意什么？（学生讨论）

生：可以不换，因为哪个放在前面，哪个放在后面，对统计结果来说是不影响的。也可以换，不过换的时候，要注意两个直条一起换。

师：没错。这些项目的数据代表不同的类别，没有顺序之分，可以换位置，也可以不换。重要的是，项目要和它所对应的直条匹配，交换位置时注意不要出错。

〖简析〗再一次让学生在真实情境中体会收集数据、整理数据的不同方式，淡化制图（一是因为后续将在读图的基础上，进一步教学简单条形统计图的绘制，二是制图操作也可由电脑来完成），加强读图。特别地，本环节将讨论的重点集中到项目及其对应的数据上，突出条形统计图表达数据"类别"的特点。

【作业设计】

下面是甲、乙两个小店同一天对三种水果售出情况的统计（图 7-11、图 7-12），请根据统计图判断，对的打"√"，错的打"×"。

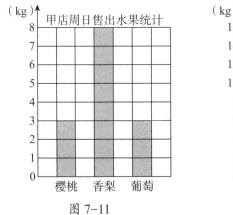

图 7-11

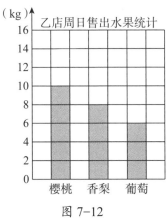

图 7-12

（1）甲店周日售出的香梨比乙店多很多。（　　　）

（2）甲店和乙店周日售出的葡萄一样多。（　　　）

〖简析〗之前的学习中，对条形统计图中数据的读取，顺其自然地关注到纵轴上的相应数据，但对纵轴刻度"一格表示几"并未展开讨论，此题考查学生在独立作业中是否能自觉观察并分析纵轴刻度。

有的学生只根据直条的长短作出判断，于是得出错误结果；有的学生能关注到直条所对应的纵轴数据，但思考仅停留于此；有的学生能自行生成问题"为什么直条不一样长，数量却相等呢"，并展开进一步的思考……学生认知再次失衡，形成丰富的差异资源。这些差异资源是学生在后续学习中进一步理解"条形统计图中表示数量的直条长短与一格表示几有关"，以及知道"在比较、制作条形统计图时需要确定纵轴刻度"的重要基础。

三、体验与随想

教师要努力挖掘教学内容所承载的育人价值，思考促进学生素养养成、发展学生思维的具体教学设计，明确教学中取与舍、进与退、整体与局部、关联与衔接等关系。

上述教学的初始情境"开车的教师什么时间段进校门比较合适"是校园真实问题,学生身临其境地成为解决问题的主体。虽然数据比较大(教材中涉及的数据都比较小,大多是从一格表示1、2开始的),但基于对目标层次的把握以及对学情的了解,教学整体设计时还是运用了这一素材。实际教学中,呈现相关统计图表让学生整体解读,学生对较大数据的统计并不存在障碍,他们能在整体背景下饶有兴趣地自觉沟通直条与纵轴刻度以及统计表内所记录数据之间的关联。并且,先突出对数据的整体解读和分析,对纵轴刻度"一格表示几"的讨论则不急于展开,而是让学生在课后独立作业中自己观察、发现、分析。认知的对与错、理解的浅与深,这些差异资源又可连接后续教学中关于条形统计图的简单制作,作为让学生深入探讨的重要引入资源。

对二年级学生而言,这是他们第一次正式学习统计单元,用统计思维解决问题对他们来说也是一种新的思维方式。相较于"认识简单的统计表和条形统计图,了解其结构特点和表示数据的方法,能根据收集的数据填写统计表,完成条形统计图",更核心的目标是:经历用统计方法解决问题的过程,感受数据处理与分析的一般过程和方法,体会数据中蕴含信息,建立初步的数据意识;体会数据的收集与处理既有较强的实践灵活性,又要具备真实准确性。用什么样的现实素材能使学生更愿意地投入到问题情境中,更容易地亲近数据?用什么样的教学结构来展开教学更能使学生形成整体认识,并由此更好地深入细节、展开研究?这都需要教师基于单元整体视角进行思考、设计和实施。

第二节　折线统计图

一、缘起与问题

在一次复习阶段的作业讲评日常教研中,我们建议教师先让学生独立完成两道关于统计图的作业题,学生反馈如图7-13、图7-14所示。被测学生大多是资优生,但仍有约25%的学生选错了,这一结果也让带班教师出乎意料。即便选对了,也有相当一部分学生表现出了纠结:到底是选点的个数还是段数呢?实际上,学生这样的疑惑是普遍存在的。

1. 下图是 2020 年上海市月平均气温的变化情况，月平均气温高于 26℃的月份有（ ）个月。   A.4   B.3   C.2

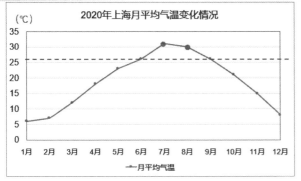

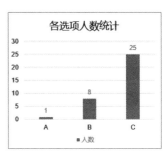

图 7-13

2. 下图是上海某日气温变化情况，这一天中气温高于平均气温 9℃的有（ ）小时。
A.4 B.6 C.8 D.10

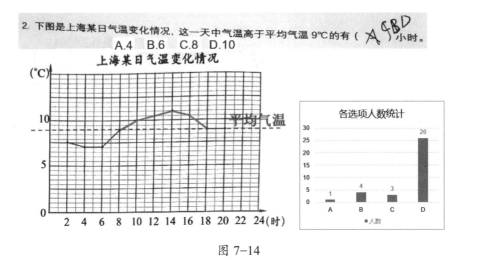

图 7-14

折线统计图上的连线表示的是一种变化趋势，线本身不是由一个个数据构成的（有别于函数图像）。图 7-13 中的点表示月平均气温，连线仅表达了变化趋势，连线上也不存在预测估计值。图 7-14 中的点表示一段时间内每隔两小时测得的气温变化情况，连线也仅表达了变化趋势，但可以根据发展趋势预测相应时刻的估计值，且数据值是真实存在的，只是没有统计而已。由此，同样是气温变化情况，第 1 题要数离散的"点"的个数，第 2 题要关注连续的"段数"（这里每段对应 2 小时）。

学生分不清在具体情境中应该数"点数"还是数"段数"，反映出对折线统计图中的数据特点和连线作用缺少深入认知。那么，如何在折线统计图的教学中有层次地提升学生的认知水平？

二、研究与行动

● 着眼形象的直观差异，帮助学生理解画折线统计图的必要性

有了条形统计图，为什么还要画折线统计图呢？这是学生基于自身学习逻辑自然想到的一个问题。

【片断1】

问题情境：2020年1月新冠肺炎疫情暴发，全国人民众志成城，携手抗击疫情。我们每天关注疫情数据，了解疫情动态。这是2020年1月20日—2月27日上海市现存确诊人数情况统计表（表7-4）和条形统计图（图7-15）。

表7-4 2020年1月20日—2月27日上海市现存确诊人数情况统计表

日期	1/20	1/21	1/22	1/23	1/24	1/25	1/26	1/27	1/28	1/29	1/30	1/31	2/1	2/2	2/3	2/4	2/5	2/6	2/7	2/8	2/9
现存确诊人数	0	9	16	20	32	38	51	62	75	95	122	143	166	182	197	220	238	243	250	250	250
日期	2/10	2/11	2/12	2/13	2/14	2/15	2/16	2/17	2/18	2/19	2/20	2/21	2/22	2/23	2/24	2/25	2/26	2/27			
现存确诊人数	253	252	255	255	235	203	190	171	155	145	133	120	105	83	71	65	62	58			

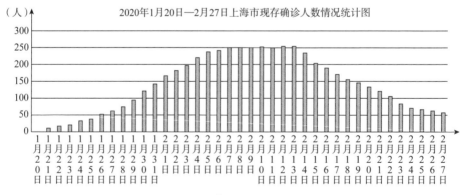

图 7-15

师：在统计表中已经能很清楚地看出每一天的现存确诊人数，为什么还要绘制条形统计图呢？（同桌说一说）

生：我觉得是因为条形统计图能方便看出确诊人数哪些天比较多、哪些天比较少，而统计表不能一眼就看出，要一个一个地去看。

师："一眼"这个词用得好。条形统计图通过直条的长短能让我们一眼就看出数量的多与少，也就是"形"更直观。而"形"又代表着数，且数据蕴含着丰富的信息。

师：统计表和条形统计图各有自己的优势。有时，我们也会根据需要将两者的优势进行整合。（出示图7-16）像这样，在直条上方标出数据，不仅能看出数量的多与少，也能快速地读出数据。

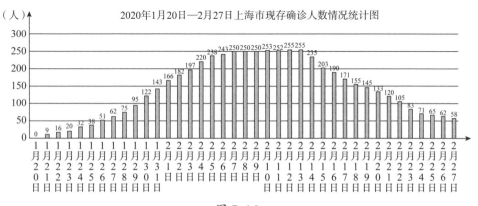

图 7-16

〖简析〗回顾曾经学过的统计表和条形统计图的特点，唤醒关于统计中对数据表达的已有认知，即"形"能更直观地表达数据，且数据蕴含着丰富的信息。

【片断2】

师：条形统计图可以让我们直观地读出数量的多与少，除此之外，你还能直观地读出其他信息吗？

沉默片刻后，学生陆陆续续举起了手。

生：我还能看到现存确诊人数每天的变化情况。

师：刚才他说看到了人数的变化情况，你们看到了吗？

生（众）：看到了。

师：大家用手比划一下这一变化情况。

学生在空中比划表示变化趋势的线。

师：一位同学说了以后，大家就都看到了。那为什么一开始很少有同学关注到呢？

生：我一开始就看了直条的长短，没往那儿去想，说了之后就注意到了。

师：看来直条长短给人的印象太深刻了，但它还不能凸显数量的变化情况。想一想，如果要更清晰地呈现出你们刚才比划的人数变化情况，这个图可以怎样改进？

学生独立完成：有些学生凭整体感觉画出大概的变化趋势，但有时控制不好，使得部分线条偏离实际较多，于是擦除修正；有些学生比较严谨，一小段一小段地画。学生完成后，教师在平板上推送部分学生作品（图7-17），并组织全班交流。

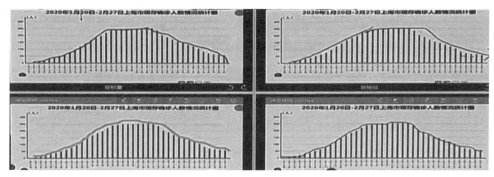

图 7-17

师：在画的过程中，你们有什么体会？

生：画不太准。

师：你们能看到人数变化的整体情况，但具体用线画出时，不能很好地把握。有什么好办法吗？

生：在每个直条的顶端画上一个点，再把它们依次连接起来。

师：老师刚才在巡视的时候，有同学提出"是不是可以把直条去掉"，你们觉得可以去掉吗？为什么？（小组讨论）

生：可以。

生：不可以。

生：我认为不能去掉。直条有高有低，如果去掉了，就不能确定画出来的线的趋势是否和直条的高低变化一样。

师：我听懂你的意思了。刚刚你在描画表示数量变化的线时，是凭感觉徒手画的，只能大致反映变化情况，与直条反映出的变化情况相比，还不够精准。就像这些作品，每个人画出来的虽然相似，但又都不一样，所以不可以去掉直条。

生：我认为可以去掉，因为只要先用点点在每一个直条的最上端，再把这些点连起来，这些点的高度就是直条的高度。

师：刚刚有好几位同学提到，在直条的顶端画一个点，再把这些点依次连接起来（课件动态演示，如图 7-18 所示），由此画出这样的一条折线。这样画，每个点都有一个确定的位置，连接而成的折线也能比较准确地反映出数量的变化情况。

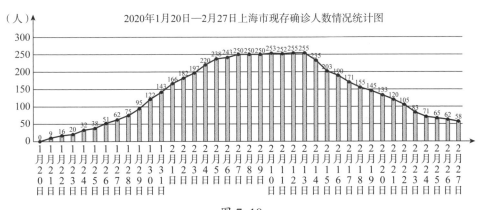

图 7-18

师：刚才认为不能去掉直条的，现在怎么看？

生：我懂了，这样不仅容易画准，而且因为这些点的高度就是直条的高度，所以可以去掉直条。

师：那么，每个点所在的位置表达了什么信息呢？谁能说说看？

生：这些点表示的数量就是直条表示的数量。

师：（出示图 7-19）像这样的统计图，我们称为折线统计图。根据表达的需要，有时每个点所表示的数据也可以省略不标。

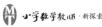

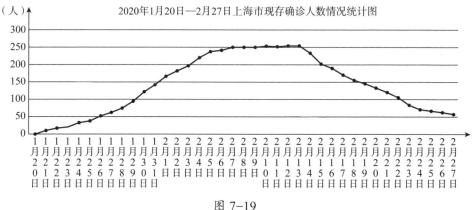

图 7-19

师：现在，你们能说说为什么有了条形统计图，还要画折线统计图吗？

生：折线统计图通过线的升降，可以让我们把数量的变化情况看得清清楚楚。

师：为什么折线统计图中一般只用点来表示数量的多少，而不用直条呢？

生：这样能更加突出线的变化情况。

师：对！折线统计图更侧重表达数量的变化情况，这种变化通过折线的升与降得以直观、鲜明地呈现，数形结合。这幅折线统计图的折线形态表达了现存确诊人数怎样的变化呢？谁能来说一说？

生：从 1 月 20 日—2 月 7 日，现存确诊人数不断上升；2 月 7 日—2 月 13 日的现存确诊人数差不多；2 月 13 日—2 月 27 日，现存确诊人数开始不断下降。

〖简析〗条形统计图与折线统计图都是通过"形"的直观来表达数据的。那么，有了条形统计图，为什么还要画折线统计图呢？让学生明白两者都能读出数据，条形统计图更侧重表达不同类别的数据以及数据之间的差异，而折线统计图更侧重表达数据的变化情况。

由于条形统计图本身的鲜明特点以及学生的已有学习基础，因此学生首先直观感知到的自然是直条的高低。而"数量变化情况"实则也可以通过学生的想象直观感知到，他们不是"看"不到，只是没"想"到。于是，我们着眼"形"的直观差异，帮助学生理解画折线统计图的必要性。

"条形统计图可以让我们直观地读出数量的多与少，除此之外，你还能直观地读出其他信息吗"，轻轻一点，促使学生有意识地关注其他方面，学生陆续直观感知到隐藏在直条高低背后的数据变化情况，并能在空中比划各自"看"到的这样一条表示变化趋势的折线。

那么，怎样让这条线变得更加鲜明呢？从想象到把它画出来，从徒手画不准到连点成线，从保留直条到隐去直条，在讨论并解决这些环环相扣的问题这一过程中，始终聚焦"怎样能够更加直观、鲜明地准确表达数量的变化情况"。任务中自然融入条形统计图和折线统计图的比较，从表达数据变化情况的需求出发，帮助学生理解折线统计图的特点。

● **聚焦折线的起伏形态，引导学生分析数量增减的变化程度**

折线统计图通过线的升降刻画出数量的增加与减少，那么，这样的升降又是如何体现数量变化程度的呢？

【片断 3】

师：新冠肺炎疫情给我们的生活带来了某些方面的影响。（出示图 7-20）这是疫情背景下的两幅折线统计图，它们分别统计的是什么？

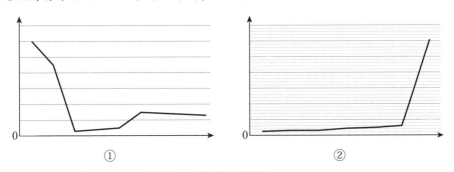

A. 2014 年—2020 年某品牌口罩年度销售情况

B. 2019 年 12 月 31 日—2020 年 3 月 30 日上海某地铁站客流量变化情况

图 7-20

生：我觉得第一幅图对应的是 B，因为新冠肺炎疫情期间，大家都不大出门，地铁客流量会大幅下降。随着疫情情况的好转，客流量又慢慢回升。

教师提议学生一起用手势比划，感受折线中每段所体现出的变化程度差异。

生：第二幅图对应的是 A。在没有新冠肺炎疫情的时候，口罩的销售量是差不多的，而由于疫情的暴发，大家都要买口罩，销售量就大幅增加，折线一下子就上去了。

师：折线的表达很直观。（指第二幅图）之前变化程度很小，数量小幅上升；从这里开始大幅上升，表示数量急剧增加。再来看看第一幅图，找到都表示上升的连线，感受一下它们变化程度的大小；再找都表示下降的连线，同样感受一下它们变化程度的大小。

教师提议学生用手势比划，感受变化程度的大小差异。学生边比划边解释，体会连线的倾斜度以及相应的数量变化程度。

〖简析〗连线不管是升还是降，越陡表示变化程度越大，且这一变化程度与连线的倾斜程度有关。如图 7-21，上海版教材示意了变化程度的 5 种情况：小幅上升、大幅上升、不变、大幅下降、小幅下降。由于水平方向的间隔长度都是 a，因此比较显性的特征在于连线的长短。

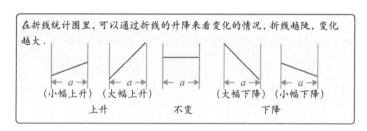

图 7-21

我们在日常教研中发现，当折线统计图上每段连线所对应的横轴等距时，追问学生是如何判断变化程度大小的，学生往往也只关注了连线的长短，没有意识到实则是与连线的倾斜度有关。有趣的是，如果让学生用手来比划这种变化程度，他们在比划的过程中又会很自然地转动相应的角度。因此，如果是由于教师提供的素材阻碍了学生原始、素朴而又本质的认知，那么不妨试着变换素材。

以上教学片断是一种尝试：隐去了横轴上的项目和纵轴上的刻度；每一条连线对应的横轴不是等距的；连线长的不一定陡，甚至有段较长的连线，其趋势特别平缓。这样的设置，是为了让学生在读图过程中能聚焦折线的起伏形态，抓住连线倾斜度的本质，由此展开对数量增减变化程度的分析。在学生建立了上述认知的基础上，以后观察每一段连线所对应的横轴都是等距的折线统计图时, 可以进一步讨论为什么也可以从比较连线长短的角度来比较变化程度。

● 辨析数据, 感悟统计图表达数据的本质

折线统计图的连线上能捕捉到数据吗? 一组可以用条形统计图表达的数据, 是不是也可以用折线统计图来表达?

【片断4】

师:(出示图 7-22)整体观察, 说说这部电影自上映以来的票房变化情况。

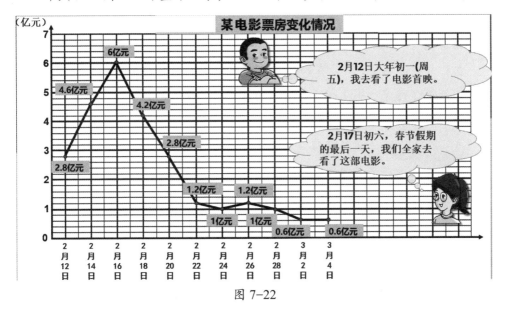

图 7-22

生:先是大幅上升, 再是大幅下降, 然后小幅下降、小幅上升, 再小幅下降, 最后平了。

师:"平了"是什么意思?

生:线是平的, 表示数量不变。

师:从这幅统计图中, 你能看到 2 月 12 日—3 月 4 日每天的票房数据吗?(学生有的点头, 有的摇头)

生:在表示每日票房情况的地方都标记了一个点, 表示这天的票房数, 我们只要看点的位置就可以知道当天的票房数。

生:我想提醒他, 每两个点的正中间还有一天。

生：哦，我没有仔细观察横轴。

师：要仔细观察横轴的项目，这是每隔一天的数据统计，而不是每一天的。如果在横轴上补上中间这一天的日期，现在能不能读出每一天的票房数据呢？

生：不能，因为它没有标记，我们不知道它在哪一格。

生：我认为可以。比如，2月13日所在的竖线与连线有一个交点，通过这个点就可以确定那天的票房。（教师根据学生的叙述描出点）

师：那么，横轴上补上的这些日期是不是都能通过这种方法找到对应的点？（顺势补上这些点，并将这些点用空心表示）这样，是不是就可以确定那天的票房了？（学生意见不一）

生：我觉得不是，因为在画统计图的时候，是把这天和后一天所对应的两个点用线连了起来，并没有注意中间的这一天，所以补上的那些点不一定是那几天的实际票房数。

生：原来的统计图是每隔一天画的，而现在中间的这一天是估算出来的，并不是这些天准确的票房数。

师：那我们一起来看看这些天实际的票房数。（添上实心的点和相应数据，如图7-23所示）

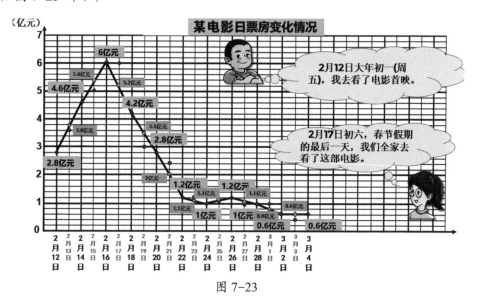

图 7-23

师：正如同学们所说的，这些空心点所表示的数只是估计值，这些实心点所表示的数才是这些天的实际统计数据。整体对比一下，你有什么想说的？

生：我觉得它们的位置差不多，没有太大的差距。

生：我们的估计值与实际的统计值总体上是比较接近的，只是2月17日这一天的差距有点大。

师：点与点之间的连线反映了数量的变化趋势，在这个趋势上会产生一些估计值，这些估计值能让我们对此处的数据有一个大概的把握。既然是估计值，就有可能出现偏离实际值较多的现象。思考一下，造成2月17日这天的实际票房与估测票房相差较大的原因会是什么呢？（学生讨论）

生：因为2月17日这一天正好是春节的最后一天，还是假期，所以去看电影的人还是比较多的。而2月18日是上班第一天，看电影的人数就大幅下降了。

师：2月17日因为仍然是假期，保持了较高的票房；而原来的统计图是直接从2月16日的点连到了2月18日，就是大幅下降。因此，2月17日的票房在这条趋势线上所产生的估计值就会与实际统计值偏离较多。

师：折线统计图中的折线不仅让我们看到了数量的变化情况，也可以让我们根据变化趋势作出一些预测。有时也会出现估计值与实际值差距较大的情况，从而引导我们探寻背后的一些原因。

〖简析〗折线统计图中的数据具有"顺序性"的特点，可以体现"序"所带来的变化趋势。正因为连线刻画了数据的变化趋势，所以有时可以通过横纵轴的交点获得这一发展趋势下的一些估计值。通过思辨，学生厘清了实际值与估计值的区别和联系，既体会了连线反映出的变化趋势所带来的预测功能，也感悟到需要以严谨的态度来分析数据、解读信息。

【片断5】

出示：某校春季"共享阅读"活动中有关科普书借阅情况的统计图（图7-24、图7-25）。

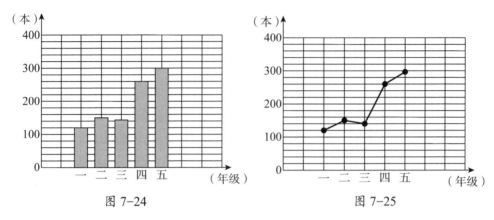

图 7-24　　　　　　　　　　　　　图 7-25

师：如果统计的是一至五年级学生的科普书借阅情况，那么用哪一幅统计图来表达数据比较合适？

生：我觉得两幅统计图都可以，各有各的优势。条形统计图可以一眼看出科普书借阅数量哪个年级最多，哪个年级最少；折线统计图可以一眼看出随着年级的升高，科普书借阅数量的变化情况。

师：对！说出了两种统计图直观表达的侧重点不同。

师：（出示图 7-26、图 7-27）如果统计的是四年级一至五班的科普书借阅情况，那么又该用哪一幅统计图来表达数据比较合适？

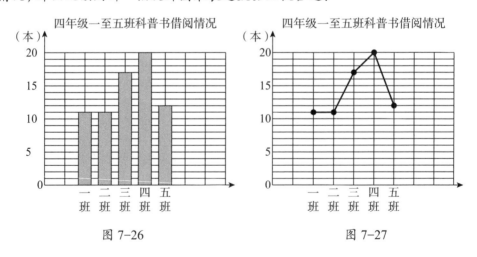

图 7-26　　　　　　　　　　　　　图 7-27

学生反馈，其中有 11 位学生坚持认为只能选一种。

生：我觉得也是两幅都可以，它们各有各的优势。条形统计图可以更直观地看出每个班借书的多与少；折线统计图可以更直观地看出一至五班借书的差距(犹疑了一下)。

生：我觉得应该选折线统计图，因为折线统计图可以更直观地看到数据的变化情况。

生：我觉得这里的趋势不算变化。班级不是日期，日期才有变化。

生：我懂了，在折线统计图中，"变化"是要针对同一个对象来谈的，而一至五班是不同的对象。对不同的对象来说，折线所反映出的起伏不应该算"变化"，把这些点用线连起来是没有意义的。

师：通过倾听同伴的发言，你能反思之前的想法，有新的感悟。一、二、三、四、五，这些只是班级编号，是没有顺序意义的，所以这里不适合用折线统计图。

【片断6】

师：(出示图7-28、图7-29)六部系列电影的票房统计数据用哪幅统计图来表达比较合适？

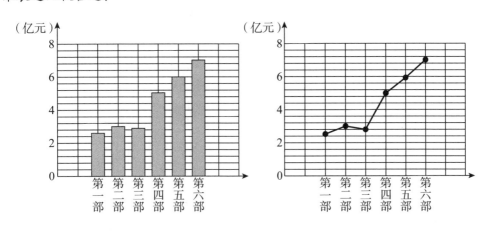

图 7-28   图 7-29

生：只能选择条形统计图。

生：两幅都可以，看要说明什么问题。

师：大部分同学认为只能选择条形统计图，能说说为什么吗？

生：因为不同的电影可以比较票房数量的多少，但把它们用线连起来，有什么意义呢？

师：你们注意到这些数据具有"类别"的特点，而没有"顺序"的特点。

生：这些是系列电影，放映时间是有顺序的。

教师出示以下统计表（表7-5）。

表7-5

	第一部	第二部	第三部	第四部	第五部	第六部
年份	2014	2015	2016	2017	2018	2019
票房/亿元	2.47	2.94	2.87	5.21	6.05	7.17

生（恍然大悟）：原来如此，有了这个顺序，当然就可以画出折线统计图。这个时候，重点体现的是该系列电影从第一部到第六部的票房变化情况。

师：如果画成条形统计图，可以交换项目位置吗？如果画成折线统计图呢？

生：条形统计图可以交换项目位置；折线统计图不可以交换项目位置，必须按照顺序，也就是年份来画，因为要看变化情况，否则就乱了。

〔简析〕条形统计图与折线统计图的不同之处在于"形"，而"形"背后的本质是所要表达数据的本质。对学生来说，如果说第一层的认知是"条形统计图更能看出数量的多少，折线统计图更容易读出数据的变化趋势"，那么第二层认知则是"两种统计图所描述的数据类型不同"。

条形统计图的数据类型具有"类别"特点，而折线统计图的数据类型具有"顺序"特点。能画成折线统计图的数据，也能画成条形统计图，且此时数据的"顺序"也就失去了意义，因为项目是可以交换位置的；而能画成条形统计图的数据，不一定能画成折线统计图，这要看能否赋予项目某种"顺序"的意义。

当然，实际应用中选择用条形统计图还是折线统计图，既要关注数据类型，也要根据表达的需要，让学生在任务中经历选择、碰撞、说理、调整的过程，并从中慢慢感悟。

三、体验与随想

有时，看似顺畅和热闹的课堂上，其实掩藏着重重问题。学生没有问题，常常是因为他们的认知还停留在表层。"真问题"教学实践中，我们常常追问：这一内容的教学，学生应该达到怎样的本质理解？存在怎样的真问题？怎样的任务可以驱动他们展开层层深入思考，让他们在试误、纠结、思辨的丰富体验中获得更深的感悟？

第三节　复式折线统计图

一、缘起与问题

在一次"问题引领教学"专题研讨活动中，我们尝试带着孩子们一起学习复式折线统计图，这是他们第一次接触复式统计图。

教学目标定为：① 经历复式折线统计图的产生过程，能读懂复式折线统计图，体会其在描述数据中的比较作用；② 能根据复式折线统计图对数据进行简单分析和判断，并能作出合理推断，逐步发展统计意识；③ 进一步感受统计对分析问题、解决问题的价值，感受数学与生活的联系。

那么，情境怎样创设，任务怎样设计，课堂怎样推进，才能让学生经历"通过数形结合，分析复式折线统计图中的数据信息，对一些问题作出统计判断"这一主动解决问题的过程呢？

二、研究与行动

教学整体思路如下：激发学生产生比较两组数据的需求，从而能在自主解决问题中创造性地想到将单式折线统计图合并成复式折线统计图；引导学生在灵活转换视角的读图过程中，学习如何分析并比较数据，体会复式折线统计图能方便、直观地比较数据这一特点，感受复式折线统计图的应用价值。教学整体设计如图 7-30 所示。

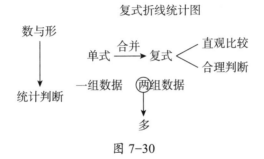

图 7-30

● 复习引入

师:(出示图 7-31、图 7-32)这是两幅——

图 7-31   图 7-32

生:统计图。

师:能再具体些吗?

生:折线统计图。

师:根据这幅折线统计图(图 7-31),小巧说"菠菜久存有毒哦"。再看旁边这幅图(图 7-32),小丁丁读了这幅折线统计图,得出"小胖的数学成绩波动较大"。你们能具体说说他们是怎样得出这些判断的吗?材料在你们的桌角,可以同桌交流一下想法。(学生讨论)

师:有想法了吗?小巧和小丁丁的说法对吗?谁先来说说你是怎么想的?

生:小胖的成绩一开始都在 90 分以上,突然降到 80 几分,最后又上升到 95 分(课件跟进标出数据),说明他的数学成绩波动很大。

师:你是找到了点所表示的数据,通过直接比较数据来判断的。

生:第二幅图的线很陡,像上、下坡一样,差距很大,说明他的数学成绩波动很大。

师:有的同学通过找到点所对应的数据来作出判断,有的同学直接从折线的形态上作出判断。有不同的意见吗?(无人举手)

师:既然现在没有人有不同意见,那我们先往下看。小巧从图中是怎么得出这样的判断的呢？谁来具体说说？

生：前三天都是在下面的，第四天突然就上去了，说明菠菜久存有毒。

师：怎么看出来突然上去了？

生：这根线一下子就上去了。

师："一下子就上去了"，是不是"线"给了你们非常直观的感受？第一天到第三天是小幅上升，第四天突然大幅上升，只看"形"就可以得出这样的结论吗？有补充的吗？

生：亚硝酸盐含量的安全标准是4毫克/千克，第四天已经超过5毫克了。（课件跟进标出数据）

师：对啊。我们不能只关注形，还需要数形结合地来看。通过刚刚两幅图的对比，体会到折线统计图中蕴含着丰富的数据信息。借助折线升、降的形态，可以直观、清晰地表达数据的变化情况。通过数形结合的方式分析数据，可以更好地帮助我们作出判断。

〖简析〗选取两份贴近学生日常生活和学习的素材，让学生对蕴含其中的数据产生亲切感，激发读图兴趣。整体呈现图与结论，看似是复习，实则是从学生的自由表达中了解他们已有的读图视角——如何从图中获取有用信息（数形兼顾），以及看问题的视角——如何依据数据信息进行分析并作出解释。事实上，此处还隐含了一个问题，即通过分数的高低变化得出成绩稳定与否，可能是不可靠的。

● 核心推进

1. 整体比较，酝酿问题

师：（出示图7-33）再来看这两幅折线统计图，是两个城市同一天、同一时段的气温变化情况。其中的一个城市是新疆的吐鲁番，当地流传着这样一句俗语——早穿棉袄午穿纱，围着火炉吃西瓜；另一个城市是上海。整体观察这两幅折线统计图，你能马上就将这两个城市"对号入座"吗？理由是什么？

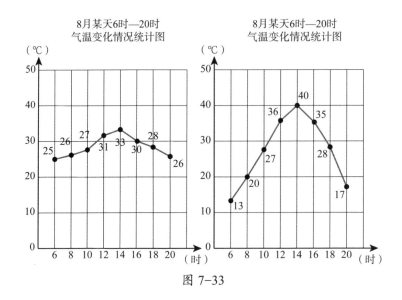

图 7-33

学生陆续举手，教师组织学生先同桌交流。

生：第二幅图是吐鲁番，因为它说"早穿棉袄午穿纱"，图上早上只有 13 摄氏度，但下午有 40 摄氏度。第一幅图是上海。

师：她是根据最低气温和最高气温来判断的，从俗语中得到这个城市的气温特点，再去看图。有不同的想法吗？（学生沉默）

师：我们每个人都是独立的个体，可以有不同的想法哦！

生：我是看数据的，发现第二幅图的气温变化较大，一开始是 13 摄氏度，下午直接达到 40 摄氏度，两个数的差距较大。

师：这位同学也是从数的角度直接比较最低气温和最高气温并作出判断。那么，如果从形的角度看，观察这两幅图中折线的形态，你们有什么感觉？

生：第一幅图的折线像丘陵，表示上海的气温。第二幅图的折线好像一座大山，表示吐鲁番的气温。

师：丘陵的比喻非常形象，说明整体的气温变化比较——

生：小。

师：是的，比较平缓，所以这幅图表示上海的气温。那另一幅呢？

生：另一幅图的气温变化比较急剧，表示吐鲁番的气温。

师：如果仅通过折线的整体形态就作出判断，理由充分吗？想一想，如果要直接比较这两根折线的形态,有什么前提吗?(学生沉默)也就是说,你们在看这两根折线整体形态的时候,有没有关注其他信息呢?

生:图上的横轴,它们的时间是一样的。

师:只有横轴的布局一样吗?

生:还有纵轴。

师:是的,纵轴的布局也是一样的。只有在这样的前提下,我们才可以通过直接观察两幅图中的折线整体形态作出判断。整体变化较平缓的,说明气温波动较小,也就是上海;而整体变化相对急剧的,说明气温波动较大,也就是吐鲁番。

〖简析〗学生喜欢只从点状的数出发展开分析,而不习惯观察整体的形。关注折线起伏本身而忽略统计图的整体布局,是学生容易陷入局部细节而不能对统计图作整体把握的真实状态。根据俗语描述的气温特点将两个城市与两幅单式折线统计图相匹配的任务设计,以及互动过程中引导学生反思所获结论的理由是否充分,意在让学生逐步体会观察要从局部转向整体,思考问题要从片面走向全面。

2. 具体比较,生成问题

师:刚才我们对这两幅折线统计图进行了整体比较。进一步,如果要作具体比较,你又会提出哪些数学问题呢?(部分学生举手)老师看到有同学已经举手了,没有举手的肯定也有自己的想法。数学本来就是要慢慢思考的,不急。当你有问题的时候,可以试着先记录下来。如果问题很长,记录的时候可以用关键字表示,自己能看明白就行。另外,对相似的问题可以试着归类,听明白了吗?试试看。(学生独立思考,尝试记录)

生:上海的最高气温和吐鲁番的最高气温相差多少摄氏度?最低气温又相差多少摄氏度?

师:这位同学提的问题是关于两个城市最高气温和最低气温的比较,这是一类问题。

生:吐鲁番的平均气温是多少摄氏度?

师:大家判断一下,她的这个问题符合要求吗?

生:不符合,是"具体比较",是要将上海和吐鲁番进行比较才对。

263

师：看来，解决问题时先要明确问题问的是什么。你能不能自己试着完善一下之前的问题？

生：吐鲁番的平均气温比上海的平均气温低多少摄氏度？

师：这是两个城市平均气温的比较。还有吗？

生：吐鲁番和上海几时的气温是一样的？

师：和这个问题是一类的问题还有吗？

生：12时吐鲁番的气温比上海高多少摄氏度？

师：这是12时两个城市的气温比较，那么还可以是——

生：2时两个城市的气温比较。

生：14时两个城市的气温比较。

······

师：都是对应时间的气温比较，我们先来聚焦这类问题展开研究。想一想，这类问题可以总结为一个什么问题呢？

〖简析〗复式折线统计图产生的必要性源于解决问题的实际需要，如果相应的问题是由学生自己提出的，学习将变得更加自然。基于对单式折线统计图的整体把握，教师紧接着引导学生聚焦统计图的细节展开研究，根据对两幅图的具体比较提出问题。学生提出"无序、零乱"的真问题是正常的，需要教师抓住契机、展开指导，让学生学会归类整理，力求使无序变有序，化散状为整体。

3. 展开比较，探究问题

问题：哪些时间段，上海的气温比吐鲁番高？哪些时间段，上海的气温比吐鲁番低？

师：是不是可以这样问？谁来读一读？读的时候其他同学思考一下，你准备怎样来解决这个问题？（指名学生读题）

师：你们准备怎样来解决这个问题？先不说最后的结果，只说思路和方法，并预测一下，按照这种思路和方法来解决问题是比较烦琐还是比较简单？

学生独立思考，其间教师提示：当你想得差不多时，可以和同桌分享。

师：刚才有小朋友跟我讲，他有想法，也有困难。把你们的困惑也表达出来，让我们一起来解决。

生：我想6时和6时比，一个时间段一个时间段地比，但这样太烦琐了。

师：她是从什么角度比的？

生：数的角度。

师：她有什么困难？

生：这样比较很麻烦。

师：思路和方法跟她一样的请举手。（部分学生举手）你们是不是也觉得麻烦？那有什么好办法可以更简单地解决这个问题呢？（学生沉默）刚才我们是从数的角度——（有些声音冒了出来：形）。

师：老师听到了，请大声说出来，可以转换到什么角度来进行比较呢？

生：从形的角度考虑。

师：既然直接从数的角度展开比较有些麻烦，是不是可以转换到形的角度呢？虽然还不知道从形的角度是不是可以让解决问题变得更简单，但至少我们有其他的思路了。让我们开动脑筋，看看是不是真的可以从形的角度来比较，并让解决问题变得更简单呢？请你们从课桌里拿出这两幅图，自己尝试一下。

教师组织学生先独立尝试，再与周围同学分享。

生：（上台展示）把这两幅图合在一起，它们的形可以很清晰地表现出上海和吐鲁番的气温变化情况。

师：听出她方法中的关键点了吗？

生：将两幅图重叠在一起。

师：你是怎么想到的？

生：因为我看到两幅图的横轴和纵轴是一样的，把它们重叠在一起后，就可以很清晰地看出两个城市的气温差别了。

师：从形的角度展开思考，观察到两幅统计图横轴和纵轴的布局是一样的，因此联想到可以把两幅图合在一起，从而创造出一幅新的图。

师：现在真的可以通过两根折线的形态进行直观比较吗？这样做是不是让解决问题变得更简单了呢？指着图说一说。

学生先独立思考，再同桌分享。

师：交流之前，你们觉得这幅图还需要完善一下吗？

生：两根线的颜色是一样的，很容易搞错。

师：要区分两根线的颜色，是这个意思吗？（课件演示将其中一根红色折线变成蓝色）

生：还要规定哪根折线代表哪个城市。

师：很好。（出示图7-34）这就是我们通常说的复式折线统计图。

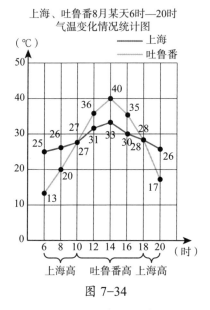

图 7-34

师：谁上来指着图说一说，这幅图真的让解决问题变得更简单了吗？你是怎么一眼就看出来的？

生：（边指边说）从图上可以明显地看到，这段（10时—18时）上海的气温比吐鲁番低，这段（6时—10时）上海的气温又比吐鲁番高，它们在10时和18时的气温是一样的。

师：她是指着图说"明显看出来的"，你能用语言来说一说具体明显在哪里吗？

生：因为6时—10时，表示吐鲁番气温的那根线的位置在表示上海气温的那根线位置的下方。

……

师：原来是直接比较两根线的位置高低，这样我们就能很容易地看出两个城市的气温时而是上海高，时而是吐鲁番高。进一步地，对应时间段上的温差是怎样的呢？请看下一个问题：几时，它们的温差最大？你又准备从什么角度进行比较呢？

生：从数的角度，一个一个算。

生（犹豫）：从形态上来看，可以比较相同时间两个点之间的距离。

师：很棒的发现，你完全可以自信地举手。现在，你觉得是从数的角度思考比较方便，还是从形的角度呢？

生：我觉得按她的方法，从形的角度思考比较简便。

师：谁来具体说说？

生：（边指边说）6时上海和吐鲁番的气温温差最大，只要看相同时间两个点之间的距离，6时时距离最长。

师：（出示图7-35）你们解决这个问题的速度比前一个问题快多了，有什么体会吗？

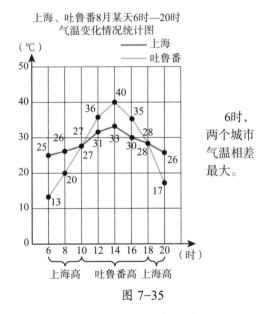

图 7-35

生：这一次我们直接想到从形的角度来观察。

师：为了解决问题的需要，我们将两幅单式折线统计图合并成一幅——

生：复式折线统计图。（有学生说"双式折线统计图"）

师：单式折线统计图描述的是一组数据的变化情况，而这幅复式折线统计图描述的是两组数据的变化情况。通过刚刚的学习，我们初步体会了利用复式折线统计图进行比较的直观性。

〖简析〗解决问题,"怎么想"比"怎么做"更关键。学生的思考惯性使得他们常常会较多地关注具体的做法和答案,而忽略了背后的思考路径。此处,教师直接指出"先不说最后的结果,只说思路和方法,并预测一下,按照这种思路和方法来解决问题是比较烦琐还是比较简单",将学生的目光引向思考过程,引发转换视角求新路径、新方法的优化需求,从而自主创生了复式折线统计图。从数到形,具体比较策略的获得也就水到渠成了,学生对复式折线统计图特点的感悟也更为厚实。

师:(出示图7-36)仔细观察这幅图,并注意听下面的问题串,看谁能复述?这幅复式折线统计图的整体形态与前面那幅复式折线统计图的最大区别是什么?你还能从这幅图上读出什么信息?

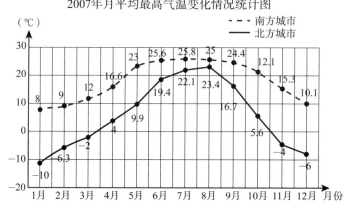

图 7-36

学生复述问题。(略)

生:南方城市每个月的气温都比北方城市的要高。

生:之前那幅图中,两根折线有交叉点,这幅图没有交叉点,南方城市的月平均最高气温总是比北方城市高。所以,上面的虚线表示南方城市,下面的实线表示北方城市。

生:(边比划边说)从1月开始,南方城市和北方城市的温差变化在慢慢变小,8月时最小,之后又慢慢变大。

......

〖简析〗此处尝试让学生对问题串进行复述,体现了对学生完整倾听任务的要求,更暗含"有条理地观察、有逻辑地思考"之意。对前后两幅复式折线统计图的比较与解读,既是对知识点的巩固,又引向对关键差异要素的整体感知与把握,以培养学生敏锐的观察能力。

4. 回顾完善,深化认识

师:让我们回到前面的图。(出示图7-37)仔细看,原来的单式折线统计图变成了复式折线统计图,对原先的结论有什么想说的?

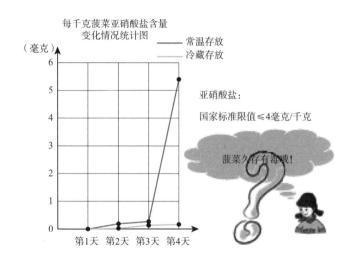

图 7-37

生:菠菜冷藏的话,第一天到第四天亚硝酸盐含量的变化都比较平缓。

生:菠菜常温存放有毒,冷藏存放不会有毒。

师:当然,这是针对这四天的统计数据作出的判断,对你有什么启示?

生:菠菜要放冰箱冷藏存放。

师:是的。菠菜最好是吃新鲜的,如果一定要保存一段时间,最好放冰箱冷藏。

师:刚才大家都觉得小胖的数学成绩波动较大,而且都认为第四次成绩大幅下降。(出示图7-38)现在统计图由单式变成了复式,你又有什么想说的?

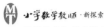

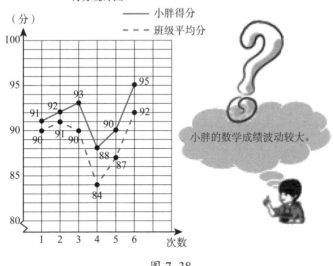

小胖连续6次数学练习
得分统计图

图 7-38

生：我发现小胖每次的成绩都比班级平均分要高。

生：我发现小胖第四次的考试成绩比班级平均分高出最多，所以这次考试分数较低可能是因为试卷比较难。

生：小胖的数学成绩其实波动并不大。

师：相对来说还是比较稳定的，对吗？从先前的单式折线统计图到现在的复式折线统计图，感受到复式折线统计图的作用了吗？相较于单式折线统计图，复式折线统计图可以让我们对一些情况作出更合理、更客观的判断，有时甚至可以修正原先不正确的评价。

〖简析〗"菠菜"问题，根据单式折线统计图所提供的数据信息足以支撑由推断得出的结论，但是对"可否冷藏保鲜"的这一现实想法驱动我们需要一组新的数据进行完善补充，以获得更合理的判断。"成绩"问题缺乏参照，仅由单式折线统计图而获得的结论是不可靠的，学生容易因停留于经验层面而产生误判。对此，我们试图从生活与数学深度沟通的视角再次运用这两份素材，由单式转变成复式，引导学生回过头看，并在比较中感悟，让学生再次得到读图训练的同时，认知上也获得了进一步提升：合理运用数据信息作出更为理性的分析判断，更深入地体会复式折线统计图的应用价值。

● **拓展延伸**

师：最后让我们"头脑风暴"一下。(出示复式折线统计图)根据这幅复式折线统计图，你可以联想到什么童话故事？(片刻，陆续有学生兴奋地举手)

师：给你一个挑战，不能直接说出童话故事的名字，能否给一个小小的提示让更多的同伴能想到？

生：(边指边说)这里是平平的。(很多学生嚷着"想到了")

生：是"龟兔赛跑"！那根平线表示兔子在睡大觉。

生：哪条线表示兔子？哪条线表示乌龟呢？

……

师：(出示图7-39)看，这幅图反映的就是我们耳熟能详的童话故事——龟兔赛跑。今天，我们通过数学的语言——数据和图像来描述它，大家有没有觉得很神奇？课后，可以同伴间再指着图完整地说一说这个故事，也可以回去考考你的爸爸妈妈。

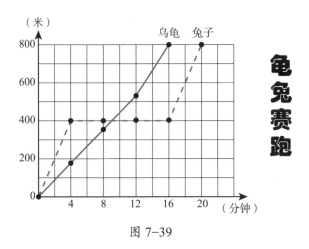

图 7-39

〖简析〗把学生熟悉的故事素材隐含在数学活动中，激发学生以积极主动的心态再次仔细读图。当学生根据数据信息和折线形态读出所描绘的是"龟兔赛跑"情节时，学生是如此兴奋。在这份兴趣盎然的发现中，学生具体感受到了数学是如何以其特有的数形结合方式对现实生活作出表达的，为其逐步形成用数学的眼光观察并认识事物积累了经验。

师：刚才介绍复式折线统计图的时候，老师听到有好多同学说的都是"双式折线统计图"。想一想，我们为什么称"复式"，而不是"双式"呢？

生：因为是把两个图复合起来的。

生：因为如果数据不止两组的话，就不能用"双式"了。

师：对啊，今天我们看到的复式折线统计图都是描述了两组数据的变化情况，那只能是两组吗？

生：不是，可以多组。

师：你们真会联想。

〖简析〗初次揭示复式折线统计图时，学生每每会先于教师的板书喊出"双式折线统计图"。基于学生的认知及所采用的例子，学生的这种联想其实是顺理成章的。随着学习的深入，待课尾再将这一问题抛给学生，让他们自己来解释，可以窥见学生对复式折线统计图的不同理解。有的视角向内聚焦，回到图形产生的过程，作出"复合而成"的解读；有的视角向外延伸，基于其实际应用价值，联想到可以对更多组数据作出描述、比较。不同视角的资源分享再次丰富了学生对所学新知的认识。

三、体验与随想

复式折线统计图不只是由一组数据的读图增加到两组数据，如何通过两组数据的比较来提出问题、分析问题，并作出合理判断，这对学生的阅读、理解、分析、表达能力都有一定的挑战。课始，直接抛出两幅单式折线统计图让学生发表自己的观点，鼓励学生从不同的视角说说从图中读出的信息，让学生试着提出比较问题，并学着记录、提炼问题。过程中，教师始终激励学生创造性地解决问题，始终以"复式折线统计图"为载体，时刻关注学生的主动思考和积极表达，关注学生学习方式的转变。

以解决问题的方式推进课堂，这对学生来说是一个从不适应到逐渐习惯的过程。本课由任务驱动推进教学，伴随着教师适时的指导和鼓励，可以明显感受到学生学习状态的变化：从一开始的比较沉默到渐渐地愿意表达，从一开始的直接找数据比较到自主结合折线的直观形态比较、分析数据信息，主动思辨的氛围逐渐弥漫。

第四节　平均数的应用

一、缘起与问题

"平均数"代表一组数量的集中趋势,是综合反映研究对象一般水平的具有代表性的数,是统计学中重要且有用的知识,在生活和生产中有着广泛的应用。上海版《数学》在五年级第一学期将平均数问题作为一个独立的单元编排,强调了不能把平均数简单地当作除法计算的应用,也不能只是把它当作一种典型应用题来处理;而要注重学生对平均数统计含义的理解,以及对其实际应用的认识和体验。

本课在学生已形成平均数概念、会简单计算平均数的基础上,进一步运用平均数解决较复杂的实际问题,力图引导学生联系生活经验,体会平均数的实际应用。本课教学重点为基于对平均数含义及其特征的认识和理解,从整体上把握平均数;通过对平均数的估计,培养学生的数感,深化学生思维,让学生学会从整体把握问题,并在解决问题的学习过程中提高数学表达能力。

那么,用什么样的问题可以激发学生的学习需求,进而让他们能主动投入到问题解决中呢? 问题空间能否让学生开放思维? 如何将大问题分解为一个个存在内在关联又层层递进的子问题,以逐步推进课堂呢?

二、研究与行动

● 联系实际,复习引入

师:(课件出示四种糖果)你比较喜欢吃哪几种糖果?(生答略)

师:把几种不同的糖果混合在一起,我们称为什锦糖。(出示表7-6)将这四种糖果按照这样的比例混合,得到三种什锦糖。如果要分别给这三种什锦糖定单价,你们认为怎么定比较合适? 为什么?(学生讨论)

表 7-6

	奶糖 （26元/千克）	巧克力 （30元/千克）	水果糖 （20元/千克）	酥糖 （17元/千克）
第①种	1千克	1千克		
第②种	1千克		1千克	1千克
第③种		1千克	1千克	

通过讨论，学生得出分别求它们的平均数来定三种什锦糖的单价。

第①种：（26+30）÷2=28（元/千克）。

第②种：（26+20+17）÷3=21（元/千克）。

第③种：（30+20）÷2=25（元/千克）。

师：为什么想到用平均数来定它们的单价？

生：这样比较公平。

师：他说的"公平"是什么意思？想一想，这样定单价，老板和顾客是否双方都没有意见呢？

生：应该的。以第①种为例，将28元定为单价，那么2千克什锦糖的总价与原来分别买1千克奶糖、1千克巧克力的总价是一样的。

师：看来，以平均价格作为代表数来定什锦糖的单价是比较合理的。

〖简析〗联系生活实际，引入"定什锦糖单价"的情境。由于三种什锦糖中，每类糖的数量都是1千克，因此只需要简单求和再除以总质量，算出平均数即可，复习了平均数的概念以及求平均数的基本数量关系。"为什么想到用平均数来定它们的单价"的追问，让学生结合生活经验作出解释，引导学生从统计意义上理解以平均价格作为代表数来定什锦糖的单价是比较合理的。

● 深入情境，探究问题

师：五年级同学要举行联欢活动，打算买巧克力和水果糖共5千克。比较喜欢吃巧克力的同学请举手。（部分学生举手）比较喜欢吃水果糖的呢？（部分学生举手）参考刚才大家对这两种糖果喜好情况的初步调查，四人一组商量一下，如果把这个买糖任务交给你们组的话，你们会怎样买呢？

学生小组讨论, 教师巡视。

师: 我看到很多小组都得到购买方案了, 谁来说说你们小组准备怎么买?

生: 我们小组决定买 4 千克巧克力, 1 千克水果糖。

生: 我们小组决定买 3.5 千克巧克力, 1.5 千克水果糖。

生: 我们小组决定买 3 千克巧克力, 2 千克水果糖。

师: (出示表 7–7) 这三种购买方案虽然看起来不一样, 但有没有相同的地方?

表 7–7

	奶糖 （26 元 / 千克）	巧克力 （30 元 / 千克）	水果糖 （20 元 / 千克）	酥糖 （17 元 / 千克）
第 ④ 种		4 千克	1 千克	
第 ⑤ 种		3.5 千克	1.5 千克	
第 ⑥ 种		3 千克	2 千克	

生: 巧克力总是多买一些。

师: 为什么呢?

生: 因为喜欢吃巧克力的人多。

师: 因为喜欢吃巧克力的人多一些, 所以巧克力就多买一些。我们现在又得到了三种什锦糖。

问题: 这三种什锦糖的混合方式都和第 ③ 种一样, 都是由巧克力和水果糖混合而成的, 那么它们的平均价格是不是也都是 (30+20) ÷2=25 (元 / 千克) 呢?

生: 是的, 求 20 元和 30 元的平均数, 就是 25 元。

生: 单价还是在 20 元与 30 元之间, 但不是 25 元。

讨论: 20 与 30 的平均数确实是 25, 那为什么此时的平均价格不是 25 元 / 千克呢? 认为不是 25 元的同学, 你们有什么依据呢?

生: 这三种什锦糖虽然都是由巧克力和水果糖混合而成的, 但都是巧克力多些、水果糖少些, 如果平均价格还是 25 元 / 千克, 就不太合理, 应该要比这个价格再贵一些才对。

师：有道理。看来，求这三种什锦糖的平均价格并不是直接求单价20元和30元的平均数，那该怎么求呢？想一想，试一试，只列出算式，并说说算式的意义。

学生先独立思考，再小组交流，反馈得到如下算式。

第④种：（30×4+20×1）÷5。

第⑤种：（30×3.5+20×1.5）÷5。

第⑥种：（30×3+20×2）÷5。

学生从数量关系的角度解释算式的意义：括号里求的是5千克什锦糖的总价，除以5就得到平均每千克什锦糖的价格。

师：说清了算式的意义，再计算验证一下，是不是如之前预测的那样，平均价格都要比25元贵一些呢？计算后观察一下，你们还有什么发现？（学生计算）

第④种：（30×4+20×1）÷5=28（元/千克），28元/千克＞25元/千克。

第⑤种：（30×3.5+20×1.5）÷5=27（元/千克），27元/千克＞25元/千克。

第⑥种：（30×3+20×2）÷5=26（元/千克），26元/千克＞25元/千克。

师：你们有什么想说的？

生：确实都比第③种的平均价格25元/千克要贵些，因为此时的巧克力比水果糖要多些，而巧克力本来就更贵些。

生：我还发现，同样是5千克，巧克力占越多，这个平均价格就越贵。

师：这样计算，既有算理，结果也符合常理。我们发现，此时每千克什锦糖的平均价格都要比25元贵。

〖简析〗从调查本班学生喜欢糖果的情况入手，自主生成三种什锦糖的购买方案，并自然引出"如何确定什锦糖的平均价格"这一开放性问题，不仅激发了学生解决问题的欲望以及探求新知的学习需求，还充分调动了学生的已有生活经验。关于求巧克力数量较多的什锦糖平均价格问题，对价格范围的初步估计充分展现了学生思维的开放性，课堂中呈现了不同的学生思考状态，并成为后续讨论的丰富资源。

循着学生的学习线索展开如下教学：判断什锦糖的平均价格是不是依旧是25元/千克；如果不是，估计其单价应该在什么范围内；计算每种什锦糖的平均价格，验证是否符合之前的估计范围；计算了每种什锦糖的平均价格后，观察什锦糖平均价格有怎样的变化趋势和规律。

通过这样的过程性教学，使学生在解决问题中初步经历有"权重"的平均数计算方法，初步体验"权重"的变化对平均数的影响。讨论中，学生的认知误区也得以暴露，比如，一开始有些学生认为凡是巧克力和水果糖混合而成的什锦糖，其平均价格都是（30+20）÷2=25（元/千克），在引导解释、对话思辨中，成功让这些学生的认知从不清晰走向清晰。

问题：如果将这5千克什锦糖的比例改变成水果糖比巧克力多些，你能否对其平均价格的范围作出估计，并通过举例加以验证呢？也可以先列式，计算出平均价格，再判断结果是否合理。

学生自主选择方式展开探究，在需要时可用计算器，反馈如下。

（30×1+20×4）÷5=22（元/千克）＜25元/千克。

（30×2.1+20×2.9）÷5=24.2（元/千克）＜25元/千克。

……

生：我估计平均价格应该还是在每千克20元到30元之间。

师：当然，平均数的范围总是在最小值和最大值之间。

生：通过计算，我发现当水果糖比巧克力多些时，平均价格要比25元便宜一些。我觉得是合理的，因为水果糖比较便宜。

生：我一开始就估计这个平均价格应该在20元和25元之间。你们看，当第③种什锦糖中巧克力和水果糖都是1千克时，平均价格就是中间数25元/千克，现在便宜的糖要更多些，这个平均价格肯定要比25元更低。我举例并计算后，结果也正是这样。

问题：这5千克什锦糖怎样配，平均价格会正好是25元/千克呢？

生：巧克力和水果糖的数量一样多时，平均价格会正好是25元/千克。

生：（30×2.5+20×2.5）÷5=25（元/千克）。

问题：如果去掉"共5千克"的条件呢？巧克力和水果糖怎样配，平均价格也正好是25元/千克？

学生自行探究，需要时可用计算器，反馈如下。

（30×3+20×3）÷6=25（元/千克）。

（30×6.6+20×6.6）÷13.2=25（元/千克）。

……

通过讨论、交流，学生发现只要巧克力和水果糖的数量一样多，那么所配成什锦糖的平均价格就是25元/千克。进一步地，根据乘法分配律和商不变性质，也可以从算式上展开推演，发现它们都可以转换成算式"（20+30）÷2=25（元/千克）"，也就是当什锦糖中两种糖果的数量一样多时，平均价格就是两种糖果单价的平均数。

师：请你联想一下，当三种或者更多种单价不一样的糖果配成什锦糖时，什么情况下什锦糖的平均价格是每种糖果单价的平均数呢？

生：当什锦糖中每种糖果的数量一样时，什锦糖的平均价格是每种糖果单价的平均数。（关于三种或更多种糖果配成什锦糖的平均价格问题，教师建议有兴趣的学生课后自行研究）

师：我们可以通过数量关系"什锦糖的总价 ÷ 千克数"求得什锦糖的平均价格，只有当什锦糖中每种糖果的数量一样时，才可以通过求每种糖果单价的平均数来求该什锦糖的平均价格。

〖简析〗此处主要解决两个问题，分别是什锦糖中水果糖较多时的平均价格问题，以及什锦糖中巧克力和水果糖一样多时的平均价格问题，这两个层次的教学既是对学生前一层次认识的补充和完善，又是一次变式巩固练习，将练习融入知识的学习过程中。这不仅丰富了学生的认知体验，还可以提高学生对什锦糖平均价格的整体估计水平，包括估计的准确性及范围的进一步缩小。

关于什锦糖中水果糖较多时的平均价格问题，教师根据学生学习进程的差异给予弹性空间：可以先估计范围，再计算验证；也可以先尝试计算，再判断结果是否合理。过程中，发现有学生先估计了一个较大的范围（最小值与最大值之间），再计算，之后根据计算结果缩小范围。

关于什锦糖中巧克力和水果糖一样多时的平均价格问题，再次明确当配成什锦糖的各种糖果数量相等时（即"权重"相等），才可以直接通过求每种糖果单价的平均数来求什锦糖的平均价格，进一步帮助学生解除困惑。

对平均价格的估计也是估算的渗透，以提高学生在具体情境中灵活运用估算解决问题的意识和能力。

● 变换情境，灵活应用

师：你能求下列各题的平均数吗？如果能，只列式不计算，但请估计答案的合理范围。如果不能，请说明理由。先整体观察所有问题，思考和刚才的什锦糖问题之间有什么联系。

① 小燕用了 8 天时间读完一本书。她前 2 天每天读 26 页，后 6 天每天读 40 页。小燕平均每天读多少页？

② 某公司在 9 月的前 15 天每天节约用水 280 吨，后 15 天每天节约用水 320 吨。该公司 9 月平均每天节约用水多少吨？

③ 甲、乙两个小组，甲组学生的平均年龄是 9 岁，乙组学生的平均年龄是 11 岁。这两个小组学生的平均年龄是多少岁？

学生独立思考，完成后全班反馈交流。

第①题，辨析不同算式：（2×26+6×40）÷（2+6）、（26+40）÷（2+6）、（26+40）÷2。根据数量关系说理：为什么第一个算式是对的，后两个是错的？对答案进行范围估计，学生呈现出不同的层次：26 与 40 之间；26 与 40 之间且靠近 40，因为每天读 40 页的天数多；因为 26 与 40 的平均数是 33，所以应该在 33 和 40 之间。

第②题，辨析不同算式：（15×280+15×320）÷（15+15）、（280+320）÷（15+15）、（280+320）÷2。根据数量关系说理：为什么第一个算式和第三个算式是对的，第二个算式是错的？对答案进行范围估计，学生呈现出不同的层次（略）。

第③题，学生有两种意见：不能求；平均年龄是（9+11）÷2=10（岁）。

关于第③题的教学片断如下。

师：有的学生认为不能求，请说明理由。

生：因为这里根本没有人数，求不出平均年龄。（话音刚落，出现了很多认同的声音，也有同学恍然大悟）

师：（点名列式的学生）你刚才是怎样算的？

生：（9+11）÷2=10（岁），但我现在发现自己错了，其实是算不出来的。

师：那么，两个小组学生的平均年龄可能是 10 岁吗？什么情况下可能是 10 岁？

生：两组人数正好相等的时候，他们的平均年龄是 10 岁。

师：还有其他可能吗？

生：两组人数不相等时，他们的平均年龄可能比 10 岁大，也可能比 10 岁小。

师：具体在什么情况下，两个小组学生的平均年龄会比 10 岁大？具体又在什么情况下，两个小组学生的平均年龄会比 10 岁小呢？请大家课后思考。

〖简析〗助推学生对知识进行迁移运用，启发学生先整体观察所有练习题，并思考和刚才的什锦糖问题之间有怎样的联系。学生在审题、解答、交流、反思的过程中，体会到情境虽然变了，但是求平均数的基本数量关系没有变，感知到在类似的问题中，估计平均数范围的关注点和方法没有变。最后，以开放性问题结束本课，留给学生更多独立思考的空间。

三、体验与随想

平均数作为一种重要的统计量，在小学阶段主要是算术平均数，涉及初步的加权平均数。本课以一个情境贯穿始终，以"如何确定什锦糖的平均价格"这一核心问题为线索，力求设置开放、有弹性的问题空间，让学生在解决问题的过程中加深对平均数概念及其意义的理解，巩固求平均数的基本数量关系，并在对结果的估计及对变化规律的探讨中，初步感知"权重"对平均数的影响。

第五节　可能性的大小

一、缘起与问题

在"真问题"教学实践推进中，教师们逐渐形成共识：教师的教不只是教授知识，更是帮助学生解决学习过程中的问题，以及形成解决问题的思路。知识、思维、情感相辅相成地有机融合在发现问题、解决问题的过程中，需要我们变"知识传授的课堂"为"解决问题的课堂"。对于上海版《数学》五年级第二学期"可能性"的课堂教学，又该如何实现这一转变呢？

二、研究与行动

● 思考一：基于何种学习路径设置问题

根据教材编排，学生在初步认识确定现象和不确定现象的基础上，按照从"实验概率"（抛硬币试验）到"理论概率"（掷两个数点块的点数和问题）的逻辑顺序展开可能性大小的探究和讨论，构建初步的概率概念。实则，提出抛硬币问题后，学生基于生活经验和理性思考，能马上得出"正面、反面出现的可能性是一样的"，甚至学生会说出"概率都是 $\frac{1}{2}$ 或 50%"。因此，对于抛硬币问题，提出试验要求，并试图由实验数据探究出现正、反面的可能性是否相等，对学生而言并不是一个真问题。因此，我们思考：对于可能性大小的讨论，学习路径是否可以变为按照"理论概率"到"实验概率"的顺序展开？也就是说，先通过可能情况的分析获得对可能性大小的认识，再通过分析实验数据，初步感受随机现象的规律，体会频率与概率的关联。

从"理论概率"入手，探讨并学习"可能性大小"（本册教材中，对于概率不作定量表示，只是通过比较可能情况中的目标数来比较可能性大小），单元教学这样展开：确定现象、不确定现象的认识→可能情况的个数→可能性大小，且分别基于不同的例子展开教学，情境也由简单逐步变得复杂。按部就班地学习，学生容易掌握，但似乎少了些思维的碰撞，缺了些感悟的经历。我们试图改变这一教师习以为常的学习路径，在第一课时就以可能性大小问题统领，将其作为核心探究任务，引导学生在解决问题的过程中深化对确定现象、不确定现象的感受与认识，迸发自主展开可能情况分析的内在需求，充分暴露其在思考、探究中的真实问题，获得更多对话交流的机会，增加思辨和体悟的力度。那么，基于这样的学习路径，又该设置怎样的可能性大小问题呢？

● 思考二：设置什么样的问题带动学生积极思考

什么样的问题能让学生基于生活经验对可能性大小作出判断，却又能暴露他们合乎情理的错误呢？什么样的问题能让学生对初始判断的最终评判充满期待？什么样的问题能让学生在对事实的惊诧中产生主动的反思？

【问题情境】

盒子中有 6 只手套（图 7-40）。如果从中任意摸两只，且只摸一次，你觉得配成一副手套的可能性大，还是配不成一副手套的可能性大？

图 7-40

〖简析〗此阶段的儿童开始萌生出一定的概率意识，但并不深刻。事实上，学生已有相关生活经验，这些经验是他们学习的基础，但其中往往夹杂着一些错误认知。逐步消除错误认知，并建立正确认知是教学的重要目标。上述问题的解答空间预设如下：基于生活经验而作出的直觉判断，往往会是误判；由于需要对学生的初判作出评判，试图寻求进一步确凿的依据，于是自主展开对可能情况的分析（学生在之前的搭配、计算比赛场次等学习中已积累了有序枚举的经验）；交流分享学生基于不同认知风格与思维特点所呈现出的不同分析路径；对分析前后所作出的判断进行反思。

在学生经历初步的可能性大小问题探究之后，什么样的问题可以检测学生是否开始形成用概率的眼光去看待实际问题中的随机事件？在学生初步掌握可能性大小分析的基本路径后，什么样的问题可以考查学生能否用缜密的思维自主生成一系列新的可能性问题？

【问题情境】

如图（图 7-41），如果是你，你会去尝试吗？预测一下，"大抽奖"活动总体上的输赢会是怎样一个情形？

黑、白两种球，数量相等，规则公平，我要试一试。

图 7-41

〖简析〗小学阶段设计简单的概率内容，主要是为了培养学生的随机思维，让学生学会用概率的眼光去观察世界，体会可能性与日常生活的密切联系，感知概率学习的趣味性和有用性，并乐于提出可能性问题。上述问题的解答空间预设如下：梳理信息，主动勾连之前的"手套问题"模型，从可能性大小的角度思考并推断摸奖规则公平与否；充分暴露学生对频率与概率的初步认知，并作为后续学习"实验概率"的认知起点；对于不完整的信息（没有告知黑、白球的具体数量）能主动质疑和追问，能获得答案或生成新的问题，如"袋中黑、白球各有 1 个是不可能的，这是一个确定事件""是不是不管黑、白球有几个，只要它们数量相等，就一定是摸到异色球的可能性比同色球的可能性大呢""在球的数量不同的情况下，摸到异色球的可能性大小相等吗"。这里，我们并不关注问题的结论，重要的是学生能主动提出问题，并保持进一步探讨可能性问题的兴趣和热情。

● 思考三：以什么样的教学方式引发学生主动思辨

问题的创设需要让学生经历思辨的过程，但要使教学设计成为真实生动的课堂现实，还与教学方式息息相关。以什么样的教学方式能够更有效地引发学生主动思辨呢？对此，我们展开了如下教学。

【片断1】手套问题

师：（呈现问题情境）你觉得是能配成一副的可能性大，还是不能配成一副的可能性大呢？（学生思考）

生：我认为一样大。（越来越多的学生表示赞同）

师：确定吗？

生（众）：确定！

师：肯定吗？

生（众）：肯定！

师：不改变？

生（众）：不改变！

师：你们的判断对不对呢？能否找到确信的理由？

学生埋头在纸上写着、画着。不一会儿，教室里开始骚动起来，周围的学生自然成组，小声地议论。

师：都改变主意了？为什么？

学生展示自己的分析作品，并交流思考路径（图7-42）。

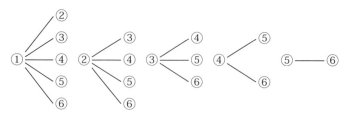

图 7-42

生：以第一只抽到手套①为例，能配成一副的情况有①④、①⑤、①⑥，共3种；不能配成一副的情况有①②、①③，共2种。

师：比较你们前后两次的判断，有什么想说的？

生：一开始我认为左、右手手套的只数是一样的，所以摸到的两只手套能配成一副和不能配成一副的可能性是相等的。后来通过对所有可能情况的罗列，发现是不一样的，其中能配成一副的情况有9种，而不能配成一副的情况有6种。

生：我一开始和他想得一样，后来经过分析发现，如果摸到的第一只手套不管是左手的还是右手的，那么摸第二只时能配成一副的有3种情况，而不能配成一副的只有2种情况，所以可能性是不一样的。

生：有时感觉不一定对，还是要分析一下。

【片断2】摸球问题

师：（呈现问题情境）如果是你，你会去尝试吗？

生：我不同意小胖说的，这就像左、右手手套都是3只一样，黑球、白球同样多，摸到异色球的可能性应该要比同色球的可能性大。所以规则是不公平的，我不会去尝试。

师：你能主动联想到左、右手手套都是3只的情形进行推断，很棒！（重读"3"）

生：万一不都是3只呢？

师：对啊，好像题目中也没有给出黑球、白球具体数目的信息。

生：如果黑、白球都是1个，那是不可能的。因为那样的话，是不可能摸到同色球的。

师：看来，"袋中有黑、白球各 1 个"是不可能事件。那除了都是 1 个的情况，其他情况都是有可能的吗？比如，都是 2 个、4 个、5 个……

……

师：你还能提出什么问题吗？

生：摸到异色球、同色球的可能性总是不相等吗？

师：问得好！不急着得出结论，有兴趣的同学可以课后自己研究一下，有任何想法或产生了新的问题，我们可以一起探讨。

师：以黑、白球都是 3 个为例，预测一下，"大抽奖"活动持续一段时间后，总体上的输赢会是怎样一个情形？

生：总体上应该输多赢少，老板赚了，因为摸到异色球的可能性更大。

〖简析〗

1. 延时表态，促资源生成。

对于将要学习的内容，学生是懵懂的，而教师则是了然于心的。面对精心创设的问题，如果教师急于将自己的思路灌输给学生，替代学生的思考，就会事倍功半。很多时候，面对学生得出的初步结论，我们需延迟表明同意与否的态度，应进一步启发学生，和学生一起思考，以促进更多资源的生成，用学生的思维来推进教学。以上述"手套问题"教学为例，问题提出后，教师稍作停顿作思考状，"留白"让更多学生暴露潜意识中的误判"可能性一样大"，且全班都这样认为，显然这是一个真问题。此时，教师并不急于评判对错，也不急于暗示方法，而是建议每名学生试着展开自主分析，找一找判断的依据，让学生在探究中彰显智慧，呈现出不同的表达和思考路径。

2. 适时点拨，拓宽对话空间。

如果说"延时表态"体现的是学生主体上的"不越位"，那么"适时点拨"就是要做到教师指导上的"不缺位"。例如，"手套问题"教学中，当学生经过探究自主得出"可能性不一样大"的结论时，教学没有戛然而止，"比较你们前后两次的判断，有什么想说的"，教师的点拨将学生引向对解决问题过程的反思，拓宽了对话空间，"我一开始……后来经过分析发现……""有时感觉不一定对，还是要分析一下"。我想，这样的感悟一定会逐步影响学生今后思考问题的态度和方式。又如,"摸球问题"教学中,当学生对公平与否作出推断后,"你能主动联想到左、右手手套都是 3 只的情形进行推断,很棒!"(重读"3")既肯定了学生对学习内容的主动勾连、灵活应用,同时又促使学生关注数据展开进一步思考。

三、体验与随想

基于"问题解决"的教学,丰富了学生的学习经历,让数学知识、思维更好地在学生的头脑中生根发芽,让数学之情更久地驻扎在学生心中。

【评价链接】

评价目标:能识别出情境中的随机现象问题,并能积极探究以尝试解决问题;能运用合理、严谨的方法展开分析进而解决问题,并能有条理地表达自己的观点和理由。

评价任务:布袋里装有 4 支除了颜色外都一模一样的笔。其中,① 号、② 号为红色笔,③ 号、④ 号为蓝色笔。从布袋中任意摸出 2 支笔,摸到同色笔与摸到异色笔的可能性哪个大?

评价方式:学生书面回答上述问题。教师通过随堂巡视,观察学生的答题过程,并结合批阅情况,从学习兴趣、学习习惯、学习成果三个维度对学生作出评价,用"等第 + 评语"的形式给出评价反馈。

评价指标(表 7-8):

表 7-8

评价维度	等第参照
学习兴趣	等第 A:对解决问题有充足的信心,能主动思考,积极作答 等第 B:面对问题的挑战不失信心,能展开思考,尝试作答 等第 C:对问题的探究缺乏信心,放弃作答或潦草答题
学习习惯	等第 A:能清晰有效且有针对性地运用相关数学语言进行表达 等第 B:可以有针对性地作出适当的解释,但数学语言表达不够规范或表述不连贯、不完整 等第 C:试图作出解释,但审题马虎,回答问题缺乏针对性

（续表）

评价维度		等第参照
学业成果	概念理解	等第 A：能理解情境中的随机现象问题，并在分析可能情况后作出判断 等第 B：能识别情境中的随机现象问题，但只凭经验和感觉作出判断 等第 C：未能识别情境中的随机现象问题
	方法应用	等第 A：能采用合理、严谨的方法展开分析并解决问题 等第 B：能采用适当的方法展开分析，但不够严谨 等第 C：找不到解决问题的切入口或方法错误

【评价样例】

样例 1：

学生作答情况				
评价反馈	学习兴趣	学习习惯	学习成果	
			概念理解	方法应用
	A	A	A	A

教师的话：

你准确理解了这是一个怎样的可能性问题，并耐心、有条理地展开思考和表述，有序罗列了各种可能情况，文字说明也很清晰、简洁。赞一个！

样例 2：

学生作答情况				
评价反馈	学习兴趣	学习习惯	学习成果	
			概念理解	方法应用
	A	A	A	B

287

（续表）

教师的话：	

你饶有兴趣地说着自己对这个可能性问题的理解和思考，说理针对性强，语言也比较清晰，思路简捷并更适宜数量较多的情况。解决这个问题时，你假设第 1 支摸出的是 ① 号红色笔，并据此展开分析，方法不错。那么，如果第 1 支摸出的是另外 3 支，又会是怎样的情况呢？老师懂你，你心想"情况类似"，对吧？这样的话，要写上"如果第 1 支摸出其他笔，也是同样的道理"，这样才完整哦！

样例 3：

学生作答情况	答：摸到同色笔与摸到异色笔的可能性一样大，因为两种颜色的笔数量相同，因此，两种可能各占$\frac{1}{2}$。所以，可能性一样大。			
评价反馈	学习兴趣	学习习惯	学习成果	
			概念理解	方法应用
	B	C	C	C

教师的话：

你很认真地写下了自己对这个问题的观点和理由。不过，你不能只凭经验和感觉作出判断哦！仔细审题再想想，摸到同色笔或异色笔都有哪些可能的情况呢？试着画图或列表，把可能情况罗列出来。如果没有思路的话，可以借助实物摸摸看，将摸到的情况记录下来，相信你对这个问题会有新的认识。

学生在独立解决问题中显示出他们真实思考后的不同状态，教师通过巡视和批阅学生作答情况，完成相应的评价工作，并及时捕捉、梳理各种差异化的典型资源，为后续教学中的活动设计积累素材。

后续教学活动设计如下。

辨一辨：针对不同的学生作答情况展开思辨，对话交流，获得结论。

做一做：针对在"辨一辨"中所形成的共识，让学生再次操作，进一步体验并验证。同桌合作进行摸笔活动，每组试验 50 次，并将试验结果记录下来，看看有什么发现。

说一说：分组汇报试验结果，并说说试验中的体会。然后，教师汇总各小组试验数据，并与其他班级的试验数据相累加，生成条形统计图（图 7-43），进一步让学生说说体会。

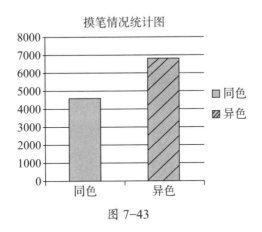

图 7-43

分享：这一次的学习活动中，你有什么感悟想要与大家分享吗？

学习活动中，学生感受到：针对每一次试验来说，结果是不确定的；同样做 50 次，记录的结果也是不尽相同的。但随着试验次数的不断增多，结果逐渐稳定在"出现异色的次数多"这一结果上，由此获得可能性大小的判断。

教学—评价—教学，让教学始终保持一致性、连贯性、递进性，并循着学生的学习线索有逻辑地整体向前推进。

第八章

"综合与实践"教学日常研究案例

第一节　通过"网格"来估测

一、缘起与问题

"通过网格来估测"是上海版《数学》四年级第一学期"数学广场"中的教学内容（图 8-1），教材中列出了估测的操作方法：① 划分成同样大小的格子；② 数一数一格有多少颗黄豆；③ 乘格数。显然，教学不能仅仅停留在这样的技能操作层面上。

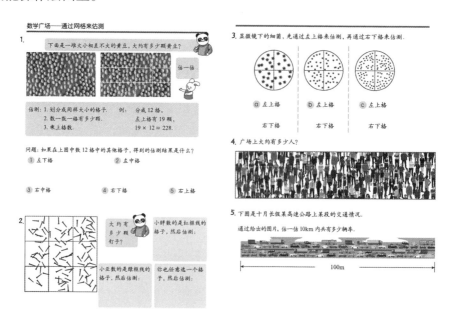

图 8-1

我们认为，就"数学广场"板块的整体教学价值取向而言，要更凸显蕴含在知识载体中的数学思想方法，更强调为学生提供亲身探索实践的"做数学"的机会，更注重数学思考；引导学生充分经历观察、操作、尝试、猜测、实验、推理、交流等数学活动，在这一过程中得到数学思维的锤炼，逐步获得思维水平的提升；使学生在真实活动体验中积累丰富的数学思考经验，感知数学思想方法的运用和作用，感受数学思考的方式和魅力，促进良好思维习惯、思维方式的养成，培养应用数学知识与思想方法解决实际问题的眼光和意识。

就"通过网格来估测"这个活动而言，教材上的显性内容主要是：对以直观图呈现的较大数量的事物，先通过网格划分得到某一格中的数量，再运用乘法计算推算出总体的大概数量。这个过程学生很容易掌握，但仅仅停留在没有多少思维含量的步骤程序上，教学价值就会大打折扣。

那么，该内容背后的深意何在？从数学上看，这一内容属于"统计估计"，蕴含的是"用样本估计总体"的思想方法。教材遵循该年龄段学生的认知实际，把这个重要的数学思想方法通过学生可以接受的问题情境和容易理解的形式呈现了出来。由此，"通过网格来估测"的教学，其重要的价值直接体现于：让学生在部分与整体数量依存关系的动态考量中，感受"局部—整体"联系的思维方式；让学生在面对情境变换灵活进行网格划分和数量选择的过程中，获得合理选择样本的思想和方法；让学生切身体会如何通过选择合适的样本来估测总体，进而在实际生活中具备相应的数学眼光。

这些目标的达成将丰富学生的学习经历，也滋养他们的智慧。

二、研究与行动

● **整体设想**

价值追问决定着教学的实际走向。那么，用怎样的教学实践形态呼应上述价值追求？

1. 意念中，教学目标的整体定位是怎样的

关于本课的教学目标，教案中的具体描述是：（1）经历使用网格来估测事物数量的过程，初步获得用部分推测整体的方法，体会用样本估计总体的思

想;（2）初步感受"样本"概念,体验具体情境中如何进行灵活划分和数量选择,形成选择合适样本的思想和方法;（3）在变式情境中,具有"用样本估计总体"的主动应用意识。

当然,从更宽泛的意义上来说,有些目标无需也无法一个个写下来,而是整体地存在于意念中。比如,着眼长程,关注视野的开阔、思维的养成、能力的培养等;着眼全体,关注每一位学生的主动参与、自信表达、反思提升等。心中装着整体性目标,将使课堂教学在动态行进中更有方向感。

2. 预设中,教学的整体结构和流程是怎样的?

下面的框架（图 8-2）勾勒或许有助于我们想象:学生将会有怎样的思维过程和学习经历? 想着课堂上可能的生机勃勃,自己不免兴奋起来。

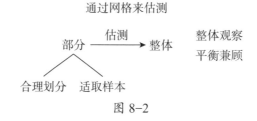

图 8-2

● **实践推进**

1. 情境包的层层呈现,让学生在应用场景中不断拓宽理解的边界

问题:数量大约有多少?

情境包一:较均匀密布的幸运星（图 8-3）、分布不太均匀的跳绳（图 8-4）。

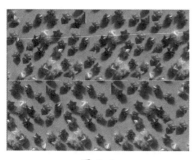

图 8-3

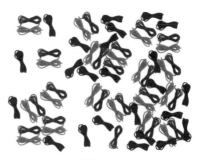

图 8-4

情境包二：呼啦圈里密布的乒乓球（图8-5）、操场上的学生（图8-6）。

图 8-5

图 8-6

情境包三：高速收费口等待的汽车（图8-7）、鱼池里的鱼（图8-8）。

图 8-7

图 8-8

2. 问题串的环环跟进，让学生在自主参与中不断增强思考的质感

针对情境包一的问题串：

（1）仍然用刚才的方格纸（小方格边长为1cm，学生三年级时曾用来测量面积，如图8-9所示）来估测，如何？你觉得应该怎样调整？

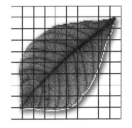

引发需求：根据实际情况，将1cm×1cm方格适当调大，再来估测数量。

图 8-9

（2）试着估测一下，大约有多少颗幸运星？大约有几根跳绳？

（3）你觉得解决这两个问题时，有什么相同的地方，有什么不同的地方？

（相同：都将网格调整到比较合适的大小，取一格的数量，然后乘格数，从而估测出整体数量。不同：前者分布比较均匀，可任取一格作样本；后者分布不太均匀，尽可能选择不多不少、较有代表性的格子）

【片断 1】

师：用什么方法估测呢？怎么估？

生：用方格纸。

生：分割成一块一块的。

师：（出示方格纸，如图 8-10 所示）是这样吗？

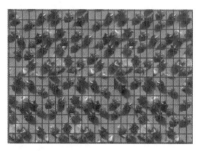

图 8-10

生：格子太小了，一个格子连一颗幸运星都放不下。

生：这样数的话太麻烦了！因为一颗幸运星可能要占多个格子，不好数，所以分成比较大的方块来数比较好。

师：什么意思？谁再来说说？

生：就是说，一颗幸运星会占多个格子，要把小方格放大一点，这样可以数得清楚一些。

师：看来，大家认为需要调整格子的大小。

教师动态调整方格大小，直至大家认为比较合适，如图 8-11 所示．

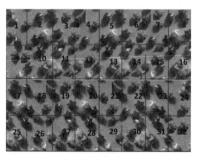

图 8-11

师：我们把这样均匀分布的格子图称为"网格"。那么，怎样用网格进行估测呢？

学生先独立尝试,再反馈交流。

生1:先数出方格纸一共有32格,然后数出平均每格里大约有5颗星星,32乘5等于160,大约一共有160颗星星。

师:你是怎样知道平均每格里大约有5颗星星的?

生1:我选数量不多不少的,比如17号那格,大约有5颗。

生2:我知道,是选一个格子作为代表,用这格中的数量去乘格数来估。

师:(转问其他学生)你们又选了哪个格子作代表呢?

生:我选了14号,大约有6颗,乘32格,约192颗。

生:我选了1号,大约有4颗,乘32格,约128颗。

师:你们都是先选择其中一格的数量,然后乘格数,估测出幸运星总共有多少,也就是用部分来估测整体。你们想知道这里究竟一共有多少颗幸运星吗? 152颗! 有什么想说的?

生:选择一格5颗的,估得更接近!

师:估测结果与实际数之间总会有一定偏差。同学们的估测总体上还是比较合理的。当然,(指向生2)就像他说的,选的那一格要有代表性,不多不少,就会估得更接近些。(学生还未学平均数)

【片断2】

师:(出示图8-12)把你的估测过程和估测结果记录下来。

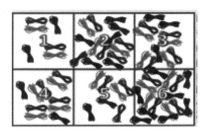

图8-12

生:我选的是3号格,11×6=66(根),大约一共有66根。(很多学生举手表示跟她一样)

生:我选的是4号格,10×6=60(根),大约一共有60根。

师:为什么你们要么选3号格,要么选4号格,而不选其他格呢?

生:3号格数量比较平均,选第一格太少了,选最后一格太多了。

生：我选 4 号格，不仅因为不多不少，而且每根绳子都是整的。

师：如果像 3 号格这样，有绳子在网格线上，怎么算呢？

生：看作 3 号格的，因为它的大部分在 3 号格里。

师：同学们都认为选择 3 号、4 号格比较合适。像这样被选择用来估测整体的代表，在数学上称为"样本"。

师：比较一下刚才估测的幸运星图和跳绳图，它们在分布上有什么不一样？

生：幸运星图每格数量看起来比较均匀，而跳绳图不太均匀，有的很多、有的很少。

生：幸运星图分了很多格，但是每一格数量比较均匀，可以随意选一格。

生：跳绳图分成 6 格，十分清楚。但是第 1 格太少，第 6 格太多，不能选取为样本，只能选取平均一些的。幸运星图分布很密集，分成 32 格，每格中的数量都差不多，比较容易选择样本。

师：看来，我们要适当地选取样本，这样估测出来的数才比较接近实际值。刚才的跳绳图你们究竟估得怎么样呢？（出示实际根数：64 根）

针对情境包二的问题串：

（1）在下笔解决这两个问题前，你会问自己一些问题吗？（记在心里，也可以简单记录）

（2）基于自己的思考，你能尝试解决问题吗？（也可以记录碰到的困惑）

（3）你觉得在解决这两个问题的过程中，有哪些经验值得跟同学们分享？

【片断 3】

针对学生出现的不同划分情况（图 8-13）组织讨论。

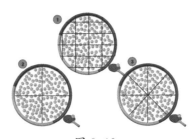

图 8-13

生：我一开始仍然用方格子（第1种），发现格子有大有小，不规则，不好算。

生：第1种有的格子大，有的格子小，这样估测结果也会很不准确。

生：第2、第3种格子都是平均分割的，第3种每一份的数量少一些，数起来快一些。

生：第2种每一份数量较多，数起来容易出错；第3种每一份数量较少，容易数。

师：看来，用部分估测整体，不仅要合理划分形状，还要方便我们获取样本的数量。面对具体情境，我们常常需要平衡兼顾这两个方面来整体把握。

【片断4】

师：这是同学们熟悉的操场活动场景！仔细观察，现在的情境又有什么特点？你会怎样灵活调整，合理划分出网格进行估测呢？试一试吧！

学生独立尝试，思考灵动，资源丰富，教师选取如下代表作品（图8-14至图8-17）进行交流评价。

图 8-14

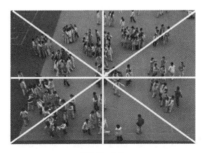

图 8-15

图 8-16

图 8-17

生：我把它划分成四格，选取左下格作为代表，数一数大约有 25 人，这样的话操场上大概有 100 人。

生：我划分成"米"字形，发现每格人数不太均匀，感觉每格算 14 人比较平均，8 格大概总共有 112 人。

生 1：我是采用画圈的方式，一圈大约有 10 人，有 12 个圈，大概总共有 120 人。

生：我把操场上的人划分成看起来差不多的 5 个部分，每部分算 22 人，大概有 110 人。

生：他（指生 1）给了我启发，选 10 个一圈，再这样一圈圈地去"套"，很方便。

生：原来，"网格"也可以是不规则的。

师：对！我们在用部分估测整体的时候，关键是看这个部分怎么选比较有代表性，从而合理地估测出整体。

针对情境包三的问题串：

（1）这两幅生活场景中的数量，也能用网格来估测吗？"网格"在哪儿呢？

（2）进一步，如果要估测这条公路上 10 千米内共有多少辆车，可以将这 100 米的车辆数作为样本来推测吗？为什么？

（3）鱼塘里的鱼在游动，而且看不见，又该怎样估测呢？你能读懂下面的阅读材料吗？（供自主选择的弹性长作业）

阅读材料：你能看懂这样做的道理吗？

为了估计鱼塘中鱼的数量，某养殖专业户先从鱼塘里捕捞 100 条鱼，在每条鱼身上做好记号后放回鱼塘。经过一段时间，等有标记的鱼完全混合于鱼群后再捕捞 200 条，发现有 5 条鱼带有记号，从而估计出该鱼塘里大约有 4000 条鱼。

【片断 5】

教师出示高速公路收费口排队等候的车辆图（图 8-18）。

图 8–18

生：高速公路收费口排队的车，估测的时候，按一排一排分就可以了。

生：像跳绳图那样分成横竖一格一格的比较麻烦，现在有很明显的车道，相当于将车道变成一长格一长格的了。

生：每一条车道上的车排得比较整齐均匀，可以先任意选一条车道，数数大概有几辆车，再乘车道数，就可以估测出一共有多少辆车了。

师：你们在生活场景中也会活用"网格"进行估测了！

师：假如收费口等待的车队长约 100 米，能不能用刚才估测得到的这100 米的车辆数，再去估测这条公路上 10 千米内大约共有多少辆车在行驶？为什么？

生：不行！因为每部分路况不一样。这个 100 米比较特殊，等待收费的车比较密集，路上行驶的车一般不会这么密集。

师：也就是说，以这个 100 米的车辆数作为估测整体的"样本"是不合适的，它没有代表性。

师："通过网格来估测"重要的不是看得见的"网格"，而是"网格"背后的含义！一个"网格"的数量其实是指一个"单位"的数量，也就是样本。我们要根据实际情况选择相对合适的样本，以部分估测整体、把握整体。

师：这个"估计鱼塘中鱼的数量"的材料你能读懂吗？稍有点复杂，有兴趣的同学试着探一探，这个场景中的"样本"又是指什么呢？

三、体验与随想

伴随着结构化的情境包和逻辑关联的问题串，学生在自然卷入中思维开始涌动；伴随着富有个性的表达及多向交互的对话，课堂流动了起来；伴随着逐渐丰富的体验和适时进行的小结提炼,这样的流动有了一浪又一浪的起伏推进。其间,有形的"网格"慢慢虚化了,渐渐浮凸的是"适取样本、合理估测"的思考之实。

最后的弹性长作业供学生根据自己的兴趣自主探究,尝试与课堂学习经验勾连,有助于学生养成乐于思考的习惯。在这里,有没有结论不重要。有的学生愿意花更长时间去思考、琢磨这个问题,将通过部分(即样本)估测整体的经验迁移到稍复杂的情境中去应用、去解释,也愿意找同伴或老师来讨论:原来,200条就是"样本"!这个样本中有5条有记号的,那么推至整个鱼塘100条有记号的鱼的话(5的20倍),总量大约就有4000条(200的20倍)。随着讨论的深入,学生也会关注到材料中很重要的一条信息"经过一段时间,等有标记的鱼完全混合于鱼群后再捕捞",这是通过样本估测整体的重要条件(相当于课堂上所说的每格数量比较均匀、选择有代表性的格子等),也是引导学生严谨思考的素材和契机。

在"真问题"教学探索中我们认识到,综合实践活动应该给予学生自主选择、个性表达、能力发展的弹性空间,让学生在解决问题的丰富思考中不断获得智慧滋养。

第二节　小数的应用——水、电、天然气的费用

一、缘起与问题

"小数的应用——水、电、天然气的费用"是上海版《数学》五年级第一学期"整理与提高"单元的教学内容(图8-19)。教材通过生活中常见的水、电、天然气账单中的费用问题,帮助学生进一步理解常见的数量关系,巩固小数四则运算,并提高学生获取信息、处理信息的能力。

相比之下,三种费用计价方法的难易程度不同。实际生活中,天然气费用的计价方法最为简单,只涉及阶梯收费;其次是水费,除供水费涉及阶梯收费外,还有代征污水处理费;最复杂的是电费,按照"先峰谷,后阶梯"的方式收费。但三者都有其共性之处,即涉及"单价 × 数量 = 总价"的基本数量关系。

小数应用——水、电、天然气的费用

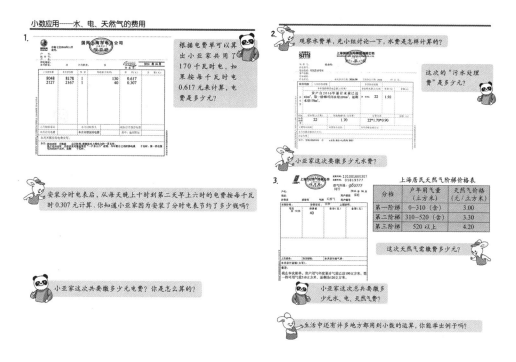

图 8-19

教学定位上，值得深入思考的是：水、电、天然气账单中的收费问题，是现实世界中具有较强思考性、活动性、实践性的真实问题，是典型的主题活动素材。那么，在课堂上，教师该怎么引导学生开展在真实情境下的主题活动呢？如何将对真实问题的探究转化成结构简洁、逻辑线索清晰的真实学习过程，并在这一过程中，将思考和探究的空间充分地留给学生，让其经历发现问题、提出问题、分析问题和解决问题的全过程，以落实核心素养？

二、研究与行动

● 探究水费计价方式

师：（出示图 8-20）这是小胖家 2021 年 8 月的水费账单，根据小胖提供的部分信息，你有什么疑惑吗？

本月一共应缴水费134.50元，

用水量是39立方米，单价是1.92元/立方米……

2021年8月水费账单

账单明细	上次抄表读数		本次抄表读数			
	本年度阶梯用水总量（立方米）		本次用水量（立方米）	单价（元）	金额（元）	
供水费			39	1.92	74.88	
	用水量（立方米）	征收标准（元/立方米）	计算方式		金额（元）	
污水处理费	39	1.70	39*1.70*0.90			
上期零头结转		本期零头结转		本月应缴金额合计	134.50	

图 8-20

生："立方米"是指什么？

师："立方米"在这里指的是用水量的计量单位。

生：我们可以估算一下，单价是1.92元，可以把它估成2元，这样的话就是 39×2=78（元），那是怎么算出 134.50元的呢？相差好多。

师：他对数据很敏感，想到了估算，再根据单价乘数量，发现初步估出来的结果不等于应缴水费，还少了很多。那到底是怎么一回事呢？让我们再仔细研究一下这张账单。

先小组活动，再全班反馈交流。

生：账单中有一栏"污水处理费"，我们小组猜测相差的费用可能就是污水处理费。

师：老师发现你们都计算了污水处理费，那你们能理解为什么还要收污水处理费吗？

生：我知道，我们用过的水排出去后，还要进污水厂处理再利用。

师：大家在计算污水处理费时有不同的答案，我们一起来看看。有的算出来是66.3元，有的算出来是59.67元（图 8-21），还有的算出来是59.62元（图 8-22）。同样的数据信息，却有不同的结果，你们都是怎么算的呢？结果为什么会不一致呢？（小组讨论）

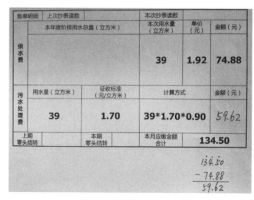

图 8-21　　　　　　　　　　　　　　图 8-22

生：算出 66.3 元的，是用 39 立方米乘每立方米 1.70 元的征收标准单价得到的；得到 59.67 元的，就是将前面的结果再乘 0.90 得到的。

师：算出 59.67 的同学来说说，单价乘数量后，为什么还要乘 0.90 呢？

生：因为我看到它后面有写一个计算方式——$39 \times 1.70 \times 0.90$，所以我就把 66.3 再乘了 0.90，得到 59.67 元。

师：他是看到了账单上的计算方式直接照着算的，你们有什么疑问吗？

生：为什么要乘 0.90 呢？（学生沉默）

教师播放视频介绍（图 8-23）。

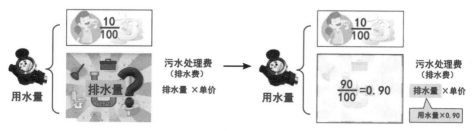

图 8-23

生：我明白了，不是所有的用水都要排出后进行处理的。

生：根据统计数据，除去我们喝水、煮饭等少部分的用水，约 90% 的用水是要排出后进行处理的。

生：所以收取污水处理费时，也要将用水量打九折，也就是乘 0.90。

师：现在能理解为什么账单上污水处理费的计算方式是"$39 \times 1.70 \times 0.90$"了吗？但是，按照视频中的介绍，应该是"$39 \times 0.90 \times 1.70$"才对呀？

生：是用了乘法交换律。

师：是的。根据乘法交换律，这两个算式的结果是相等的。也可以这样理解，用水量打了九折，那么收取的总价也打了九折。

师：还有一个答案，是 59.62 元，这又是怎么得到的呢？

生：供水费 + 污水处理费 = 应缴金额，那么用总价 134.50 元减去供水费 74.88 元就等于 59.62 元，那为什么和按照计算方式算出来的 59.67 元对不上呢？

生：是因为现在人们都不用“分”了，这个月“分”这部分的钱与后面几个月“分”所对应的钱加起来变成“角”之后，再一起算。

师：也就是说，74.88 元加上 59.67 元等于 134.55 元，而应缴金额精确到百分位——角，所以变成了 134.50 元。那么，这个 5 分怎么处理呢？

生：四舍五入。

生：不对，这样的话就应该是 134.60 元了，是“五舍六入”吧。（上海版教材“数学广场”中有这一内容）

生：我看到下面一行有“上期零头结转”“本期零头结转”，“5 分”会不会是用零头结转的方式？

师：你们很善于观察，“零头结转”具体怎么操作，大家可以课后继续探究。

【跟进练习】

教师出示练习（图 8-24）。

选择 把合适的数填入 □ 内。

65.79　82.56　148.30　148.35

供水费	本年度阶梯用水总量（立方米）		本次用水量（立方米）	单价（元）	金额（元）
				×1.92	□
污水处理费	用水量（立方米）	征收标准（元/立方米）	计算方式		金额（元）
		1.70	___*1.70*0.90		□

本月应缴金额合计 □

图 8-24

〔简析〕本课时首选难度居中的水费账单切入（素材上先避开阶梯收费），先聚焦计价模型的建立，引导学生在观察、分析中发现水费账单中隐含的数量关系，从而建立计价模型。

在任务的设计上，力求通过巧妙的安排，引导学生从数据中感知到矛盾，促使学生自己发现问题、提出问题，从而自主探究问题。

在任务推进过程中，充分运用学生思考资源中的认知冲突，激发他们不断深入分析问题、解决问题。其间，蕴含着对数据及数量关系的感知、小数四则运算的应用、基于算理的推理等，推理解释中也涉及估算、乘法运算定律、对计算结果按精确度取值等知识，以及对策略的自主调用。

最后的跟进练习，在巩固数量关系的同时，强调了通过推理分析作出判断和选择。

● **认识阶梯收费的方式**

师：账单中的信息很丰富，通过观察，我们不断发现问题、提出问题，并在解决问题的过程中，进一步分析了它们背后的原因，最后归纳出水费的计价方法。那我们能不能带着这样的思考方式，来帮小胖解决一下他们家的天然气费用呢？（出示图8-25）看，这是小胖家2021年8月天然气账单中的部分信息。观察一下，你又联想到了什么？

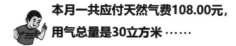

本月一共应付天然气费108.00元，用气总量是30立方米……

图 8-25

生：我联想到天然气的单价是多少，可以把108估成110，110÷30，结果比3元多且比4元少。

师：比3元多且比4元少，真的是这样吗？一起在账单中看一看。（出示图8-26）

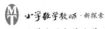

本月一共应付天然气费108.00元，用气总量是30立方米……

2021年8月天然气账单

本期抄码：	抄表情况：自抄		上期抄码：	
项目	消费量（立方米）	单价（元）		金额（元）
第二阶梯	20	3.30		
第三阶梯	10	4.20		
上次结余：	本次结转：		本月应付金额：108.00	

图 8-26

生：怎么有的单价是 3.30 元，有的单价是 4.20 元呢？

生：第二阶梯和第三阶梯是什么意思呢？

生：这两个阶梯有什么不同？为什么它们的单价会不一样？

生：第二阶梯用了 20 立方米，只需要 3.3 元；第三阶梯只用了 10 立方米，单价却比第二阶梯的贵。

师：你不仅关注到了单价，还对这里的用气量 20 立方米和 10 立方米产生了疑问。很好，让我们带着大家的疑问一起来研究。

生：我看到这个地方的时候也在想，既然有第二阶梯、第三阶梯，是不是也会有第四阶梯？会不会还有第一阶梯呢？

师：如果有第一阶梯，你们来猜猜看，它的单价可能会是多少？

生：可能是更少的单价。

师：你估一下可能是多少？

生：可能是 2 元多吧，比如 2.40 元。

师：老师上网查询了上海居民天然气的阶梯价格表。（出示表 8-1）看，第一阶梯的单价是每立方米 3.00 元，和刚才这位男生的想法一样，的确比第二阶梯的单价还要少。那么，为什么不同的阶梯要采用不同的单价呢？

表 8-1

分档	每户年用气量／立方米	天然气价格／（元／立方米）
第一阶梯	0～310（含）	3.00

（续表）

分档	每户年用气量/立方米	天然气价格/（元/立方米）
第二阶梯	310~520（含）	3.30
第三阶梯	520以上	4.20

生：我认为是为了让居民有节约意识，随着立方米数越来越多，单价也越来越高，要付更多的费用。

师：也就是年用气量越多，单价就越高，其实是想鼓励人们平时使用天然气时要节约。再来看一下小胖家的这张账单（图8-26），为什么他们家的账单中没有第一阶梯呢？你能结合这张表（表8-1）思考一下吗？如果觉得有困难，也可以借助条形图（图8-27）帮助思考。

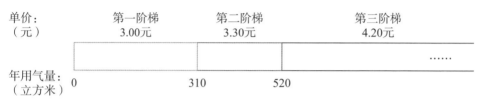

图 8-27

学生先独立思考，再同桌交流。过程中，教师提醒学生可以试着在条形图上用阴影画一画自己对小胖家用气情况的理解。完成后，呈现两幅作品（图8-28、图8-29）让学生交流评价。

图 8-28

图 8-29

师：谁来说一说，为什么小胖家8月账单上没有第一阶梯的内容呢？

生：因为小胖家今年用的天然气量已经超过第一阶梯了，进入第二阶梯，所以就要按第二阶梯的天然气价格来收费。

师：你的意思是，他们家第一阶梯的额度已经用完了，是吗？请问是哪个线索让你有这样的想法？

生：因为表上写的是年用气量只要超过 310 立方米，就表示用完了第一阶梯的额度。

师：你关注到了"年用气量"，观察得很仔细。的确，阶梯是按年来计算的。从今年 1 月开始，将每个月的用气量累加。慢慢地，小胖家就把今年第一阶梯的额度用完了，所以他们家 8 月账单中的第一阶梯费用是 0 元。那么，账单上"20"和"10"这两处的用气量分别处于条形图中的什么位置呢？请这两位同学上来介绍一下。

生：（边指图 8-28 边说）因为第二阶梯用掉了 20 立方米，所以就画在 310 的右边，画在表示"第二阶梯"的这个条形里；第三阶梯用掉了 10 立方米，所以就画在 520 的右边，画在表示"第三阶梯"的这个条形里。

师：他关注到了这两笔费用所在的阶梯位置。

生：我觉得第二阶梯的 20 立方米已经用完了，所以才会去用第三阶梯的 10 立方米，所以应该连在一起画（图 8-29）。

生：我比较同意第二位同学的观点，因为如果第二阶梯的用气量还没用完，就不会无缘无故转到第三阶梯去。

师：大家分析得很到位。从今年 1 月起到 7 月，小胖家不仅把第一阶梯的额度用完了，还把第二阶梯的大部分额度也用完了，只剩下仅有的 20 立方米，继续使用就要进入第三阶梯了。

师：原来，阶梯收费就是一个阶梯用完了就进入下一个阶梯，如果第三阶梯的额度也用完了呢？

生：不会用完的，因为它后面有省略号，表示用气量是无限的，而且表格里也写了"520 以上"。到了明年，就又会从第一阶梯重新计算。

师：现在，你们知道小胖家 8 月天然气费用的 108 元是怎么计算出来的吗？

学生列式计算：$20 \times 3.30 + 10 \times 4.20 = 108$（元）。

【跟进练习】

小丁丁家今年 8 月天然气账单显示，他们家的用气量也正好是 30 立方米，但是比小胖家付的钱少。下面哪张账单是小丁丁家的？先选择，再计算应缴金额。（图 8-30）

选择　小丁丁家8月天然气账单显示，本次
用气总量是30立方米，但是比小胖家付的钱少。
下面哪张账单是小丁丁家的？

①
本期抄码：	抄表情况：自抄	上期抄码：	
项目	消费量（立方米）	单价（元）	金额（元）
第一阶梯	20	3.00	
第二阶梯	10	3.30	

②
本期抄码：	抄表情况：自抄	上期抄码：	
项目	消费量（立方米）	单价（元）	金额（元）
第二阶梯	25	3.30	
第三阶梯	10	4.20	

③
本期抄码：	抄表情况：自抄	上期抄码：	
项目	消费量（立方米）	单价（元）	金额（元）
第三阶梯	30	4.20	

图 8-30

　　课末，学生又提出新的问题：水费也有阶梯收费吗？电费又是怎样计算的呢？

　　〖简析〗此环节转向对天然气账单的探究，继续聚焦"分析数量关系，建立计价模型"这一重点，并在此基础上聚焦"理解阶梯收费"这一教学难点。素材选择上，依然通过数据上的矛盾引发学生自己提出问题，通过真实疑问牵引他们不断深入、一探究竟。针对学生认知上的实际困难点，采用数形结合的方法，借助几何直观思考并解决问题，以突破难点。

　　最后的跟进练习，在巩固数量关系、应用计价模型求得答案的同时，也强调了判断过程中的推理，即：数量相同，单价便宜的总价少。可喜的是，学生是带着问题下课的，回过头思考：水费也有阶梯收费吗？拓展延伸：电费又是怎样计算的呢？问题的主动提出，恰是学生主动应用所学知识的重要体现。

三、体验与随想

　　这是一堂以发展学生核心素养为导向的问题解决课，试图发挥数学学科的育人价值。在观察、分析并建立水费、天然气费计价模型的过程中，发展学生的模型意识；在用数形结合的方式分析并解释问题的过程中，发展学生的几何直观；在现实情境中，通过观察数据、分析数据感知数据背后的规律，发展学生的数据意识；在解决问题的全过程中，自然渗透节约能源的观念。

第三节　"使用计算器计算"小探究

一、缘起与问题

鉴于"空中课堂"的需要，要拍摄"'使用计算器计算'小探究"的视频课，这一内容编排在上海版《数学》三年级第二学期。本单元内容在日常教学中常常不被重视甚至忽略，因为教师们普遍觉得按部就班地按照教材编排完成例题教学和练习巩固即可，计算器的使用对学生而言几乎不教也会。那么，此教学内容能开拓出有价值的学习空间吗？没有学生的模拟课堂，如何让"学生立场"理念实际落地呢？

二、研究与行动

● 目标定位——素养培育

1. 教材及配套练习部分梳理

【样例1】

图示（图8-31）：

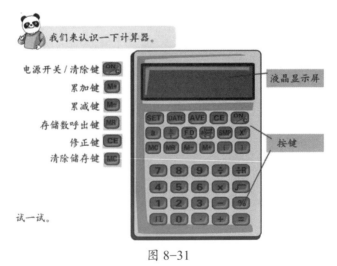

图8-31

目标阐述：初步了解计算器的结构及其常用功能键。

【样例2】

图示（图8-32）：

图 8-32

目标阐述：使用计算器进行较大数的加、减、乘、除等基本运算，并对计算结果进行验算。

【样例3】

图示（图8-33）：

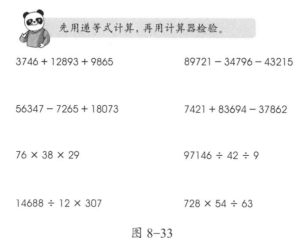

先用递等式计算，再用计算器检验。

3746 + 12893 + 9865	89721 − 34796 − 43215
56347 − 7265 + 18073	7421 + 83694 − 37862
76 × 38 × 29	97146 ÷ 42 ÷ 9
14688 ÷ 12 × 307	728 × 54 ÷ 63

图 8-33

目标阐述：使用计算器进行含有同一级运算的混合运算，并对计算结果进行验算。

【样例4】

图示(图8-34):

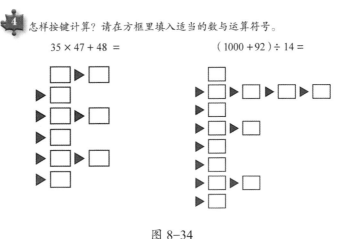

4 怎样按键计算?请在方框里填入适当的数与运算符号。

$35 \times 47 + 48 =$　　　　　　$(1000 + 92) \div 14 =$

图8-34

配套练习部分中的内容,出现两级运算,包括含小括号的混合运算。

我们进一步查阅了配套《上海市小学数学学科教学基本要求(试验本)》,对这一内容的目标阐述如下:(1)计算器的认识:认识计算器的结构,初步了解计算器常用功能键的名称以及使用方法。(2)计算器的使用:合理地应用计算器进行计算,以提高计算效率,并感受用计算器进行计算的优越性;通过计算,探索、发现一些简单的数学规律。

2. 教学目标定位

上述教材或配套练习部分梳理中所涉及的目标只是知识技能层面的,如果仅仅停留于此,或许学生更多只是掌握了计算器使用的操作规则和流程,这显然是不够的。《上海市小学数学学科教学基本要求(试验本)》中"合理地应用计算器"可谓内涵丰富,我们认为,对学生的学习而言,更有价值的是操作流程背后发现规则的推理思维过程。相较于获得知识与技能,我们更应关注学生发现和提出问题、分析和解决问题的过程经历和他们丰富的情感体验,关注运算能力、推理意识的发展。这样的目标定位,符合核心素养导向的时代要求。

以"'使用计算器计算'小探究"第二课时为例,以下是小节部分两个版本的对比,分别是初始版(图8-35)和修改版(图8-36),真实体现了我们对目标定位的研磨与思考。

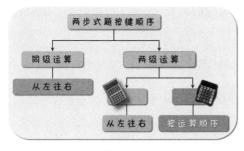

图 8-35

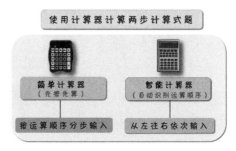

图 8-36

教材中只呈现了同级运算的两步式题，教学参考资料中也只要求"能使用简单计算器进行含有同一级运算的混合运算"。而在配套练习部分中出现了两级运算，包括含小括号的运算。并且，由于教材是由一款限定的计算器展开描述的，因此在操作流程上都是"只要按照算式中从左到右的顺序依次按键"。如果按此教学，总觉得少了些思维含量。

现实中，学生手头并没有配备一致的计算器，也确实没有必要这么做。因此，我们思考：如何让学生能灵活应用各种不同型号的计算器？这也恰恰暗含了对学生的素养要求。

在初始版的教学设计中，由于在之前的"认识计算器"一课中就增加了认识不尽相同的计算器，因此这一课在两级运算方面，补充了不同计算器按键顺序的讨论。但是，从学习路径而言，仍然更侧重知识技能层面的操作使用。

在修改版中，我们调整了学习路径，改变学习侧重点。更多地关注学生在面对要解决的问题时，是怎样在尝试中观察、分析、推理以发现不同计算器特点的，从而让学生在遵循计数法的十进位值制和算法的逻辑基础上，能够正确、灵活地使用计算器，便捷、高效地解决相关计算问题。

那么，在素养培育的目标定位下，我们思考：如何设计与之呼应的学习任务？如何把教学重点放在核心知识和思维方法上，从而在促进学生理解知识和掌握方法的过程中，培养学生的思维能力和问题解决能力？

● 任务设计——以问题探究推进教学

在整体设计上，以具有适度思维挑战性的问题为引领，引导学生持续主动

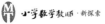
地思考,积极参与探究学习中。以"'使用计算器计算'小探究"第二课时为例,通过初始版和修改版的片断对比,呈现我们对这一内容的新思考、新解读。

【初始版】

环节 1:复习一步运算的按键顺序。(图 8-37)

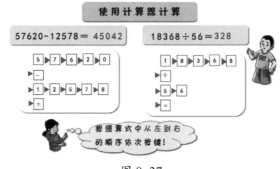

图 8-37

环节 2:提出两步运算的按键顺序问题(教材例题)。(图 8-38)

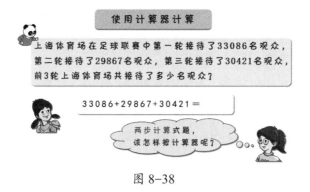

图 8-38

环节 3:回应两步运算的按键顺序。(图 8-39)

图 8-39

以上内容是从一步运算到两步同级运算的按键操作，虽然步骤上多了一些，但思维上都处于同一水平。

【修改版】

环节1：复习一步运算的按键顺序。（图8-40）

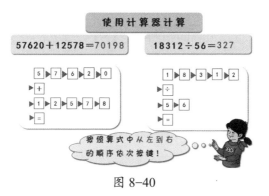

图 8-40

环节2：创设问题情境"数字按键'6'坏了，怎么办"。（图8-41）

图 8-41

环节3：自主尝试解决问题，分析并交流问题，从一步运算自然过渡到两步同级运算。（图8-42）

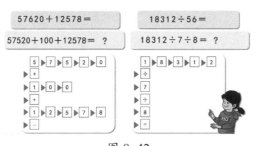

图 8-42

修改版沿用了初始版中一步运算的复习,但对数据作了微调;舍弃了直接用教材例题展开教学的做法,而是顺着两道一步运算复习题创设问题情境:数字按键"6"坏了,怎么办?此问题不仅具有挑战性,还具有开放性。在解决问题的过程中,自然勾连十进位值制概念、计数单位、已有运算方法的算法逻辑等核心知识。从思想方法层面上看,涉及转化、类比、猜想、验证等。从知识技能层面上看,虽然也是得到两步同级运算从左到右的按键顺序,但学生的学习经历不同,思维水平不同,情感体验不同,习惯养成不同,获得的能力历练也是不一样的。

进一步地,我们在修改版的基础上继续研磨,将思维引向更深处。

【最终版】

环节 1:自主提出问题——同级运算的按键顺序是这样的,那两级运算呢?(图 8-43)

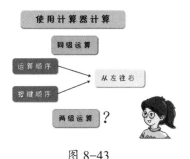

图 8-43

环节 2:学生尝试展开对比分析,推理发现操作规则。即:尝试不同的按键顺序,调用估算知识判断结果的合理性并展开分析,确定手中简单计算器的操作规则。(图 8-44)

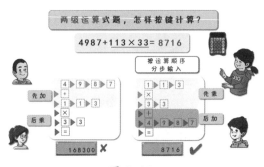

图 8-44

环节 3：迁移至不同类型的计算器，思考其操作规则，进而提出新的问题——智能计算器的操作规则是什么？其"智能"体现在哪里？（图 8-45）

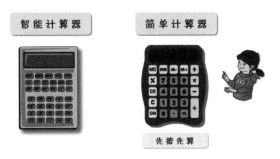

图 8-45

环节 4：在尝试中进行对比分析，推理发现智能计算器的操作规则。即：发现简单计算器是"先按先算"，而智能计算器是"自动识别运算顺序"，所以只要按从左到右的顺序键入算式即可。（图 8-46）

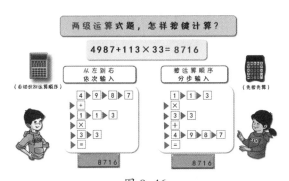

图 8-46

环节 5：迁移方法，针对带小括号的混合运算，自主研究运用不同计算器可以怎样灵活操作。把握手中计算器的特点并灵活运用，合理解决计算问题。（图 8-47、图 8-48）

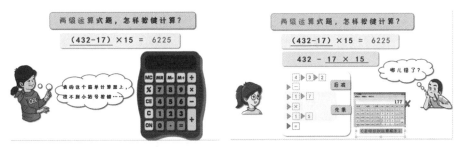

图 8-47   图 8-48

很多时候，使用计算器计算可以快捷地得到答案，但必须建立在正确按键的前提下。并且在操作过程中，要有自我检查的意识，特别地，应具备估算意识、计数法的位值概念、算法逻辑。在以上探究活动中，学生经历了真实的析错、纠错过程，并在不断对比分析中学会把握手中计算器的操作规则，灵活、合理地解决计算问题。

● **互动设计——真实思维体现**

"空中课堂"视频是基于学生立场的学习过程设计，我们期待基于这样的设计，能够在现实课堂生成中收获学生丰富的思维。我们努力在视频课中体现学生可能展现的真实思维。下面，以"'使用计算器计算'小探究"第二课时中的一个片断为例，呈现将"$18312 \div 56$"转化成"$18312 \div 7 \div 8$"的学生对话，其转化依据和学生可能的表达也是几经揣摩。

从数学思考上来说，这一转化必须要有"结果不变"的依据，但该阶段的学生还没有正式学习相应的运算律和运算性质，所以起初我们是从除法运算意义的角度进行解释的。对话设计如下。

小亚：原来是把被除数平均分成 56 份，现在先平均分成 7 份，再把每一份平均分成 8 份，就相当于将原来的被除数平均分成 56 份了。

小巧：我就是这样想的。

可是，总感觉学生如此解释不太真实。那么，可否由教师提出并进行解释？如此，就会导致学生被动地听，不一定能理解。如果借助现实情境展开解释，在视频课中又显得太冗长。我们思考：符合学生真实状态的思考和表达可能是怎样的？研磨之后，将对话设计修改如下。

小巧：我是这么想的。在乘法中，乘 56 可以变成先乘 7 再乘 8，那这里的除以 56，是不是也可以变成先除以 7 再除以 8 来算呢？

师：哦，小巧把乘法的经验类比到了除法中，那这样到底是不是可行呢？赶快拿出计算器算一算吧！别忘了和原来一步运算的结果对照一下。

在本册教材第二单元"两位数乘两位数"的学习过程中，学生已经经历过"将一个因数分拆成两数相乘"的算法探究，将这一思维活动经验从乘法类比到除法中，是合乎学生的学习逻辑的，也是他们容易理解的。当然，这样的类比猜想需要验证。因此,此处跟进教师的简短评价和追问,既点出这样联想的开放思考之优,又引导学生要有验证的缜密意识。在这一系列的活动过程中,知识和情感是交融的,学生的学习既有深度,也有乐趣。

三、体验与随想

对教材进行适当改编,化教材的静态资源为"为了学生的发展而教"的动态学习过程设计,试图将基于"学生立场"的解决问题过程在 20 分钟的视频课中生动展现出来。此次"'使用计算器计算'小探究"一课的重构改变了教师们原有的教学认知,其成效也在真实的线下课堂中得到了检验。

能够接受这个挑战,得益于一直以来坚持"基于真问题,循着学生的学习线索推进教学"的课堂行动研究,坚持通过真问题引领改变教与学的方式。学习过程设计时,对于解决问题过程中的思考逻辑,课堂推进中学生可能状态的分析,教师对这些可能状态的及时捕捉和回应,都依赖于日常教学实践的积累。

第四节　数学魔术——"读心术"

一、缘起与问题

偶得一次机会,听了一节数学魔术课"读心术"。

读心游戏是这样展开的:

执教教师出示课件(图 8-49)。

①		②		③		④	
1	3	2	3	4	5	8	9
5	7	6	7	6	7	10	11
9	11	10	11	12	13	12	13
13	15	14	15	14	15	14	15

(1)想好一个数;
(2)告诉我:你想的这个数出现在哪几张数卡上;
(3)猜出这个数。

图 8-49

生：①③——

师：5。

生：②——

师：2。

生：②④——

师：10。

生：①②④——

师：11。

师：老师怎么能读出你们的"心"呢？我的记性可不是很好。

生：按条件，只有唯一答案。

师：出现的数有一定规律。规律是什么？请在小组内交流一下。

坐在台下的我远远看去，学生一下子热烈讨论了起来。我开始思考：未经静静地独立思考，是否有广泛的"替代思考"现象？是否有茫然无措、不知从何入手的学生？是否有做过种种猜测又被自己否定的学生？如果有，基本的思考切入点和路径应该如何点拨？不注意间，课件所呈现的四张数卡上的第一个数都已显红色，这是在提醒、暗示有规律吗？三四分钟后，全班开始反馈。

生（女）：所有数卡上的第一个数是头数，加起来就是你所想的数。

生（男）：1+2+4+8=15，出现在每一张数卡里。15-1=14，出现在后三张数卡里。14-1=13，出现在数卡 ①③④ 里……

师：（指头数 1、2、4、8）我们发现，这些数是头数，头数能够组合出你所想的数。

生：$2^0=1$，$2^1=2$，$2^2=4$，$2^3=8$。

我疑惑女生是怎样发现这个规律的，其他学生难道没有惊讶和疑问："你怎么发现的？怎样才能发现呢？"显然教学时间不允许在此多作停留，后面还有一系列规律的探求。可是，在不断提升思维速度的要求下，报出答案的孩子有代表性吗？班级的差异状态又是怎样的？我无法判断，但总是想象自己的学生活脱脱的状态。

接着，在师生、生生互玩"读心术"的过程中，学生顺向运用了规律。"如果我想的是 14，猜猜会出现在哪几张数卡上。一个数只出现在一张数卡上，这个数是几"——连续几个问题又将学生引向对规律的逆向运用。然后，教师让同桌合作探究学习单中的任务一：能不能制作这四张数卡？显然，在此强调的是规律逆向运用中的有序思考，这正是后面反馈交流时教师的点拨重点（如学生写的有序组合算式：1+2=3、1+4=5、1+8=9、1+2+4=7、1+4+8=13，2+4=6、2+8=10，4+8=12）。

进一步，教师将学生引向对规律的综合运用：解决学习单上的任务二并逐一交流（拓展到五张数卡）、数改赋以生肖来猜（需将数与生肖建立对应关系）、探讨"若猜百家姓，至少需要几张卡"（再次引向数卡中的最大数与 2 之间的关系，如 $15=2^4-1$，而 $2^6-1=63$，$2^7-1=127$，所以至少需要七张卡）。即：让学生经历"顺向运用—逆向运用—综合运用"的过程（图 8-50）。

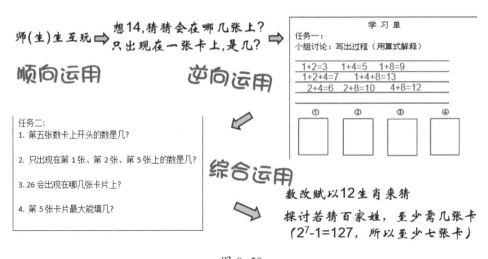

图 8-50

跟我一起来听课的教师感叹道：这些学生太厉害了！如果给我们自己的学生这样上，肯定推进不下去。

我们思考：用这个纸牌魔术作为内容载体，可以作怎样的实践活动尝试？

二、研究与行动

● 追问一：基于学生实际，纸牌魔术的探究核心推进还可放在何处

呈现时，1、2、4、8 一定是头数吗？放中间或尾部可以吗？随意放可以

吗？……使学生经历"问、理、探、变"的过程，从混乱的魔术游戏材料中找到规则、有序、漂亮的"设计图谱"。基于学生实际，是否可以侧重这样的探究空间（图 8-51）？

问　看起来很混乱，怎么办？→如何整理？

理　整体思考：每一张牌上有哪些数？每一个数在哪些牌上？用怎样的梳理方式可以看到整体布局？

探　基于梳理再观察，最初的线索？→进一步，又可以提出怎样的问题？猜想？验证？

变　怎样变换、创造新的魔术游戏？

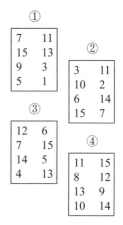

图 8-51

在基础课程的课堂上，教师常受限于"知识的掌握和运用"，不自觉地压缩学生的探究时空，这样的魔术游戏课程是否可以适当淡化"掌握和运用"，而凸显学生的"探究"经历，更关注学习过程的分享和经验的积累呢？至少，我们有了一试的激情。

● 追问二：能否激活学生思维

将规律的掌握和运用推后，将核心探究放在规律的发现历程上，学生会喜欢吗？这样的定位能否激活学生的思维，学生真实的表现是什么样的？教师该如何捕捉生成资源并作出回应？其内心又潜藏着怎样的想法？

【片断 1】引趣揭示课题

教师呈现"读心术"素材。

生：出现在①②数卡上——

师：它是一个单数，它是一位数，很小，（用三根手指表示）就这么点。

生：出现在①②④数卡上——

师：确定吗？比刚才的数要大些，也是单数，不过不是一位数了，个位和十位相同，11。

教师"读心"时不直接报出,这吊足了学生的"胃口",也是一种情绪的酝酿。

当教师问"想不想学"时,学生异口同声地说出"想"后满是期待。于是,教师写下课题:数学魔术——读心术。

【片断2】初步感知问题

师:这些数卡中的数有什么秘密?

20秒不到,居然有学生举手。

生(男):第一张数卡上全是单数,1、3、5……第二张数卡以2为开始,加1、接着加3,再加1、接着加3,一直到15。第三张是4和12及以上的连续四个数。最后一张是8及以上的连续自然数,到15为止。

师:你们能听懂吗?

其他学生一头雾水。我很好奇,示意他试一下。

师:那请你来玩一下,这个数在②③④数卡上。

不到20秒,该生说14。

生:如果选到①,一定是单数,但没选到,所以是双数;而又选到了④,说明是8及以上的双数;又出现在②③,后面四个双数里重复的是14,所以是14。

每个班级总有"学霸",率先发言的男生以惊人的观察和记忆迅速找到了四张数卡上数的特点。虽然一时没人能听懂他所说的发现,但教师从容地给予他再一次验证的机会。相较于结论,更着眼于真实的学习过程,营造出探讨问题的氛围。

【片断3】尝试解决问题

学生独立思考、适当记录,需要时同桌互助。教师巡视,捕捉资源,全班分享。

第一层呈现(图8-52、图8-53、图8-54):

图 8-52

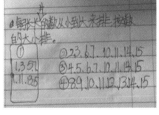

图 8-53

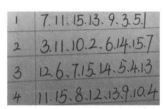

图 8-54

生：第1幅图统计了每个数重复出现的次数，但看不出数出现在哪张数卡上。

生：下面两幅图都罗列出了每张数卡上的数，第3幅图只是把卡片上的数抄下来，而第2幅图把数从小到大作了有顺序的排列。

师：按顺序排列有什么好处？

生：容易发现规律。

师：发现规律了吗？

生：还没有。

第二层呈现（图8-55、图8-56）：

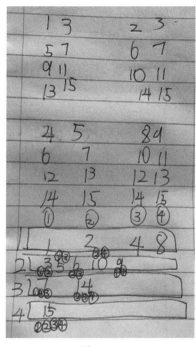

图 8-55   图 8-56

生：我先将每张数卡上的数按从小到大的顺序排列，然后按出现次数分成4类，每一类写出出现的数，并在下面标上出现的数卡编号。

生：我发现数有1到15，如果记录每张数卡上的数，就太麻烦了。所以我画了个表格，出现一次只要画"√"就可以了。横着看，如7重复过几次、在哪几张数卡上，一清二楚。

师：先前同学的整理中，可以看到第一张数卡上有序排列着哪些数。那在这个表格里怎么看？请举例说说。

生：竖着看，如①号数卡上出现了1、3、5、7……

师：刚才大家有没有注意听，他的表格还可以怎么看？看什么？

生：横着看，这样就可以看到任何一个数出现在哪几张数卡上。

比起完美的作品，丰富、差异、多元的半成品更真实。不充分、不完整的回答中恰恰暗含着宝贵的学习资源。这是一个很好的开始，可以让所有学生参与。有组织地分享真实资源，鼓励学生再思考并深入对话，不仅提升了学生的思维，而且增强了学生的情感体验。

【片断4】渐进发现规律

师：表格整理让我们一目了然地看到了这些数在四张数卡上的分布。那怎样玩"读心术"，是要背下来还是有规律？

生（众）：应该有规律。

师：我们整体观察一下，哪几个数是最容易"读"出来的？

生：最特别的是1、2、4、8，因为它们分别只在数卡上出现过一次。

生：15也很特别，四张上都出现了（图8-57）。

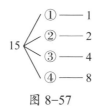

图8-57

师：对其他出现两次、三次的数，你们有什么猜想？验证一下哦。

学生激烈讨论。

生：发现啦！1、2、4、8出现在开头，可以组成1到15所有的数。

生：出现在两张上就是两个数加起来，出现在三张上就是三个数加起来。

学生有的听懂了，有的还是迷茫。

师：有不明白的吗？可以向你周围的同伴请教。有一位男生走到屏幕前，邀请另一位男同学帮助自己。

生：比如，11出现在①②④数卡上，可是1+2+4=7呀？

生：我知道你错在哪了。你是把数卡的编号加起来了，其实应该把1、2、4、8这些数加起来。这里应该是1+2+8=11。

学生恍然大悟。

师：谢谢两位。敢于提出自己不懂的地方，求助后不仅自己明白了，也给别人带来学习机会。这是一种很好的学习习惯。

顺着学生的疑问引导，联系学生的资源发问，鼓励同伴间的请教和帮助，能自如地吸引全体学生充分参与课堂。按这样的逻辑推进，课堂变得更轻松、和谐。

【片断5】弹性运用规律

师：你们觉得神奇的是魔术还是数学？

生（众）：数学！

师：原来，魔术的背后是有数学规律的"设计图谱"。你能在空白的表格和空白的卡片上把刚才的魔术复原吗？

生：数卡上的数字是要有序写，还是混乱写？

生：越乱越好，玩的人会觉得更神奇。

大部分学生先完成表，再填卡。

面向现实差异，教师提出：除了复原，你们有兴趣改造或创造新的魔术吗？课始"学霸"尝试将1、2、4、8换成1、1、3、6，失败。再尝试1、2、3、4，又失败。

师：再次尝试前，你能观察出那几个原来的数有什么特点吗？

生：$2^0=1$，$2^1=2$，$2^2=4$，$2^3=8$，我是否可以用3^0、3^1、3^2、3^3试一试？五个数可以吗？

此任务对大部分学生来说，可延伸到课外成为自主选择的探究类作业。

三、体验与随想

这样的实践活动课，带给学生和教师什么体验？

【学生日记】

学生1：上数学魔术课之前，我对数学的印象就两个字——无聊。我的数学成绩不是很差，也不是很好，偶尔考个第一，平时都在中上水平，但对数学有种说不出的无聊感。因为有时我甚至感觉数学没用，学它干吗呢？但是今天的这堂课让我对数学有了全新的看法。

我们利用数学规律学会了"读心术"，这让我有一种耳目一新的感觉。一开始，我们觉得老师很厉害，原来是利用了 1、2、4、8 这四个数，而 15 正好都出现在了四张数卡上。根据这个规律，我很快地学会了。

学生 2：从今天的数学魔术课中，我体会到了数学是变幻无穷的。"读心术"并不是真的，而是通过数学的一些知识来"读心"，这使我对数学的兴趣又浓了许多。破解"读心术"的秘密真有趣，就像侦探似的，一点点往后推理。我想学会更多的数学魔术，演示给爸爸妈妈看。

学生 3：能破解"读心术"，这多亏了我的同桌，是他说出 1、2、4、8 是最特别的，我"捕捉"到这个重要信息后就绞尽脑汁地想，最终破解了"读心术"。

学生 4：学了这一课，我知道了任何事得细心发现、抽丝剥茧后才能找到答案。其实它并不是有魔法，只要知道其中的奥秘就可以做到。

学生 5：这节课上完了，让我知道了数学其实不难，只要画对图，认真琢磨，把心中的疑问提出来就好了。这样，回家就可以"耍"一把家人，哈哈！

【教师反馈】

教师 1（同步备课张老师）：我把教案和课件给女儿试过了，反响不错。女儿写了一篇随笔《数学魔术，我的最爱》，今天的魔术给了她很大的启发，成了她的作文题材。她问我她在小学时怎么不上这节课。

教师 2（执教杨老师）：好久没有这样上课了。激情很高，时不时推翻和重建自己的想法，搞到半夜，累并快乐着……上得舒服，学生喜欢，就很有成就感……

教师 3（带班吴老师）：我很激动，也很开心。这节课让我觉得如果平时有时间，可以多给他们上这样有趣的数学课，可能他们就会更喜欢数学了。我很喜欢两个男孩的互动，"求助者"在课堂上越来越放开自己，大胆提问，对他来说这是非常大的突破，包括他不想下课。解答的男孩也很主动参与，我看到了他爆发的"小宇宙"。他能很快地回答问题，学生之间的沟通比教师直接教来得更有效。

【学生访谈】

一周后，我找了一些学生作了一次访谈。

问：孩子们，那天的魔术课喜欢吗？

答：喜欢，因为有点像奥数课。

问：1节魔术课、1节奥数课，你选哪个？

答：魔术课，因为奥数课很枯燥，魔术课很有趣！（高度一致）

问：可是在探秘过程中也不是一帆风顺的，有时可能要走弯路，你们觉得累吗？沮丧吗？

答：不累啊，很有意思，后来成功时就更开心了。

问：你就是课上跑上讲台表达自己不懂的那名学生，当时是什么心情？

答：有一点点害羞。

问：（转向其他学生）你们看到他说不懂时，觉得这是难为情的事吗？

答：一点也没有，我们就想知道他不懂在哪里。

问：你是指出他错误，让他恍然大悟的那名学生，你当时是什么心情？

答：很愉快。

问：你的观察和记忆能力超强，刹那间就靠记住四张数卡上数的特点来完成"读心"了。后来一整节课的探究，你有什么感受？

答：还是后来发现的规律简单，其实我一开始注意到1、2、4、8是2的几次方，但没往下想。如果只靠记数卡的话，张数再多就更麻烦了！

问：记得下课之前你说要尝试3的几次方的数，试过吗？

答：试过了，不行！比如，5就凑不出来，不能加出连续的自然数。

纸牌魔术不只是游戏，它背后隐含着数学规律（二进制），以学生喜闻乐见的方式，生动活泼地展现数学的内涵和应用。而把数学魔术运用于教学，并不只是让学生学习背后的数学知识，而是更关注学生的求知欲、想象力，在解密中启发和调动学生的主动思考与探索，让其在游戏活动中放飞数学思维，养成思考的习惯，感受思考的乐趣，更新对数学的看法。

什么样的课堂才是漂亮的？——学生有机会陷入对新问题的沉思中，有充分的探究空间，让他们通过智慧上的努力获得突破困境后的深层次快乐！——"真问题"教学探索一路走来，这是大家共同的课堂审美。

第五节　身边的正数和负数

一、缘起与问题

由于空中课堂的需要，针对上海版《数学》五年级第二学期"正数和负数的初步认识"单元（图 8-58），在教师上完本单元全部课时后，再安排两节单元复习课。我们思考：在学生已经学习了全部单元内容的基础上，以及在中小衔接的背景下，该如何定位这一教学内容？

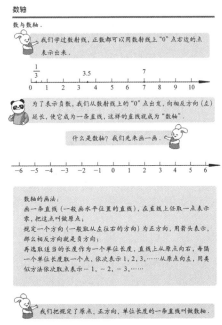

图 8-58

学生通过表示"具有相反意义的量"初步认识了正数和负数，普遍能轻松地完成情境中关于正数和负数的填空。那么，他们在将具有相反意义的量抽象成用正、负数表示时，认知是否真的完全清晰？理解是否真的到位呢？学生在哪些地方的认识是模糊的？他们能主动思考与表达"设什么为 0，以什么为正"吗？是否能意识到 0 的设置和方向的规定是两个量具有相反意义，并用正数和负数表示相反意义的量的前提思考？根据教材的编排，从具有相反意义的量中抽象出正数和负数后，再学习数轴，两者是否很好地融合了？在正数和负数的学习中，学生有问题和困惑吗？还是说，教师并没有适当的启发？面对新的情境，学生能够真正基于理解，从正数和负数的意义出发来解释问题并解决问题吗？单元复习，如何让学生深化理解的过程，展现思维的张力？

二、研究与行动

● 从模糊到清晰

单元复习课需要捕捉学生在之前的学习中，在知识理解上存在模糊不清的地方，并通过合适的任务和针对性的教学，使其从模糊走向清晰。

负数产生的原因之一是基于生产生活实践的需要。由于人们需要简约、准确地表达具有相反意义的量，就产生了负数。从小学生的认知出发，教材选择从现实情境引入，由具有相反意义的量这一内涵帮助学生形成正数和负数的初步概念。

然而，学生在习得概念的过程中，如果只是停留在"正数和负数表示相反意义的量"的结果性认识，那么他们对概念内涵的认知极有可能是模糊的。具体表现在：不能主动思考或表达不清"设什么为0，以什么为正"。也就是说，对概念缺乏过程性理解：具有相反意义的量是相对某一参照标准而言的；用正数和负数表示两个相反意义的量时，是需要设定0和正（负）方向的。这些内容隐含在教材的文本介绍中，隐含在填空题的题干表述中（图8-58中的练习）。教学中，如果未能对此引起充分关注并作出引导，这样的过程性理解容易被忽略，从而容易导致学生概念认知不清晰。

【片断1】静态模型：设什么为0，以什么为正

师：通过本单元的学习，我们知道了可以用正数和负数表示相反意义的量。认识了负数，使我们对数的认识又进一步扩展了。之前，我们已经会在数射线上表示0和正数，随着负数的出现，我们将数射线反向延长，变成了一条数直线，也就是数轴（图8-59）。在数轴上，我们可以找到表示负数的点。

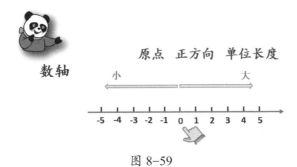

图 8-59

对单元内容作简要回顾后，话题就转入丰富情境中对正、负数意义的理解与表达，重点聚焦设什么为0，以什么为正。

师：在本单元的学习中，我们遇到了很多现实情境中用正、负数来表示相反意义的量的问题。（出示图8-60）请看任务一，先独立思考，再组内交流。

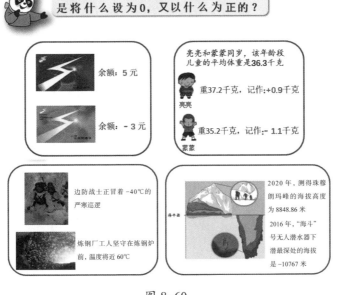

图 8-60

相较于之前根据题干的表述要求学生填写正数或负数的大量单一练习，学生在完成这个任务的过程中，感到不再轻松顺畅。学生边思考边表达，不乏困惑处和需要互相交流的问题。例如，在第一个情境中，有学生能说清楚余额5元表示还剩下5元，余额–3元表示欠了3元，但对于"设什么为0"出现了困难；第二个情境中，要理解将平均体重36.3千克作为参照标准并设为0，这对有些学生

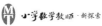

来说需要一个互相对话的过程以获得启发;第三、第四个情境中,分别将水的结冰点定位 0℃、将海平面的高度设为 0,虽然在之前的学习中,课本上已有过相关介绍,但很多学生仍旧是无法回答,而后在互相交流中才渐渐清晰了起来。就是在这样的磕磕绊绊中,新的学习发生了,促成了学生真正的理解。

〖简析〗复习重点从正、负数的意义切入,聚焦"设什么为 0,以什么为正"这一首要任务展开讨论。精心选择四个有代表性的素材:第一个素材是将自然意义上的"没有"记作 0;第二个素材是将某一数据(平均体重)作为参照标准记作 0;第三、第四个素材是人为统一规定将水的结冰点定为 0℃、将海平面的高度记作 0。这一任务需要学生逆向思考并作出充分表达,考查学生的理解程度,以及是否能基于理解有条理地进行表达。实践证明,这一任务颇具挑战。但可以确定的是,学生在新的学习空间中是乐在其中的,他们在尝试、对话与分享交流中,理解逐渐由模糊走向清晰。

【片断 2】静态模型:设什么为 0,以什么为正(0 的位置的不同约定)

师:以上讨论的几个问题中,"将什么设为 0,以什么为正"都用到了生活中的一些经验和常识。而在有些情况下,我们还需要通过题目中的信息作出分析和判断。(出示图 8-61)请看任务二,试着选一选、填一填,独立完成。

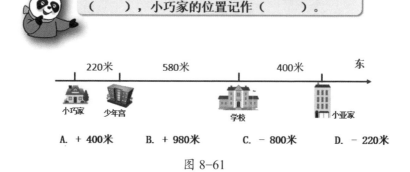

如图,约定以向东为正,那么小亚家的位置记作(   ),小巧家的位置记作(   )。

A. + 400米   B. + 980米   C. - 800米   D. - 220米

图 8-61

学生状态一:不选。

学生状态二:分别选了 A 和 C。

学生状态三:分别选了 B 和 D。

师:有些同学为什么不选呢?

生：因为只约定了正方向，没有约定以什么为 0，不能确定选哪一个。

生：我现在听懂了，题目没有设原点。我原来选了 A 和 C。

师：那应该补充什么条件，就可以选 A 和 C 了呢？

生：把学校的位置设为原点，那么小亚家的位置就记作 +400 米，小巧家的位置就记作 –800 米。

师：那又应该补充什么条件，就可以选 B 和 D 了呢？

生：补充"原点为少年宫的位置"，那么小亚家的位置就记作 +980 米，小巧家的位置就记作 –220 米。

师：同一个情境中，如果设定的 0 的位置不同，答案往往也就不一样。从数轴的三要素进行分析思考，该任务中，约定以向东为正，"正方向"就有了；而原点 0 没有确定，因此需要确定谁为 0。那单位长度呢？可以以 1 米为单位长度，也可以以 2 米为单位长度，等等。因此，我们要抓住本质来思考问题，并养成仔细审题的习惯。

〖简析〗学生之间存在差异是必然的，这就需要教师适时变换情境，让学生获得的新知能有再一次被应用的机会，并在知识的应用中获得再次暴露问题、再次反思并深化认知的机会。任务二中，起先是看不到"相反意义"的量的，需要通过 0 的设定创造出量的相反意义，即确定标准位置。例如，以少年宫为标准，小亚家的位置在它以东 980 米，小巧家的位置在它以西 220 米。认为"不确定，所以不选"的学生显然对此已经有了主动思考的意识，状态二、状态三的学生潜意识里有自己对 0 的位置的设定，但感知不够深入，需要在交流对话中再一次将其清晰化。

【片断 3】解惑：这些情境中的负数表示什么含义

师：（出示图 8–62）你能解答小胖和小巧的问题吗？

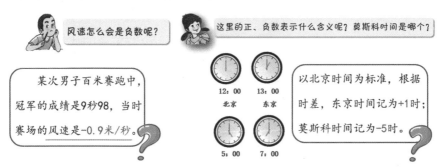

图 8–62

生：我知道，没有风时，风速记为 0，顺风跑时的风速就是正数。而这里是负数，所以应该是逆风跑。

师：对！顺风还是逆风对运动员的成绩都会产生影响。

生：第 2 题中，"+1"表示东京时间比北京时间要早 1 小时，"−5"表示莫斯科时间比北京时间晚 5 小时。

师：那 0 表示什么呢？

生：以北京时间为标准，就是将北京时间记为 0。莫斯科时间比北京时间晚 5 小时，应该是 12−5=7，是 7：00。

〖简析〗放眼更丰富的现实世界，让学生运用已形成的清晰认知主动解释日常生活中出现正、负数表示的情况，并基于意义进行简单推理。

● 从碎片到整体

概念的内涵以及概念之间的联系，是学生形成良好认知结构的核心。单元复习中，需要我们分析学生在概念的结构性认知中所存在的欠缺之处，力求整合学生的碎片化认知。

用正、负数表示相反意义的量时，有静态和动态两类模型。例如，卡中余额 500 元和透支 500 元（静态），卡中存入 500 元和支出 500 元（动态）。学生自主举例用正、负数表示相反意义的量时，往往会很自然地举出动态模型的例子，但进一步分析"设什么为 0"时，常常又与静态模型相混淆。例如，对于上述例子中的两种模型，学生都会将"卡里没有钱"设为 0。分析学生的学习经历，他们在课堂上、作业中遇到的素材常常是两种模型混合呈现的，且并没有对两者作辨析，从而使得学生形成的认知有些散碎。

根据教材的编排，先由丰富的现实情境抽象出用正、负数表示具有相反意义的量，而后脱离情境认识数轴（图 8-58），并在数轴上表示正、负数。那么，认识数轴时，是否有机融入了之前学习的正、负数意义的认识？将静态模型中的正、负数在数轴上标出，学生是容易理解的，如零上 3 摄氏度、零下 5 摄氏度，对应的点是 +3、−5。那么，动态模型中的正、负数，如表示上升 3 摄氏度的 +3、表示下降 5 摄氏度的 −5，这些量又该如何直观地体现在数轴上，使之既能链接学生已有的认知经验，又对他们今后深入学习正、负数的运算创造价值呢?

【片断 4】动态模型:0 表示什么? 表示变化量的正、负数在数轴上可以怎样表示

师:很多时候,我们用正、负数表示相反意义的量时,所描述的是一种动态变化的数量。比如,汽车到站了,上车为正、下车为负。你还能举些例子吗?(学生举例)

师:(出示图 8-63)这些情境中,0 分别表示什么呢?

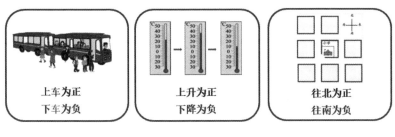

图 8-63

生:我认为第一幅图中,车上没有人记为 0。(学生的理解没有从静态模型的认知中转换过来)

生:不对,我认为是没有人上车、下车记为 0。

师:这里的"0",与车上原来有多少人有关系吗?

生:我搞错了,不管车上原来有多少人,只要没有人上车、下车就记为 0。那么,第二幅图中,温度不升、不降就记为 0;第三幅图中,站在原地不走就记为 0。

师:我们在用正、负数表示具有相反意义的动态数量变化时,是将数量没有变化记为 0。那么,对于这样的变化情况,我们又怎样在数轴上表示出来呢?

学生尝试、讨论,教师引导学生联想一年级就开始接触的在数射线上的操作,初步感知:起点站时有 20 人,假如不上、不下,人数变化量是 0;第一站下车 6 人,就是减少 6 人,记作 −6 人,也就是在数轴上往左移动 6 个单位长度;到了第二站,上车 6 人,记作 +6 人,也就是在数轴上再往右移动 6 个单位长度。

跟进问题:为什么又回到人数 20 了呢?(图 8-64)她的体温恢复正常了吗?(图 8-65)

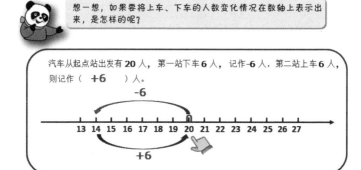

图 8-64

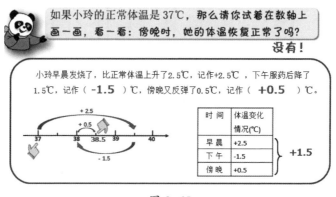

图 8-65

生：上车6人，下车6人，相当于不上、不下。

生：抵消了，-6和+6合并起来就是0。

〖简析〗对于学生来说，不需要"静态""动态"的说法，但可以将其隐含在板块化的教学设计中。上述复习中，先呈现静态情境，重点理清"将什么设为0，以什么为正"，尤其是让学生经历主动思考与表达的过程。再自然过渡到动态情境中，并对学生表现出来的混淆进行及时辨析。例如，有学生起初认为"车上没有人记为0"，后来反思更正为"不管车上原来有多少人，只要没有人上车、下车就记为0"。

进一步地，基于情境中的意义，在此将数轴也融入进来，并链接学生在一年级就已非常熟悉的在数射线上的操作，初步感知：在用正、负数表示具有相反意义的动态数量变化时，没有变化记为0，正数就是向右移动几个单位长度,负数就是向左移动几个单位长度。学生也能很自然地在这种直观中积极思考,从正、负数的意义出发展开推理,并能根据抵消的经验解决问题。

如此,以符合小学生认知并让他们能积极探讨的方式启发学生思考,努力引导他们将已有的知识碎片整体化、系统化,为其将来学习正、负数运算时的算理理解作铺垫。

【片断 5】解惑:一些曾经用加减法解决的问题可以用正、负数来解释吗

师:(出示图 8-66)你们和小丁丁一样,有这样的感觉和问题吗?想一想,议一议。

图 8-66

学生状态一:仍然从原来的加减法视角来解释算式的意义。选一个基准数,乘 7,多于基准数的就加上,少于基准数的就减去。

学生状态二:试着转换到正、负数的新视角来解读算式的意义。选一个基准数,乘 7,再将这个基准数设为 0,比它多的部分记为"+",比它少的部分记为"-"。

教师出示图 8-67,学生通过条形统计图上的直观数据展开交流讨论。

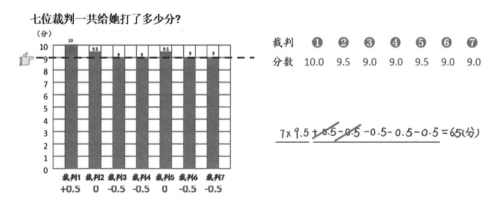

图 8-67

生：将 9.5 分作为标准，那么这七个成绩可以分别记为 +0.5、0、-0.5、-0.5、0、-0.5、-0.5。

生：+0.5 和 -0.5 可以互相抵消，也就是比标准多 0.5 和比标准少 0.5 的抵消了。

……

师：对于同一个算式，可以从加减法的角度解释，现在又可以从正、负数的角度来解读。"+""-"既是加、减符号，又是正、负符号，加减法与正、负数之间究竟有怎样的紧密关联，我们将在初中进一步学习。

〖简析〗上一环节中在数轴上的操作，在一年级时的说法是：向左跳 6 格，就是减去 6，记作 -6；现在的新说法是：下车 6 人，记作 -6，在数轴上就是向左移动 6 个单位长度。敏锐的学生已经隐隐约约地感觉到：两者既有区别，又有联系。

此处，教师适时跟进学生在五年级学习平均数解决问题中所列的算式，让学生试着从正、负数的角度重新看一看、说一说。对有些学生来说，一下子转换视角还不大习惯，仍然从原来的加减角度解释问题，这是正常现象。而有的学生能试着用正、负数来解读，并带动其他学生一起思考和转换思路。问题的结果并不重要，有价值的是对关联的敏锐度以及视角转换的学习经历。

加减法与正、负数之间究竟有怎样的紧密关联？带着问题下课又何尝不好呢？或许可以让学生进行一个长长的思考，或许将来学到时可以兴奋地联想到今日的问题……

● **从单一到综合**

知识的学习、能力的发展、素养的培育，最终都是为了能在现实情境中自主解决问题，而这样的问题往往又是综合的。因此，教学中我们需要经常关注真实情境的创设，让学生经历综合解决问题的过程。本单元复习的最后，教师找寻了一个学生身边较熟悉的真实场景和事件，并借此创设问题情境，让学生有机会、有兴趣地综合运用正、负数初步认识中所积累的知识和思维活动经验解决问题。

【片断 6】综合运用正数和负数的知识解决问题

问题一（图 8-68）：

奶奶今天准备乘地铁去叔叔家，她要站内换乘一次，票价是10元。 能使用这些交通卡吗？

3元　　　　0元　　　　-2元　　　　1元

友情提示：发现卡内余额不足时，可透支使用一次，最高透支额为8元。透支额在下次充值或退卡时予以扣除。但卡内实际没有钱时，则不能使用。

图 8-68

问题二（图 8-69）：

奶奶改用手机 APP 乘车，某次到站后就去服务窗口把这些交通卡都退了，可以退还多少钱呢？

友情提示：为节约资源，交通卡是回收再利用的。每张押金20元，卡内余额不足10元的，当场可以全额退还。

图 8-69

解决问题一时，学生首先需要整体理解任务，并读懂交通卡使用规定中的信息，再关联具体任务进行判断：根据规定中"可透支使用一次""但卡内实际没有钱时，则不能使用"两个信息，得出当卡内余额是 0 或负数时，就不能使用交通卡了。这样，可以先排除第二张（0 元）和第三张（-2 元）交通卡。接着，根据"最高透支额为 8 元"，对第一张（3 元）和第四张（1 元）交通卡的判断就产生了计算需求：3-10=？　1-10=？　由此引出小的数减去大的数的新问题：还没有学习计算法则，怎么办呢？学生联想到数轴和在数射线上做加减法的经验，从意义的角度尝试解决问题。获得答案后，又遇到两个负数的大小比较问题，依然借助数轴及两个负数的实际意义展开比较，进而获得结论。（图8-70）

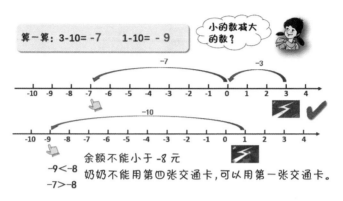

图8-70

学生作品如图8-71所示，有错、有对，这些都是学生基于独立思考及相互讨论所产生的鲜活资源。

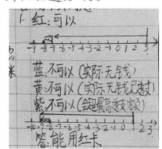

图8-71

解决问题二时，再次需要整体把握任务，并阅读退卡规则。首先，根据"卡内余额不足10元的，当场可以全额退还"，判断目前四张卡的余额数是否小于10：$-7 < 10$、$0 < 10$、$-2 < 10$、$1 < 10$；进一步根据"每张押金20元"，将押金费4个20元与四张卡的余额 -7 元、0 元、-2 元、1 元合并起来。此处隐含了正、负数的加减法，学生依然可以从意义出发进行解释，以解决问题。其中，有的学生虽然不能将解题过程直接用正、负数的算式表征，但还是

基于对正、负数意义的理解将其转换成正数的运算；而有的学生自发地尝试用含有正、负数的算式来表征自己解决问题的过程，为初中正式学习正、负数加减运算积累思考经验。

学生作品如图 8-72 所示。

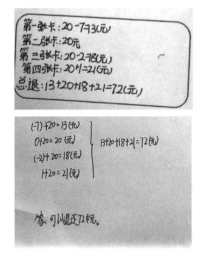
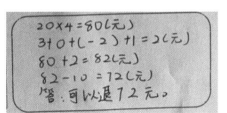

图 8-72

〔简析〕课堂上，相较于问题的结果，重要的是解决问题的过程。在面对图文结合的任务表述时，如何阅读文本、提取信息、转译信息，借助合适的工具去表征对题意的理解，并进一步调用相应的知识来分析信息、关联信息、展开推理、作出决策或判断，这些都是需要教师关注的重点。

学生在解决问题的过程中，自然会遇到新的问题。例如，出现小的数减大的数的算式，还没有学过计算法则，怎么办呢？可以回到正、负数的情境意义，借助数轴寻找答案并展开推理。过程中，也自然渗透了负数产生的另一个源头：源于数学内部的需要，人们在进行减法运算时，有时会遇到"不够减"的情形，需要引入一种新的数来表示运算结果，于是负数就产生了。

三、体验与随想

单元复习课，不管是从学科本身的系统学习考虑，还是从学生爱思考、乐探究的天性出发，巩固知识、运用知识的同时要使新的学习得以发生，尤其是深度学习的发生，以促进学生的深度理解和思维的提升。

深度学习是一种基于理解的学习,以高阶思维(观察解释、说理推断、知识迁移、分析评价、创新应用等)的发展和实际问题的解决为目标,以整合的知识为内容,融入新认知以完善原有认知结构,将经验迁移至新情境中以发生新的学习。没有发生新的学习的复习课,学生将无法真正投入其中。"真问题"教学实践研究也将不断关注单元复习课。

第六节　正方体表面涂色的秘密

一、缘起与问题

如图8-73,是上海版《数学》五年级第二学期配套练习册中的一道题,题干中给出了小正方体的不同分类情况。我们思考:是否可以利用这一素材,将其转化为一项任务设计,借此驱动学生产生主动分类的需求,并自主思考如何将不同类的小正方体放到合适的空间位置?并且,也可与本单元表面积变化的相关练习结合起来,融合为一次问题解决学习。

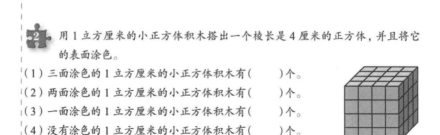

图 8-73

二、研究与行动

● 探寻复原表面涂色大正方体的思路和策略,自主分类并匹配空间位置

热身:将未涂色的散装小正方体拼搭成一个大正方体。(学生迅速完成)

任务:用若干个1立方厘米的小正方体搭出一个棱长为3厘米的大正方

体，并将它的表面涂上红色。接着，将这个涂色的大正方体推散并打乱这些小正方体，你能快速将这个涂色大正方体复原（图 8-74）吗？请试一试。

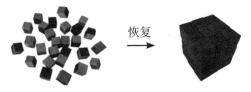

恢复

图 8-74

学生尝试，直呼"不简单"。

师：为什么会觉得不简单呢？

生：先前拼搭正方体时，只要三行三列搭三层就可以了，现在不能随便放，涂色的面不能放到里面去。

生：哪个小正方体放哪里，还是有点讲究的。

师：对啊，其中有什么秘密吗？在完成这个任务时，随便拼搭是不能成功的，但一个个尝试后再调整，又太慢。看来，我们需要先观察，思考应该怎么拼。

学生先独立思考，再同桌交流。

生：我们准备先把这些涂色小正方体分类，有三面涂色的，有两面涂色的，有一面涂色的，还有没有涂色的，然后把它们按不同的位置摆放。

师：谁再来解释一下，为什么要这样分类？

生：因为涂色面的个数不同，拼在大正方体上的位置就会不一样。比如，三面涂色的应该放在角上。另外，也要思考一下应该按怎样的顺序摆放。

师：很好！发现涂色面个数不同的小正方体复原到大正方体上时，它们所在的空间位置是不尽相同的。因此，我们需要梳理一下可以把这些小正方体分成几类，每类各有几块，每类小正方体分别放在哪些位置，又要按什么顺序摆放等，这样解决问题更有条理，也更有效。

同桌协作，边梳理、边操作并随时观察、调整，共同完成这个复原任务。在解决问题的过程中，学生梳理得出：8 个三面涂色的小正方体放在顶点处（称为"角块"）；12 个两面涂色的小正方体放在棱的中间（称为"棱块"）；6 个一面涂色的小正方体放在面的中间（称为"中心块"）；1 个未涂色的小正方体放在大正方体的正中央。先放第一层，有 4 个"角块"，再嵌入"棱块"，中间一个是"中心块"……

〔简析〕问题解决过程中最重要的一步通常是确定问题,这也是解决问题的第一步。将原来练习册上的填空题重新设计,改编为"将推散的小正方体复原成表面涂色的大正方体"这一任务,让学生在尝试完成任务的暂时性受挫中自主生成问题、提出问题。

改编后,让学生在分析问题、解决问题的过程中自主获得原本填空题题干中的信息。为了完成任务,学生自然需要进行观察、想象:各类涂色面不同的小正方体复原到大正方体上时,应该在哪个空间位置?按照怎样的顺序摆放才能成功?

在这样的任务驱动中,学生经历识别问题、提炼问题、分析问题的过程,学习了如何整体思考以及解决问题的思路,并在实际操作过程中不断进行调整,动手操作的背后是学生结构化的思考。

● 数形结合,在结构化思考中探讨表征表面积变化的算式意义

师:(出示图3-38)假如小正方体的棱长为1,思考下面两个算式分别求的是什么。

① $(1 \times 1 \times 6) \times 27 - 3 \times 3 \times 6$

② $[(6-3) \times 8 + (6-2) \times 12 + (6-1) \times 6 + (6-0) \times 1] \times (1 \times 1)$

学生先独立思考,再集体交流。

生:我看懂了算式①,"$(1 \times 1 \times 6)$"表示一个小正方体的表面积,再乘27,表示所有小正方体的表面积之和。"$3 \times 3 \times 6$"表示这个大正方体的表面积,两者相减,求的就是藏在里面的未涂色部分的面积之和。算式②太长了,我看不太懂。

教师组织学生小组讨论。

生:算式②求的也是藏在里面的未涂色部分的面积之和。

师:其他同学是怎么想的呢?

生:我先看后面的"(1×1)",应该是一个小正方体一个面的面积,那么前面的部分就应该表示有多少个这样的面。我看到每一段的乘法里有8、12、6、1这些数据,就是刚刚我们复原大正方体时各类小正方体的个数。比如,

三面涂色放在角上的小正方体有 8 个，"（6-3）"表示这 8 个小正方体中，每个小正方体上有 3 个空白面，两者相乘就表示放在角上的这类小正方体的空白面的个数。

师：他给你们什么启示了吗？你们能试着自己解释一下方括号中另外几部分乘法算式的含义吗？

通过学生的自主分析和同桌交流，算式分析如下："（6-2）×12"表示 12 个两面涂色的"棱块"的空白面个数；"（6-1）×6"表示 6 个一面涂色的"中心块"的空白面个数；"（6-0）×1"表示 1 个未涂色的小正方体的空白面个数。空白面的总个数乘每个面的面积，就得到了空白面的面积之和。

师：这两个算式其实求的都是 27 个小正方体从单个分散时的状态到拼组成这样的大正方体后，表面积减少了多少。算式①用 27 个小正方体的表面积之和减去大正方体的表面积，算式②是直接求空白面的面积之和。

师：如果问题是"求这个图形拼搭前后减少的表面积"，你们会选择哪个算式来解决问题呢？

学生异口同声地选择算式①。

师：看来，大家都很自然地选了算式①，因为它更简洁。虽然直接求空白面的面积之和有些复杂，但只要看清楚算式②的结构，再联系之前复原大正方体时的经验，明确一类类不同位置的小正方体各有几个，每类小正方体各有几个空白面，也就能理解算式②的表示了。

〖简析〗算式是抽象的，且两个算式都很长，学生需要有整体把握算式结构的意识，并能结合立体图形理解每个数所表示的含义，进一步分析算式中每一部分的含义。

经过思考，学生对算式①还是容易解释的：被减数部分的算式表示所有小正方体的表面积之和，减数部分是大正方体的表面积，两者相减，求的是拼搭前后表面积减少了多少。对于算式②，则需要更复杂的思维。首先，算式结构就更为复杂。其次，分析过程也需要一定的策略：先从较少信息量的"（1×1）"切入进行倒推，推想方括号中表示的意义可能是什么——因为"（1×1）"表示一个面的面积，由此推想方括号中所表示的可能是面的个数；再整体观察数据，勾连前一环节中的探究活动，对于 8、12、6、1 这些数据，联想到大正方体中不同位置的小正方体个数……最后，同伴间相互启示，从而把算式解释清楚。

结果并不是最重要的，重要的是如何整体识别问题、把握结构，不断关联信息并进行整体思考及推理，展开生生、师生之间的相互交流。最后，提问学生"如何求表面积减少了多少"，引导学生对方法进行讨论，选择合适的算式解决问题，加强学生在具体情境中多角度思考、灵活选择方法的意识。

● 取走不同位置的小正方体，探究组合体的表面积变化情况

师：算式 ② 虽然有些复杂，但是通过它，让我们更加明确了不同位置小正方体的面的情况。那么，移动这些不同位置的小正方体，表面积又会怎样变化呢？

师：如果取走所有"角块"（图 3-39），由此黏接而成的组合体与之前的大正方体相比，表面积有怎样的变化呢？为什么？

解决这一问题，需要学生将实物操作与想象操作相结合。情境中是"黏接"，而学生手中的大正方体是拼搭而成的，所以如果要操作，也只能部分进行实物操作，另外需要学生在头脑中展开想象操作。接着，根据一个"角块"处表面积的变化情况发散思考，推演至其他"角块"处的情况以解决问题。

关于移走一个"角块"后表面积的变化情况，学生交流如下。

生：通过平移，将原来 3 个涂色面的面积替换成 3 个空白面，所以表面积不变。

生：比原来减少了 3 个涂色面，增加了 3 个空白面，减少的表面积与增加的表面积抵消了。

学生得到一致结论：移走所有"角块"，表面积不变。

师：对于"角块"，我们知道移走所有"角块"，表面积不变。由此，你们会进一步联想到什么问题？

学生自主提出问题：如果移走所有"棱块"，表面积会怎么变化？移走所有"中心块"呢？移走正中央的那个小正方体呢？

学生自主探究后，全班反馈交流。

生：移走所有"棱块"后，表面积增加了。每移走一个"棱块"，减少 2 个涂色面，增加 4 个空白面，抵消后也就是增加了 2 个空白面的面积。（图 3-40）

生：移走所有"中心块"后，表面积也是增加。每一处平移一个空白面至原来的涂色面处，其余 4 个空白面就是增加的表面积（图 3-41）。我觉得移走正中央那个小正方体，表面积增加得还要多，增加 6 个面。

生：错啦！移走正中央那个小正方体，表面积不会变化。你想，虽然中央空了，但大正方体表面看不到，表面积还是这么多。

生：对，对，对！

〖简析〗此环节，学生延续之前的结构化思考，探究移走不同位置的小正方体后，图形表面积的变化情况。在每一次的研究中，学生或用抵消的方法考虑减少的涂色面与增加的空白面的差量，或通过动态平移的方法思考面的增减情况，并类比推理几处同类位置的情况。整个过程中，不断锻炼着学生的空间想象能力与推理表达能力。

三、体验与随想

本例是"长、正方体表面积"单元的最后一节练习课，是长、正方体表面积的巩固与运用。基于"问题解决"这一定位，本课中的表面积变化情境有一定的变化，问题也更为综合，需要学生对立体图形展开空间想象并灵活调用表面积的计算方法。三个环节的脉络是：先研究涂色正方体中涂色面的分类情况及其相应空间位置，以把握图形整体特征；再通过对两个算式的解读，促使学生从对涂色面的关注过渡到对空白面的思考；最后将涂色面和空白面结合起来，思考并解决表面积的变化问题。其间，学生需要不断根据图形特征进行结构化思考，有效帮助学生发展空间观念。

一道习题，不应只追求知识点的巩固及答案的正确率，应尽可能地挖掘其育人价值。我们经常在"真问题"教学实践中作这样的探索：通过将习题素材经过一定程度的改编，使其成为具有适度挑战性的任务，让学生在真实情境中自己提出问题，并引导他们主动寻找解决问题的思路、策略与技巧，从而锤炼学生的思维；同时，让学生在解决问题的过程中学习如何独立思考，如何与人交流，如何寻求帮助，如何反思调整，不断提升学生的智慧。

本课板书设计如下：

涂色正方体中的秘密

——长、正方体表面积练习

涂色面分类	空间位置	个数
3面	"角块"	8
2面	"棱块"	12
1面	"中心块"	6
0面	正中央	1

涂色面—空白面
表面积变化

观察—思考—交流—调整

第七节　全球在变暖吗？——统计复习

一、缘起与问题

上海版《数学》五年级第二学期"总复习"单元，对小学阶段的统计初步内容进行了一次全面梳理，教材内容如图 8-75 所示。教材只是提纲挈领地列出了内容结构，那么，如何将这一框架转化为鲜活的任务设计呢？

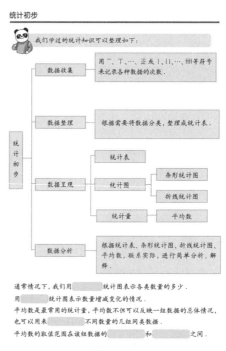

图 8-75

二、研究与行动

首先，确定本课目标：① 在自主解决问题的过程中经历收集、整理、呈现和分析数据的统计过程；② 在数据分析后的解释、判断和预测过程中，积累统计经验，体会数据蕴含信息；③ 通过统计活动了解利用数据作出判断的方式，让学生养成实事求是、言必有据的说理习惯，并在和同伴的交流合作中获得良好的情感体验。

其次，教学策略方面，以一个素材贯穿始终，创设问题情境"全球在变暖吗"，引导学生以解决问题的方式展开复习。

【任务一】有人根据这幅统计图（图 8-76），认为全球变暖并不是真的。对此，你们怎么看？

问题：这幅统计图（图 8-76）跟我们书本上的不太一样，你能找到统计图的一些构成要素吗？

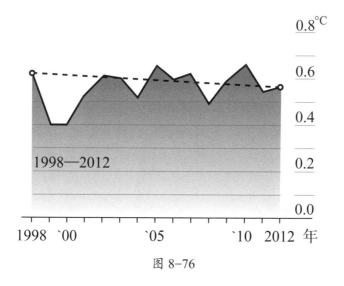

图 8-76

学生从标题、横轴——项目、纵轴——数据、折线——数量变化等方面表达自己的想法，并随之将图转化成课本上统计图的常规模样（图 8-77）。

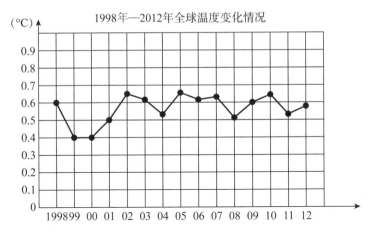

图 8-77

问题：对于纵轴上的数据，你们有什么疑问吗？

有学生追问纵轴上数据的含义，该生一开始猜测表示"平均气温"，但看到数据只有零点几摄氏度后又否定了自己的猜测。

顺着学生的提问，给出相关介绍材料：为了研究气候变化对地球和人类生存的影响，世界气象组织（World Meteorological Organization, WMO）将 1961年—1990 年设定为基准年，基准年的全球平均气温为 14 摄氏度，并以基准年的 14 摄氏度为零刻度。

学生自行阅读材料并再次读图。

问题：以基准年的全球平均气温 14 摄氏度作为零刻度，纵轴上的数据就表示超出标准的温度。这样的制图处理与我们学过的哪种处理方式相似？

学生起初都陷入了沉思，片刻后部分学生想到与四年级学过的"用波浪线省略空白部分"的制图方式类似，其他学生受到启发，也将两图进行了沟通：一幅是用波浪线省略空白部分，从 14 摄氏度开始标每格刻度（图 8-78）；另一幅直接将 14 摄氏度设定为标准，将其记为 0 摄氏度，并直接用超出 14 摄氏度的部分作为纵轴刻度。在制定纵轴刻度时，两者都对 14 摄氏度以下的温度作了省略处理。

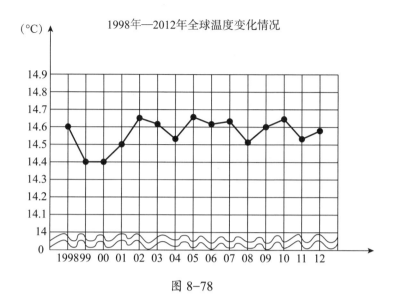

图 8-78

问题：有人根据这幅统计图，认为全球变暖并不是真的。对此，你们怎么看？

学生得出结论：根据这里的数据信息，只能说明从 1998 年—2012 年这几年全球气候变暖并不是真的。

【任务二】对于这个话题，你还有什么进一步的想法吗？

学生自由表达想法。有学生提出：想知道 2013 年至去年（2018 年①）全球平均气温的数据，从中观察气温的变化情况。

问题：（教师出示 4 份阅读材料）请仔细阅读这些材料，你们能否从中收集到 2013 年—2018 年的全球平均气温数据。

同桌合作，根据这些数据在原折线统计图上继续绘图。

问题：从这幅统计图（图 8-79）中，你们看出了什么？

---

① 注：本案例来源 2019 年的课堂活动，故后面继续收集到的数据是 2013 年—2018 年的气温。

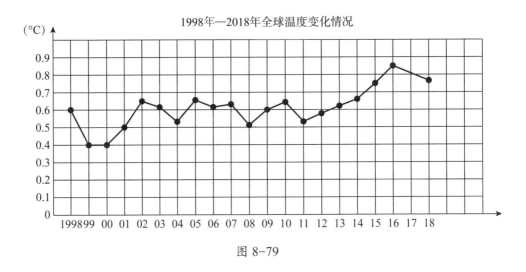

图 8-79

学生根据数据信息，直观清晰地看到 1998 年—2018 年全球气温变暖的趋势较明显。

【任务三】有同学提出想看一看 1998 年之前的数据，我们一起来画一画，看一看。

教师根据学生的需求，提供 1988 年—1998 年的相关数据统计表。同桌合作，继续完成折线统计图的绘制，结果如图 8-80 所示。

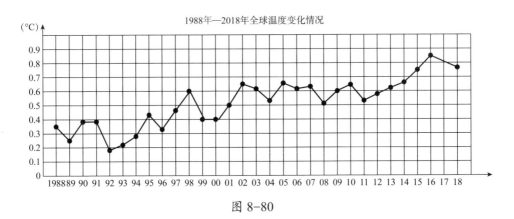

图 8-80

学生观察图中整条折线的变化形态，得出：依据这 30 年的数据信息，可以发现到目前为止，全球气温总体呈变暖趋势。教师进一步请学生谈谈全球变暖给我们生活带来的影响，以及大家可以做些什么。

三、体验与随想

此次针对五年级的统计单元复习所设计的任务，旨在让学生自主运用已学的统计知识来解决问题，凸显对学生数据分析意识这一素养的发展。

任务设计以现实中的"全球气候变暖"话题为素材，创设情境引发学生思考和讨论，激发他们自主提出需要收集数据信息的需求。我们起初呈现给学生的是新闻报道中的统计图样式，意在考查学生是否已具备一定的读图能力。进一步地，学生需要从中识别、提取统计图的基本结构要素，思考纵轴上数据的含义，从而将"设立基准温度作为零刻度"的制图方式与之前学过的"用波浪线省略空白部分"的制图方式进行沟通。

我们惊喜地看到学生在分析数据时实事求是的态度，当他们发现"已有数据只能说明1998年—2012年全球气候并没有明显变暖，而这不足以看出气候变暖的明显趋势"时，主动提出需要进一步收集数据。在后续数据收集时，教师提供相关阅读材料，其中包括统计表，进一步巩固学生对统计图表的认识，让学生经历从不同渠道收集信息并进行制图，进而分析数据以获得可靠结论的过程。

学生在收集数据、整理数据、呈现（表达）数据、分析数据的自主探究和主动思辨的解决问题过程中，体会到数据能够说话以及怎样用数据说话。整个过程中，我们始终关注学生用数据说话的意识和习惯，关注学生的读图能力，看到了他们敢于质疑，不断尝试并解决问题的能力表现。

ⓂⓉ 后 记

静静打开眼前的书稿，有那么一瞬间，些许恍惚。曾经，想都没想过自己会出书。"您这是真研究，把您扎扎实实做的研究记下来。""您的研究写在了课堂，好文章是'做'出来的。""还可以从哪看到像您刚才分享的实践研究。"……感恩各种机缘下的鼓励与被需要，使我终于鼓起勇气将多年以来的探索进行梳理并撰写成书。

回忆一下拉回到在一线做教师时。冬日中午的阳光暖暖照射在走廊上，一名三年级女孩跑过来，灿烂地看着我说道："老师，不知道为什么，我觉得最近上数学课很有意思。"确实，成绩不太好的她最近上数学课时总是积极发言。"五（4）班调皮的孩子太多了，班级管理可不容易。"当我第一次走进被提前"预警"的这个班时，齐刷刷打量我的锐利眼神仿佛就在昨日。"我喜欢这样上课，因为在课上我们可以动手、动脑、和同学们讨论，这样能把他人的观点和自己的观点结合在一起，就会有一个更好的解题方法。""时间过得特别快，老师，我还想继续上下去。"他们常常是要下课了还学得意犹未尽……记得那时常想：用什么样的问题抓住学生的注意力？如何用数学本身的思考魅力吸引学生？

一路走来，感谢孩子们的回馈。每每翻出 2001 年 8 月 21 日解放日报上以"让每个学生都发'光'"的主题报道，看着老照片中孩子们全情投入探究思考中的丰富表情，我依旧会心生欢喜。在获得 2001 年市教育科研论文一等奖的文章扉页上，我写下了这样一句话：改变学生的学习方式不是口号，它更源于孩子们最真实的需要！

2003 年春，有幸参与教材编写，感恩这个过程所给予的学习和锻炼，尤其是让我深深体会到对儿童认知心理的关注是多么重要，感受到教学应兼顾儿童认知逻辑和学科知识逻辑，整体把握学习脉络去设计引发学生真思考、展开真探究的问题。这为我的实践探索打开了研究视角和研究空间。

2005 年春，我走上了教研岗位。有过短暂的迷茫，怕自己离"土"。很快发现，只要沉潜课堂的心不变，走进课堂深处的机会其实更多。日常教研，常常一天中会遇见不同年级的课、不同风格的教师，在读懂教材、读懂学生的基础上还要用心去读懂教师，专业思考更为密集且跨度大。与教师一起，直面教学现状、回应教学困惑，以一颗平等的心共同研磨教学。过程中，常常剖析"学生学习表现背后的真问题是什么"，追问"作为教师，如何帮助学生突破学习中的真问题"。反思重构建议总会聚焦到核心任务的设计和实施上，任务的内核蕴含知识本质，最终设计得到真正引发学生深入思考、显露学生理解差异的真问题。多年来，我们始终研究并设计符合学生认知、遵循学科逻辑、促进教师反思的真问题，在区域层面倡导"基于真问题，循着学生的学习线索推进教学"的实践探索，慢慢形成了"真问题"教学，融知识技能、思维能力、表达交往、情感态度多方面于教学设计中。《小学数学教师》在 2014 年第 12 期、2022 年增刊分别对我们的"真问题"教学作了推介，感谢这份持续的关注和鼓励。

好的课程理念，只有在课堂上与学生产生连接，才能显现其真正的生命力。"真问题"教学一路走来，我们始终坚守学生立场，直面现实，致力于让教学理念有效落地，努力提升教学品质。书中的每一个案例都凝聚着一次次具体的研究和我们的心路历程，并在实践研究的基础上作了一定的关于概念、框架、策略等的提炼，以便广大教师能更好地将其运用到具体教学中。

在"真问题"教学的研究和推广中，庆幸素养培育、深度学习、表现性评价、单元整体教学、综合实践活动等内容都有一定程度的自然融入，为落实新课标积累了丰富的经验；也庆幸定期、定点的实践，让我一直保持着在课堂里的"下水"体验，和老师们一起走在持续深化"真问题"教学的研究道路上，用研究思维审视教学，用实证案例归纳研究经验，一如既往地深耕数学教育。

实践的坚持，书稿的成形，感恩一路上给予支持和帮助的领导、专家、同事、朋友、家人及研究团队的伙伴们；感谢孔企平教授、陈洪杰编缉为此书欣然作序；感谢上海市闵行区春申教育发展基金会为此书出版给予的激励。